취사의 고고학

식문화탐구회 학술총서 1집 ㅣ 炊事의 考古學

식문화탐구회

서경문화사

추천사

고고학은 과거 인류가 남겨놓은 물질적인 자료를 통해 옛 사람의 삶을 연구하는 학문이라고 정의되고 있습니다. 그러나 한국 고고학자들은 여전히 토기, 석기 같은 인공물질을 분류하고 편년의 기초로 삼는 1차산업적 연구에 매달리고 있습니다. 저처럼 생업에 관심을 갖고 있는 고고학자조차 동식물 유체를 찾아 종을 동정하고 식료 목록을 만드는 작업에 매달리고 있습니다. 예나 지금이나 사람은 먹어야 살지요. 그래서 생존을 위해 절대적으로 필요한 것이 음식입니다. 먹어야 하는 것은 사람만이 아닙니다. 모든 생물도 먹어야 생존하기에 사람을 다른 생물과 구분짓는 것은 문화로서의 식생활이지요. 선사시대에는 이러저러한 식료들이 음식으로 이용되었을 것이라는 글들은 여기저기서 발표되었습니다. 그러나 막상 그러한 식료를 어떻게 취득, 가공, 조리하여 먹었는지, 나아가 다양한 경제적, 사회적, 이념적 의미가 내포된 식생활에 대한 연구는 거의 이루어지지 않았습니다.

2005년 복천박물관에서 선사·고대의 요리 특별전과 관련 세미나가 개최되면서 드디어 한국에서도 이러한 분야의 연구가 본격화될 것 같은 인상을 받았습니다. 2006년 가을, 한국고고학회 창립 30주년을 기념한 한국고고학전국대회에서 처음 시도된 자유패널로 젊은 연구자들이 중심이 되어 결성된 식문화탐구회가 신청한 『취사형태의 고고학적 연구』가 채택되었다는 소식을 듣고 무척 반가웠습니다. 제가 연구하고 싶어 한 지향점이 바로 식생활, 식문화였기에 정말 즐거운 마음으로, 그리고 들뜬 기분으로 자유패널의 사회를 볼 수 있었습니다. 당시 학회에서 본 발표보다 우리 패널로 더 많이 몰려온 청중을 보고 식문화에 대한 고고학자들의 뜨거운 관심을 느낄 수 있었습니다.

드디어 당시 발표되었던 내용들이 대폭 보완되어 『취사의 고고학』이란 단행본으로 모습을 드러냅니다. 일부 발표 내용이 빠진 아쉬움은 새로이 추가된 「일본 중세의 식생활」로 달래어집니다. 고고학이 다루는 시기 폭이 중세 이후로까지 이어져야 한다는 바람, 그리고 고대국가 등장 이후에는 도시와 촌락, 사회계층간 식생활의 다양성을 염두에 두어야 한다는 인식에서 상기 논문이 추가된 것이 아닐까 생각합니다.

식문화 연구의 첫 작업으로 취사란 주제를 선택한 것은 시의적절합니다. 동위원소분석,

취 사 의 고 고 학

    지방산분석 등 어려운 자연과학적 분석이 아니라 고고학자들이 조금만 신경을 쓰면 관찰할 수 있는 토기의 취사흔적 분석을 주된 연구대상으로 소개하고 있기 때문입니다. 노지, 부뚜막 역시 발굴 과정에서 자주 접하는 취사 시설이구요. 한편으로는 고고학과 사회의 소통을 강조하는 현 시점에서 토기와 화덕을 이용하여 직접 취사에 대한 실험을 함으로써 고고학도 뿐 아니라 일반 대중의 참여와 흥미를 유도할 수 있는 장점도 있기 때문입니다.

    식문화 연구는 이제부터 시작입니다. 더욱 분발하여 다양한 주제의 식문화연구서가 지속적으로 발간되기를 기대합니다.

2008년 5월
안 승 모

발간사

　지난 2005년 11월, 한국고고환경연구소에서 실시하는 토기소성실험에 참관한 뒤 저녁 식사 자리에서 우연히 나와 쇼다신야·한지선 세사람이 합석하게 되었다. 당시에는 서로 안면은 거의 없었지만 우리는 그 자리에서 의기투합하여 일사천리로 '식문화연구모임'을 만들기로 약속하였다. 그러나 며칠 뒤부터 한동안 나는 한국을 떠나게 되어 정작 창립모임은 귀국한 다음인 2006년 1월 2일에 가지게 되었다.

　이날 모임에서 우리는 '고고자료를 통한 식생활의 복원'이라는 연구목표를 채택하고, 이에 따른 우선과제로 취사시설·취사용기·잔존음식물의 고고학적 연구를 계획하게 되었다. 그리고 각 과제를 세 사람이 하나씩 맡아 조사하기로 하였다.
　더불어 이러한 과제들을 수행하기 위해 우리는 국내외 자료의 수집과 답사, 학제간 연구, 실험을 통한 자료의 검증, 공동 프로젝트, 식문화 용어정리(한중일 삼국의 비교 검토)라는 방법론을 제시하였다. 이때 계획된 목표와 세부과제는 이후 우리 모임의 연구방향으로 확립되어 지금까지 이어지고 있으며, 용어정리와 같은 장기과제는 연차계획으로 진행하고 있다.

　첫 모임 이후 거의 매달 빠짐없이 모임을 가지면서 점차 박경신, 정종태, 허진아, 이현숙, 정수옥 등 뜻을 같이하는 식구들이 하나 둘 늘어나게 되었다. 한동안 우리는 공식적인 모임명칭을 가지고 있지 않았는데 별다른 필요성을 느끼지 못하였기 때문이다. 다만 모임의 목적이 식문화연구인지라 자연스레 '식탐'이란 애칭으로 부르게 되었고 인터넷 카페도 '식탐마왕'으로 정해졌다. 그러던 중에 모임의 명칭이 정해지게 된 것은 의외의 일 때문이었다.
　지난 2006년 한국고고학 전국대회에는 처음으로 자유패널이 신설되면서 우리도 여기에 공모를 신청하게 되었다. 다행히 운이 좋아서인지 모임을 시작하고 반년도 안되어 여기에 선택되는 행운을 얻게 되었다. 하지만 문제는 이때까지 모임의 정식명칭이 없었던 우리에게 이젠 공식적인 이름을 가져야 할 때가 찾아온 것이다.
　오랫동안 고민할 여지도 없이 쇼다신야는 우리의 애칭인 '식탐'이란 말을 풀어쓰면 '식문화탐구회'가 되는데 이를 그대로 쓰자고 제안하였다. 모두들 그럴싸한 이름에 쉽사리 공식 명칭을 그 자리에서 정할 수 있었다. 비록 일본인이지만 한국인인 우리보다 더 우리말의 묘미와 뜻을 풀어쓸 줄 아는 쇼다신야에게 감탄할 수밖에 없었다.

　이 책의 표제는 '취사의 고고학'이다. 제목을 정하기 전에 여러 개의 후보가 있었지만 무엇보다 취사시설과 취사용기에 관한 연구가 중심이니만큼 '취사의 고고학'이 적절하다는 데 후한 점수가 주어졌기 때문이다.

　여담이지만 다음의 연구주제는 '요리의 고고학'으로 정하였다. 벌써부터 다음 연구에 대해 말하는 것은 성급하다 할 수 있을 것이다. 하지만 고고학적으로 밝혀진 다양한 음식물과 식재료에 대한 자료정리와 이에 대한 기초연구, 나아가 조사방법론이 이제는 제시되어야 한다고 생각하기 때문이다. 이러한 작업이 바탕이 되어야 이후 식문화연구의 담론도 점차 확장되어 나갈 수 있을 것이다.

　이 책은 7명의 연구자들이 모여 1편을 제외하고는 모두 炊事와 관련된 논문을 모아 한권으로 엮은 것이다.

　전체적인 구성은 주제에 따라 1~4장에는 취사용기에 관해, 5~6장에는 취사시설과 공간의 활용에 관해, 마지막 장에는 중세일본의 動物食에 관한 연구를 배치하였다.

　취사용기에 관한 연구방법과 성과에 대한 두 편의 논문을 게재한 쇼다신야는 청동기시대의 무문토기 표면에 나타나는 취사흔적을 관찰하고 이를 기재하는 방법에 대해 실험과 사례검토를 하였다. 이어 한지선은 장란형토기의 사용흔분석을 통해 나타나는 차이를 취사시설과의 관계에서 살펴보고 이것이 지역성에 기초하고 있다는 사실을 제시하였다. 이러한 맥락에서 정수옥의 연구 역시 풍납토성에서 출토된 심발형토기를 통해 외면의 조리흔을 분석하고 취사형태와 사용형태의 특징을 밝히고 있다. 그리고 앞서 검토된 장란형토기·심발형토기 등과 함께 결합하여 사용되는 시루에 대해 허진아는 호남지역에서의 시공간적 변천과정에서 나타나는 몇 가지 특징을 주목하고 이를 면밀히 검토하였다.

취사시설에 관한 연구에서 오승환은 부뚜막과 구들을 형태적 특징에 따라 구분하여 그 축조방법과 실제 이용형태에 대해 살펴보았다. 나아가 이현숙은 주거 내에서 나타나는 취사공간의 특징을 살펴보고 이를 통해 취락 간 비교 분석을 실시하여 그 차이를 제시하고 있다. 마지막으로 도이즈미 다게지는 잔존동물유체를 통해 중세 일본인들의 식습관과 문화적 특성에 대해 살펴보았다. 비록 이 책의 주제와는 다소 차이가 있겠으나 큰 틀에서 본다면 우리모임의 연구목적과 부합한다고 보았기 때문에 함께 게재하였다. 이를 통해 우리나라에서도 中世都城(都市)에서의 식생활연구에 있어 이러한 연구사례와 방법론을 검토·활용한다면 의미 있는 결과가 도출될 수 있을 것으로 기대해본다.

이외에 부록으로 우리 모임에서 장기과제로 계획하고 있는 식문화관련 고고용어 가운데 취사와 관련된 용어 20여개를 우선 선정하여 제시하였다. 비록 내용이 소략하고 논란의 여지가 없지는 않겠지만 지속적으로 여러 의견들을 수렴하면서 좀 더 정확하고 올바른 용어로 고쳐나갈 것을 약속한다.

용어문제에 대해 이처럼 장황하게 이야기하는 이유는 모임을 지속하면서 많은 어려움을 느꼈기 때문이다. 무엇보다 우리 내부에서조차 용어의 통일이 쉽지 않은데다 의미조차 불분명한 일본용어를 무비판적으로 남용하는 것도 바로 잡아야할 필요성을 많이 느꼈기 때문이다. 이처럼 용어의 혼란으로 인해 빚어지는 어려움을 해소하기 위하여 가급적 이해하기 쉽고 정확한 우리말을 찾아 쓰고자하였으나 그리 쉬운 일은 아니었다.

따라서 우리는 이 일이 다른 무엇보다 중요하고 시급한 작업이라 생각하여 역점을 두게 되었다. 이러한 계획에 따라 매년 50~100개 가량의 용어를 선정하고 이를 세부분야별로 나누어 분담하기로 하였다. 또한 이미 제시된 용어에 대해서도 이후 지속적인 개정에 책임을 지고자 각각 필자의 이름을 밑에 부기하였다. 앞으로 얼마나 많은 수로 늘어날지는 모르겠지만 나중에 이를 모아 '식문화관련 고고용어집'을 엮어낼 계획을 가지고 있는데 이것은 무엇보다 다양한 학제연구를 필요로 하고 있다.

취 사 의 고 고 학

　이 책은 고고학의 다양한 연구분야 가운데서도 그리 많이 알려지지 않은 식문화를 연구하고자 모인 '식문화탐구회'의 작은 결실이라 할 수 있다. 처음에는 과연 누가 이러한 분야에 관심을 가지고 읽어나 보겠는가? 하는 의문도 있었다. 하지만 비록 지금은 스포트라이트를 받는 주요 연구분야는 아닐지라도 점차 다양한 분야에서도 고고학적 접근이 시도되고 그 성과들이 하나 둘 나타나게 된다면 앞으로 한국고고학의 발전에도 기여하는 일이라 생각하고 있다. 그리고 식문화 뿐 아니라 다양한 분야에서도 이러한 노력과 성과들이 나온다면 한국고고학 연구의 전망은 더욱 밝아질 수 있을 것으로 기대한다.

　한편 이 책의 가장 아쉬운 부분이라면 무엇보다 여기에 실린 논문들이 서로 다른 생각으로 시작된 개인의 연구성과들을 하나로 모으다 보니 내용상 상호 중복되는 부분도 있고 상이한 견해가 제시되기도 하는 등 다소 미흡한 점들이 일부 눈에 뜨인다는 점이다.

　그럼에도 불구하고 굳이 이렇게 성급히 책을 내게 된 이유는 식문화를 소재로 하는 고고학연구에 대한 이해도모와 미약하나마 그간의 성과들을 소개하기 위해서이다. 그러나 혹여 세세한 부분까지 서로의 견해를 조정하고 일치시킨 다음 간행하려 한다면 아마도 이 책은 한참 후에나 아니면 끝끝내 빛을 보지 못하게 될지도 모른다고 판단했기 때문이다.

　오히려 서로의 차이는 다소 드러나지만 앞으로 각자의 견해차를 조금씩 인정하면서 좁혀나간다면, 점차 이러한 차이 역시 큰 틀에서 체계적으로 종합되고 이것이 우리의 생각으로 정리되어나갈 수 있으리라 생각한다.

　물론 여기에 게재된 각각의 논문들에 대해 매우 뛰어나다거나 완벽한 검증이 제대로 이루어졌다고는 볼 수 없을 것이다. 더욱이 소장연구자들이기 때문에 기존의 정설에 배치되거나 큰 차이를 보이는 이론이나 견해도 상당수 있을 것이다. 하지만 이에 대해 동의하고 수용하거나 엄정한 비판을 가하는 것은 이제 현명한 독자제현의 몫이라 생각한다. 그리고 이에 대해 겸허하게 비판을 받아들이는 한편 더 많은 이해를 구하기 위한 끊임없는 노력은 필자인 우리들의 역할이자 몫일 것이다.

취 사 의 고 고 학

　　이 책이 출간되기까지 많은 분들의 도움이 있었기에 부족하나마 지면으로 감사를 드리고자 한다. 먼저 이 책의 간행취지에 동참하여 특별논고를 주신 와세다대학의 도이즈미다케지(樋泉岳二)선생께 감사를 드려야 할 것 같다. 선생은 지난 2006년 3월 한국고고환경연구소의 세미나실에서 고작 4명밖에 안되는 모임임에도 불구하고 우리에게 특강을 해주신 각별함을 잊을 수 없다. 그때의 강연내용이 바로 이 책에 실리게 되어 새삼 인연의 소중함을 느끼게 되었다. 그리고 비록 작은 모임이지만 우리의 뜻을 이해하시어 선뜻 실험에 필요한 연구비를 지원해주신 한강문화재연구원의 신숙정 원장님, 아무런 조건 없이 많은 배려와 도움으로 늘 우리에게 힘이 되어 주시는 원광대학교 고고미술사학과의 안승모 교수님께 진심으로 깊은 감사의 뜻을 전해드리고 싶다.

　　마지막으로 이 책의 출간계획을 듣고 어려운 출판환경 속에서도 흔쾌히 출판을 허락해주신 서경문화사 김선경 사장님의 후의에도 거듭 감사를 드린다.

2008년 5월 식문화탐구회를 대표하여

오 승 환

차 례

취 사 의 고 고 학

013 _ 土器 炊事痕의 觀察과 記錄方法 檢討 쇼다신야

037 _ 靑銅器時代 土器의 炊事 痕迹 쇼다신야

047 _ 장란형토기의 사용흔 분석을 통한 지역성 검토 한지선
      - 서울경기권과 호서호남권을 중심으로 -

077 _ 심발형토기의 조리흔 분석 정수옥
      - 풍납토성 출토품을 중심으로 -

101 _ 호남지역 3~5세기 취사용기의 시공간적 변천양상 허진아

139 _ 부뚜막의 구조와 이용 오승환
      - 서울・경기지역을 중심으로 -

185 _ 중서부지방 고대 취락 내 주거・취사공간 분석 이현숙

233 _ 動物考古學을 통해 본 日本 中世의 食生活 도이즈미다게지

249 _ 용어해설

257 _ 찾아보기

취사의 고고학

【炊事의 考古學】

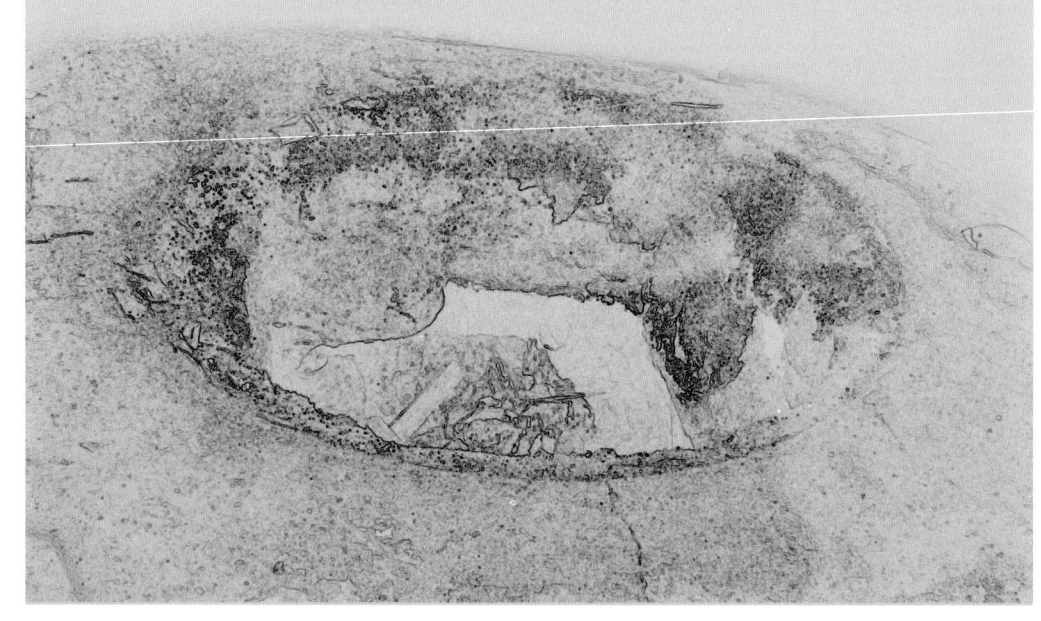

식문화탐구회학술총서 1집 취사의 고고학

土器 炊事痕의 觀察과 記錄方法 檢討

쇼다신야 _ 東京大學大學院 新領域創成科學硏究科

Ⅰ. 머리말

토기는 만년 이상의 오래된 역사를 가진다. 토기가 시대와 지역, 태토와 형태 혹은 장식 등에 따라 여러 가지 기능을 갖게 된다는 점은 주지의 사실이지만, 토기를 사용한 煮沸調理가 식생활 속에서 매우 중요한 위치를 차지하였던 것에 대해서도 의심할 여지는 없다. 煮沸라는 행위에 의해 그 때까지 이용하지 못하였던 여러 食物資源을 이용하게 되면서 인간의 식생활은 크게 변화하였을 것이다.

토기를 사용한 자비조리의 실태를 밝히기 위해서는 토기에 남겨진 취사의 흔적(이하에서 취사흔이라고 부른다)이 가장 직접적인 증거가 될 것이라 생각된다. 하지만 의외로 유적에서 출토된 토기를 대상으로 취사흔을 체계적으로 검토한 연구는 세계적으로도 많이 보이지 않는다. 이는 출토된 토기의 표면 상태가 양호하지 않으면 자세한 검토가 어렵다는 점이나 막대한 양의 토기편들을 당시에 사용된 모습 즉, 완형으로 복원하는 시간과 노력을 용인할 수 있는 사회적 환경이 있는지 등의 조건과 관련이 되기 때문이라 생각된다.

다행히 현재 한국에서는 수많은 발굴조사가 실시되고 있고 완형으로 복원된 여러 시대의 토기 자료가 많이 축적되고 있다. 이 글의 목적은 이러한 맥락에서 토기에 남겨진 취사흔을 대상으로 어떠한 연구가 가능한지에 대해서 살펴보고 앞으로 연구에 일조를 하고자 하는 것이다. 우선 II장에서 주로 일본에서 이루어진 취사흔 연구사를 중심으로 선행연구를 정리한다. 다음으로 취사흔에 대한 관찰과 기록 방법의 한 가지 사례(III)와 그 결과 추출된 패턴에 대한 해석방법(IV)에 대해서 살펴보고자 한다.

II. 研究史

1. 日本의 硏究事例

이 장에서는 취사흔에 관한 연구사례를 살펴보고자 한다. 우선 비교적 많은 연구가 진행되고 있는 일본 측 연구사례를 정리하면 다음과 같다. 토기에 남은 탄착흔 등 사용흔에 대해서는 이미 70년대부터 연구가 진행되어 왔다(小林公明 1978; 川西宏幸 1983; 中村倉司 1987; 深澤芳樹 1995). 또한 실험(伊藤普裕·增田修 1983; 米田文孝 1984; 小林正史 1992)이나 민족지조사(小林正史 1994)를 통해서 취사용기로서의 토기를 연구하는 논고도 많이 발표되었다. 그런데 위와 같은 유물관찰과 실험연구 혹은 민족지연구를 종합하여 보다 체계적인 연구가 이루어지게 된 것은 90년대 이후의 일이다. 이러한 연구 가운데 繩文 및 彌生時代에 대해서는 小林正史, 古墳時代 이후에 관해서는 外山政子의 연구가 특필할 만하다.

우선 小林正史는 상기와 같은 실험 및 민족지조사 결과를 바탕으로

繩文 및 彌生土器의 사용흔을 관찰하여 비교분석하였다(cf. 小林正史 1999~2006). 조사 방법의 특징은 뒤에서도 언급하게 되는 토기의 내면과 외면을 2면씩 실측하는 기록방법이다. 이를 통해서 내면과 외면에서 관찰된 조리흔의 정확한 대응관계를 검토할 수 있게 되었다. 그 주된 성과를 정리하면 다음과 같다. ① 한 유적에서 출토된 동일 시기의 토기에도 용량에 따라 사용흔에 차이가 있음. ② 이와 관련해서 사용흔을 통해 炊飯用土器와 기타 음식물 조리용 토기의 구별이 가능함. ③ 彌生時代에는 주로 중형토기가 취반용으로, 소형토기가 기타 음식물 조리용으로 따로 사용되는 경향성이 존재함. ④ 토기의 사용 횟수는 경부에 어느 정도의 비율로 그을음이 부착되는지를 지표로 추정할 수 있음. ⑤ 사용흔을 통해서 화덕 위에 直置하였는지 浮置하였는지, 혹은 부뚜막 위에 설치했는지 등 토기를 사용한 취사형태의 차이가 인정 가능함. ⑥ 彌生時代의 취반방법에 있어서 1차가열이 끝난 후 측면에서의 2차가열이 존재한 것이 확인되었음. ⑦ 토기가 제작 시에 의도된 것과 다른 용도로 轉用된 경우도 많이 있음.

다음으로 外山政子도 실험결과에 기초한 유물관찰을 통해서 풍부한 성과를 올렸으며(外山政子 1989; 1990a; b; 1992a; b), 그 성과에 의해 다음과 같은 사실이 밝혀졌다. ① 부뚜막에 올려 사용한 토기 외면에는 부뚜막으로 고정시켰을 때 사용한 점토의 흔적이 남고, 그 이하 부분에 그을음이 부착되는 한편, 내면에는 탄착흔이 관찰됨. ② 無施設式爐에서 사용된 토기에서는 구연부까지 그을음이 불규칙적으로 부착되거나 내면의 탄착흔이 심한 경우가 있고, 외면에 점토 부착이 관찰되지 않음. ③ 부뚜막 안에서의 火度의 강약에 따라 각 면에서 보이는 사용흔에도 차이가 확인됨. ④ 無施設式爐에서 사용되었을 경우 그을음이 구연부 위까지 올라오기 때문에 뚜껑을 많이 사용함. ⑤ 파손된 토기는 부뚜막의 補强材로서도 사용됨. ⑥ 유구의 특징과 토기 사용흔 분석을 통하여 기존 연구에서 단일 계통으로 파악되어 온 일본열도의 부뚜막에도 크게 東日本과 西日本의 두 가지

계통이 존재하는 것으로 생각되며, 그 구조적 차이는 부뚜막에 토기를 고정시키는지 아닌지의 차이로 생각됨.

또한, 최근에 內田眞澄(2005)은 부뚜막의 복원 및 사용에 대한 다음과 같은 실험결과를 제시하였다. ① 토기 안에 물을 담아 놓고 방치하면 자연스럽게 부착물이 떨어지기 때문에 한 번 설치된 토기를 부뚜막에서 떼어내어 세척할 필요가 없음. ② 동일한 취사목적에 필요한 시간과 연료는 無施設式爐와 부뚜막 사이에 큰 차이는 없었으며, 부뚜막이 훨씬 효율적인 가열시설이라는 고정관념에는 재고의 여지가 있음. 물론 후자의 견해에 대해서는 부뚜막을 제작하여 사용하는 기술 수준이 당시와 현재에서 차이가 있다는 점을 감안하면 그대로 받아들이기는 어렵다.

한편, 2005년에는 大手前大學史學硏究所의 주최로 『土器硏究의 新視點』이라는 제목으로 학술대회가 개최되었으며, 토기 취사흔에 대해서도 많은 연구발표와 토론이 이루어졌다. 일본에서 토기 취사흔 연구의 최신 성과라고 할 수도 있는 그 내용이 2007년에 단행본으로 출판되었다(大手前大學史學硏究所 編 2007).

2. 韓國의 硏究事例

아마도 한국에서 토기에 남는 취사흔을 주제로 한 논문은 김춘영(2001)에 의한 것이 처음일 것이다. 이 논문에서는 진주 대평리유적 출토 청동기시대 토기에 대해서 취사흔 분석이 실시되었다. 이 논문에서는 토기에 남은 흔적을 그을음, 적색화, 표면박락, 유기흔의 4가지로 분류하며, 이들 상호 관련성에 대해서 언급하였다. 자세한 내용은 이 책에 실려 있는 필자의 다른 논고에 소개되어 있기 때문에 여기서는 생략한다.

그 후 필자들(孫晙鎬・庄田愼矢 2004, p.126)은 송국리형옹관에서 관찰된 취사흔에 대해서 검토하였다. 자비용으로 이용된 대형토기가 옹관으로 轉用된 점과 47리터 이상의 대용량 토기에서는 자비흔이 관찰되지 않아 저장용으로 사용된 것으로 추정된 점을 논하였다.

원삼국시대 토기에 대해서는 한지선(2005; 2007)과 정수옥(2006)이 논고를 발표한 바 있다. 먼저 한지선(2005; 2007)은 풍납토성과 미사리유적 출토 중도식경질무문토기를 검토하여 그을음, 탄착흔, 흘러넘친 흔적, 炭化穀粒痕, 측면가열흔 등을 관찰하였다. 그 결과를 기초로 취사용토기의 사용 횟수와 취사시설에서 설치방법에 대해서 고찰하였다.

한편, 정수옥(2006)은 풍납토성 출토 토기에 대해서 취사흔 관찰을 하였다. 그리고 역시 그을음과 탄착흔, 흘러넘친 흔적, 그을음 소실부 등을 부위별로 기록하였다. 그 결과 심발형토기와 장란형토기에서 상이한 취사흔이 확인된 점을 지적하였으며, 양자 간의 기능 차이를 추정하였다. 이들 두 가지 논고의 보다 자세한 내용은 이 책에 실려 있는 원고를 참조하기 바란다.

III. 觀察과 記錄

1. 炊事容器의 使用痕이란?

(1) 現代 부뚜막과 솥

취사용기에 특징적인 흔적이 남는 것은 현대 부뚜막과 그 위에 올려 사용하는 취사용기를 보아도 명백한 사실이다. 현재 대한민국에서도 바로 그것을 확인할 수 있다. 예를 들면 필자가 2006년 9월에 충남 연기군

사진 1 부뚜막과 솥을 사용한 조리(1)와 솥 내면에 남는 흔적(2)

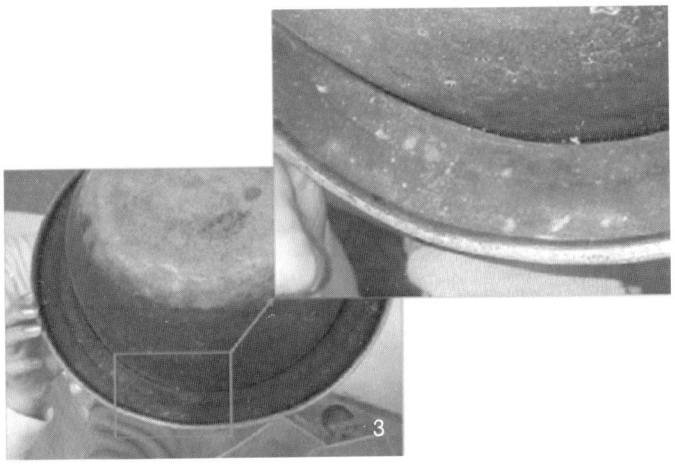

사진 2 솥 외면에 남는 흔적(1, 3)과 솥 설치 상황(2)

송원리의 어떤 마을에서 실견한 솥에는 부뚜막 구조와 대응하는 뚜렷한 취사 흔적을 확인할 수 있었다.^{사진 1, 2}

 부뚜막 위에 올려 사용하는 솥^{사진 1-1, 2-2}은 저부 외면에서 직접적으로 불을 맞고 그 주변에는 불에서 나오는 연기가 생긴다. 이러한 설치 방법 때문에 저부가 가장 강한 가열을 당하는 부분이 되며, 따라서 저부 내면에 조리물이 탄착된 흔적이 남게 된다.^{사진 1-2} 한편으로 외면에서 직접 불에 닿았던 부분은 그을음이 부착되지 않는다.^{사진 2-1}(이 현상을 酸化라

土器 炊事痕의 觀察과 記錄方法 檢討 19

고 부른다) 즉, 내면의 탄착흔과 외면의 산화부 위치가 대응관계를 보여주고 있다. 그리고 그 주변부분에는(가장 강한 열을 받는 부분의 주변 부분에 해당함) 그을음이 부착된다. 다만, 부뚜막의 구조상 전 부분 이상으로는 연기가 올라가지 않기 때문에 그을음은 전 하부까지에 한정되어 부착되게 된다.^{사진 2-3}

(2) 實驗에 의한 炊事痕迹의 檢討

그렇다면 부뚜막과 같은 시설 없이 토기를 사용하여 조리하였을 경우에는 어떠한 흔적이 나타날까? 여기서는 필자 등이 2006년에 행한 실험[1] 결과를 예로 살펴보고자 한다.

한 번도 사용하지 않은 실험토기^{사진 3-3, 4}에 쌀과 물을 담고^{사진 3-5} 지면에 직접 놓고 주변에 잔가지를 배치하였다.^{사진 3-1} 뚜껑으로는 별다른 생각이 없이 나무 판을 이용하였는데 이는 실험에 별다른 영향이 없는 것으로 판단하였다. 잔가지에서 나오는 불에 의해 가열이 진행되면서 외면에는 그을음이 부착되었는데, 동체부 최대경 이상 부분에는 거의 부착되지 않았다.[2] ^{사진 3-2} 조리 종료 후,^{사진 3-6} 내용물을 꺼내고 취사흔을 관찰하였다. 우선 세척하기 전에는^{사진 3-7} 동체부 최대경 부분에서 하반부를 중심으로 짙은 그을음 부착이 확인되었으며, 만졌을 때 손에 묻을 정도였다.^{사진 3-8, 9} 세척에 의해 이러한 표면의 그을음은 많이 없어졌지만, 기벽에 흡착되어 있는 것은 완전히 떨어지지 않았다.^{사진 3-12} 한편, 가장 강한 불에 닿은 동체 하부에서는 그을음이 부착되지 않았으며, 띠 모양으로 산화부가 관찰되었다.^{사진 3-10} 내면에서는 하부를 중심으로 쌀이 기벽에 눌어붙은 양상이 나타났는데,^{사진 3-11} 이를 세척한 결과 동체 하부에서 띠 모

---

[1] 한국고고환경연구소와 충남문화재연구소의 주최로 실시되었다.
[2] 이러한 패턴은 출토 토기에서도 많이 관찰가능하다.

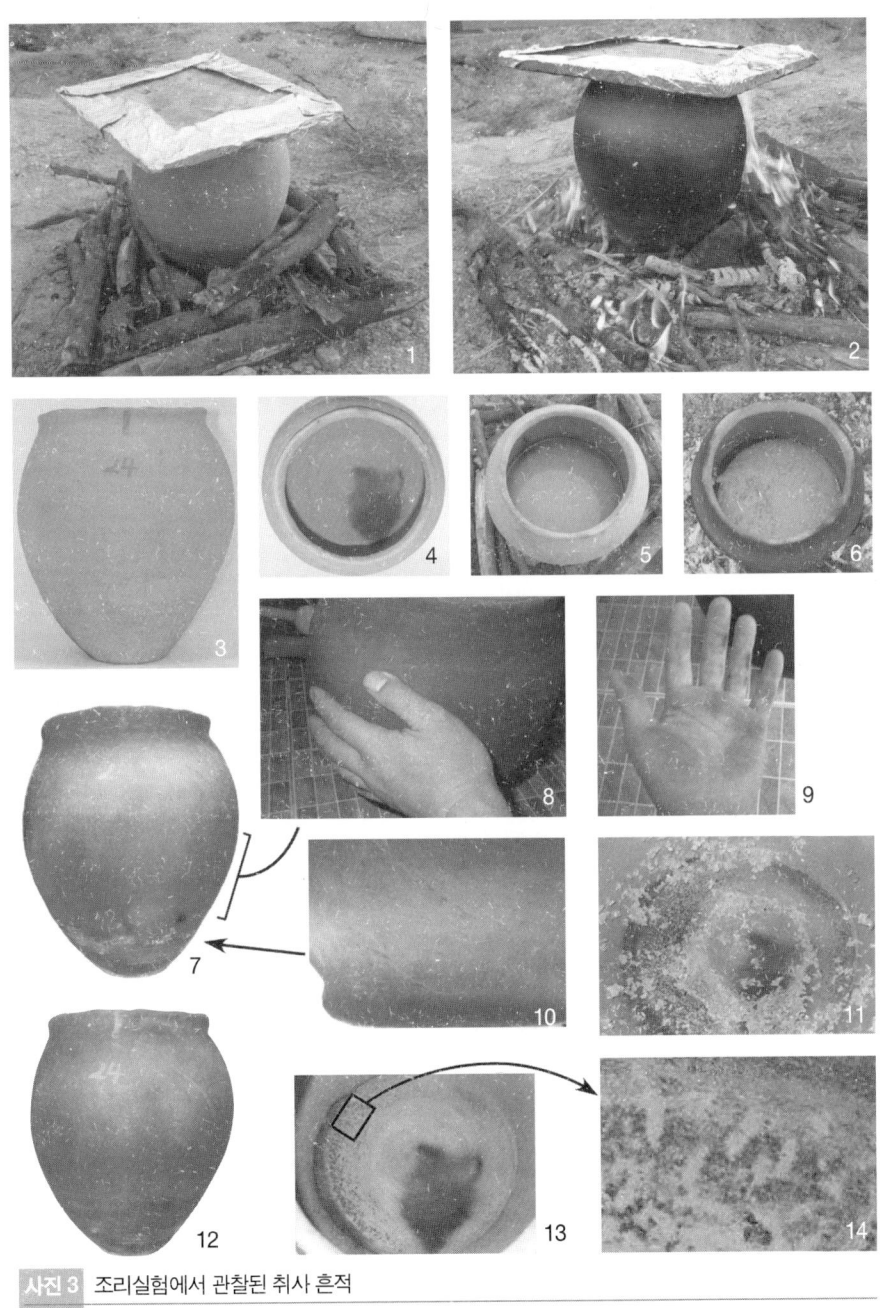

사진 3 조리실험에서 관찰된 취사 흔적

양 탄착흔이 관찰되었다.사진 3-13 한편, 내면 저부와 그 주변에서는 탄착흔이 형성되지 않았다.3) 탄착흔을 세부적으로 보면, 穀粒이 부착되어 있었던 흔적사진 3-14도 확인할 수 있었다.

이상과 같이 아무 시설 없이 지면에 토기를 놓고 옆에서 가열했을 때에는 내면 동체 하부에 탄착흔이 부착되었으며, 저부 부근에는 부착되지 않았다. 즉, 위에서 본 부뚜막에서 가열하였을 때와 완전히 다른 취사흔이 관찰된 점이 확인되었다.

(3) 遺蹟出土 土器에 남은 痕迹의 特性

다음으로 위에서 본 바와 같은 취사흔이 고고학 자료에서 어떻게 관찰할 수 있는지에 대해서 살펴보고자 한다. 고고학자가 관찰대상으로 하고 있는 토기들은 그 라이프 히스토리 속에서 여러 단계를 거쳐서 생긴 흔적들을 가진 복잡한 표면상태를 지닌다.사진 4 토기가 제작되었을 때부터 고고학자가 그것을 관찰하게 될 때까지 다음과 같은 단계를 거치는 것으로 생각된다. 즉, 제작으로부터 시작하여 마지막 단계인 관찰까지 크게 8개의 단계를 상정할 수 있는데, 제작과정은 보다 세분해서 살펴 볼 필요가 있다. 우선 성형 및 정면을 끝낸 후에 토기를 건조시키게 되는데, 이때 토기에서 수분이 빠져나가면서 기물이 수축된다.사진 4-2 수축은 소성에 의해서도 일어난다. 또한, 소성흔인 흑반과 火色, 그리고 소성파열흔이 이 단계에서 나타날 수 있다.사진 4-3 소성된 토기는 사용되는 장소로 운반된다. 이때 운반을 위해 사용한 그물의 흔적이 남겨지거나 기면이 마모될 가능성이 있다.사진 4-4 운반된 토기는 煮沸 / 貯藏 / 食膳 등 여러 가지 용도로 사용되는데, 이와 동시에 사용흔이 나타나게 된다.사진 4-5 특히 자비용기

---

3) 사진 3-13에서 검게 보이는 부분은 흑반이다. 이는 사용 전인 사진 3-4를 보면, 조리 전부터 있었던 것임을 알 수 있다.

의 경우 외면에 그을음과 산화부, 내면에 탄착흔과 소원형박리(小圓形剝離)가 확인될 경우도 많다. 일정기간이 지나서 사용하지 않게 된 토기는 폐기된다. 폐기된 토기는 깨지거나 결실이 되고,^{사진 4-6} 흙 속에 매몰되면서 변형 및 변색이 된다.^{사진 4-9} 물론 사용되기 전에 어떠한 이유로 토기가 파손되어 폐기될 가능성도 있다.^{사진 4-7, 8} 이러한 토기가 발굴되면 토기편들에 대해서 세척과 복원을 하게 된다. 이 과정에서도 기면 마모나 결손, 혹은 접착제의 부착 등이 일어난다.^{사진 4-11} 우리가 관찰대상으로 하는 토기는 이상과 같은 여러 단계에서 생긴 흔적들이 나타난 대단히 복잡한 표면상태를 지닌 것이다.^{사진 4-12}

취사흔과 가장 혼동되기 쉬운 흔적은 소성흔이다. 토기에 남겨진 소성흔에 대해서는 필자 등에 의해 제작된 『토기소성의 고고학』(한국고고환경연구소 편 2007)에 자세히 수록되어 있기 때문에 여기서는 취사흔과 소성흔을 구별하는 방법에 대해서만 간단하게 기술한다.

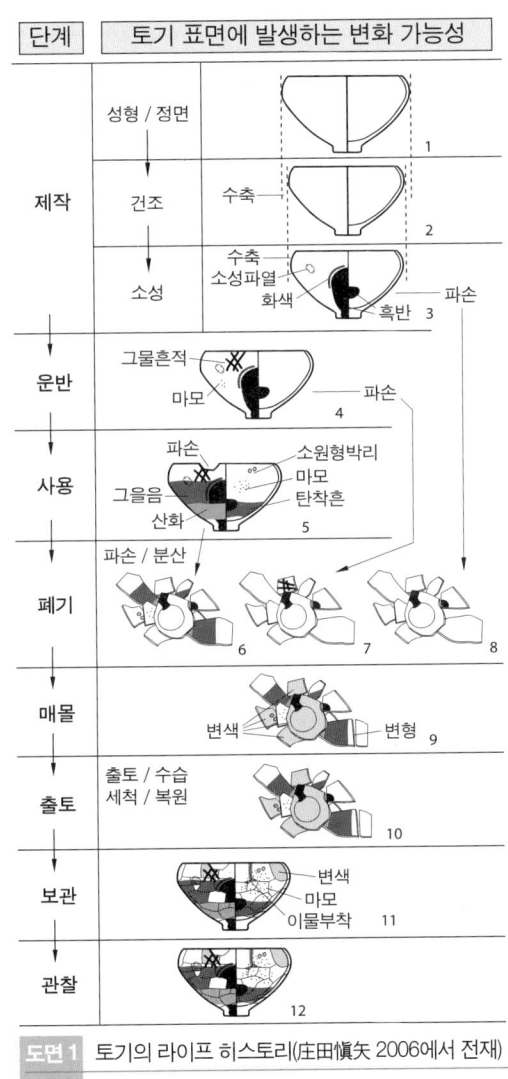

도면 1 토기의 라이프 히스토리(庄田愼矢 2006에서 전재)

취사흔인 그을음·탄착흔과 소성흔인 흑반을 구별하는 기준으로 생각되는 것으로는 다음 네 가지를 들 수 있다(孫晙鎬·庄田愼矢 2004, p.120에서 수정 전재).

① 회~청색조를 띠는 것이 흑반, 갈색조를 띠는 것이 그을음
② 평면상 경계부분이 점진적으로 옅어지는 것이 흑반, 이러한 양상이 보이지 않는 것이 그을음
③ 집중적인 밀집형태를 이루는 것이 흑반, 수평방향의 띠 모양을 이루는 것이 그을음
④ 기벽 내면에까지 침투되어 있는 것이 흑반, 기면에 얇게 부착되어 떨어지기 쉬운 것이 그을음

이라는 기준들이다. 물론 모든 흔적을 100% 구별하기에는 어려움이 있다. 특히 완형토기가 아닌 자료에 대해서는 잘못된 판단의 위험성이 있기 때문에 가능한 검토대상에서 제외하는 것이 바람직하다. 참고로 흑반과 그을음의 전형적인 사례를 표시하였다.^{사진 5} 사진으로 보아도 위에서 언급한 ②와 ③의 구분 기준이 유용한 점을 알 수 있다.

또한, 특히 주의할 필요가 있는 점은 화재 주거지 출토 자료는 3차 가열[4] 때문에 조리 시에 생성된 흔적이 남아 있지 않을 가능성이 크다는 점이다. 이 점을 실제로 확인하는 목적으로 주거 화재에 의해 토기 표면에서

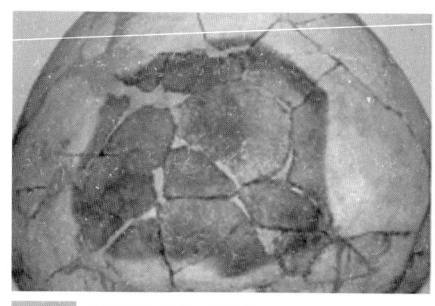 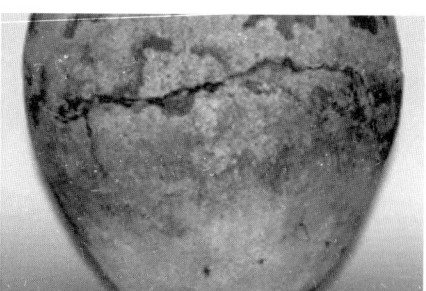

사진 4 흑반(좌)과 그을음(우)

사진 5 화재 주거 모의실험

土器 炊事痕의 觀察과 記錄方法 檢討

어떠한 변화가 일어나는지에 대해서도 소규모 구축물을 만들고 실험해 보았다.

【사진 5-1】에 표시하였다시피 이미 소성된 완형토기와 토기편을 지면 위에 놓고, 그 위에 나무와 볏짚을 놓고 점화하였다. 그 결과 【사진 5-2, 3】에서 보이는 것처럼 특히 완형토기에서 표면상태에 많은 변화가 확인되었다. 이러한 결과로 보아 화재주거지 출토 유물에 대해서 소성흔이나 취사흔에 관한 분석을 실시한 것은 생산적이지 않을 가능성이 크다고 생각된다.[5]

2. 觀察과 記錄의 方法

관찰은 취사흔 실측도의 작성과 동시에 하는 것이 효율적이다. 여기서는 위에서도 언급한 小林正史에 의해 고안된 실측도 작성법을 소개한다. 현재 필자도 이 방법으로 취사흔 관찰도면을 작성하고 있다. 도면 2와 같이 토기를 반으로 잘라 내, 외면 모두 2면씩 표시한다. 취사흔 기록을 위해서는 도면 크기가 1 / 4 정도로 충분하다. 실측도에는 연료에 의해 토기 외면에 부착된 그을음, 가열에 의해 내용물이 흘러넘친 흔적, 강한 가열 때문에 기벽이 산화되어 적색화된 산화부(혹은 피열흔), 내용물이 타서 토기 내면에 부착된 탄착흔 등을 기록한다.[6] 특히 그을음은 진한 것과 연한

---

[4] 1차 = 소성, 2차 = 조리라고 가정하였을 때 3차라고 할 수 있다.
[5] 물론 필자가 실제 관찰한 토기 중에는 화재 주거지 출토품임에도 불구하고 내면 탄착흔이 잘 보존되어 있을 경우도 있었다. 다만, 이 경우에도 외면의 산화부 등의 흔적과의 대응관계를 검토하지 못하기 때문에 자료가치는 半減된다.
[6] 현실적으로는 이 때 소성흔의 관찰과 기록도 동시에 진행하는 경우가 많다. 소성흔과 취사흔이 서로 겹치거나 소성흔이 가열에 의해 옅어지거나 할 경우가 있기 때문이다.

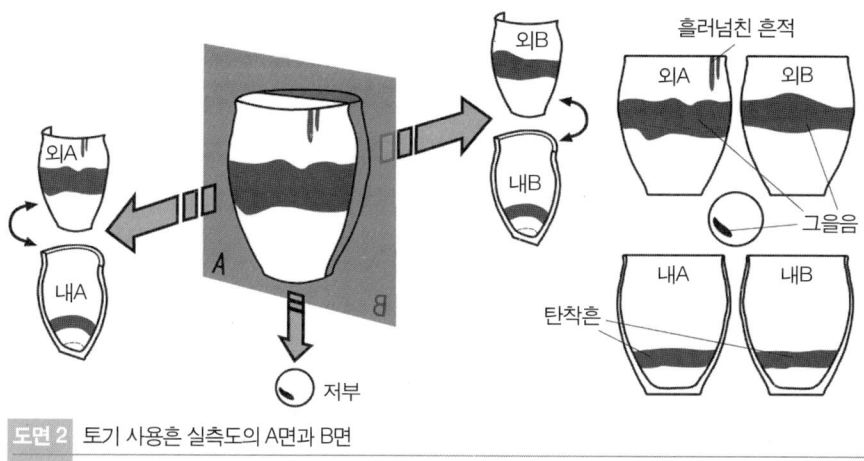

도면 2 토기 사용흔 실측도의 A면과 B면

것으로 구별해서 표기하면 더 좋다. 그리고 여러 가지 흔적을 혼동하지 않도록 색연필을 사용하여 도면을 작성한다. 토기의 파손된 부분을 동시에 그려, 두 내면의 하부 등 직접 자로 계측하기 어려운 부분에 대해서도 편하게 그릴 수 있다. 실측도면의 일례를 표시하면 【도면 3】과 같다.

실측이 끝난 후, 실측한 내·외의 A·B 각 면과 저부를 함께 실측 하면서 알게 된 중요한 부분에 대한 세부사진도 촬영하여 기록을 남긴다. 이것은 조사 후 기록을 정리할 때에 도움이 된다.

IV. 패턴과 解釋

토기 한 점씩에 대한 관찰과 기록이 끝나면 다음에 이를 패턴화하여 해석하게 된다. 토기의 용량을 계측하여 크기에 따라 사용흔에 어떠한 차이가 나타나는지를 검토한다. 이는 민족지조사나 고고자료에 대한 선행

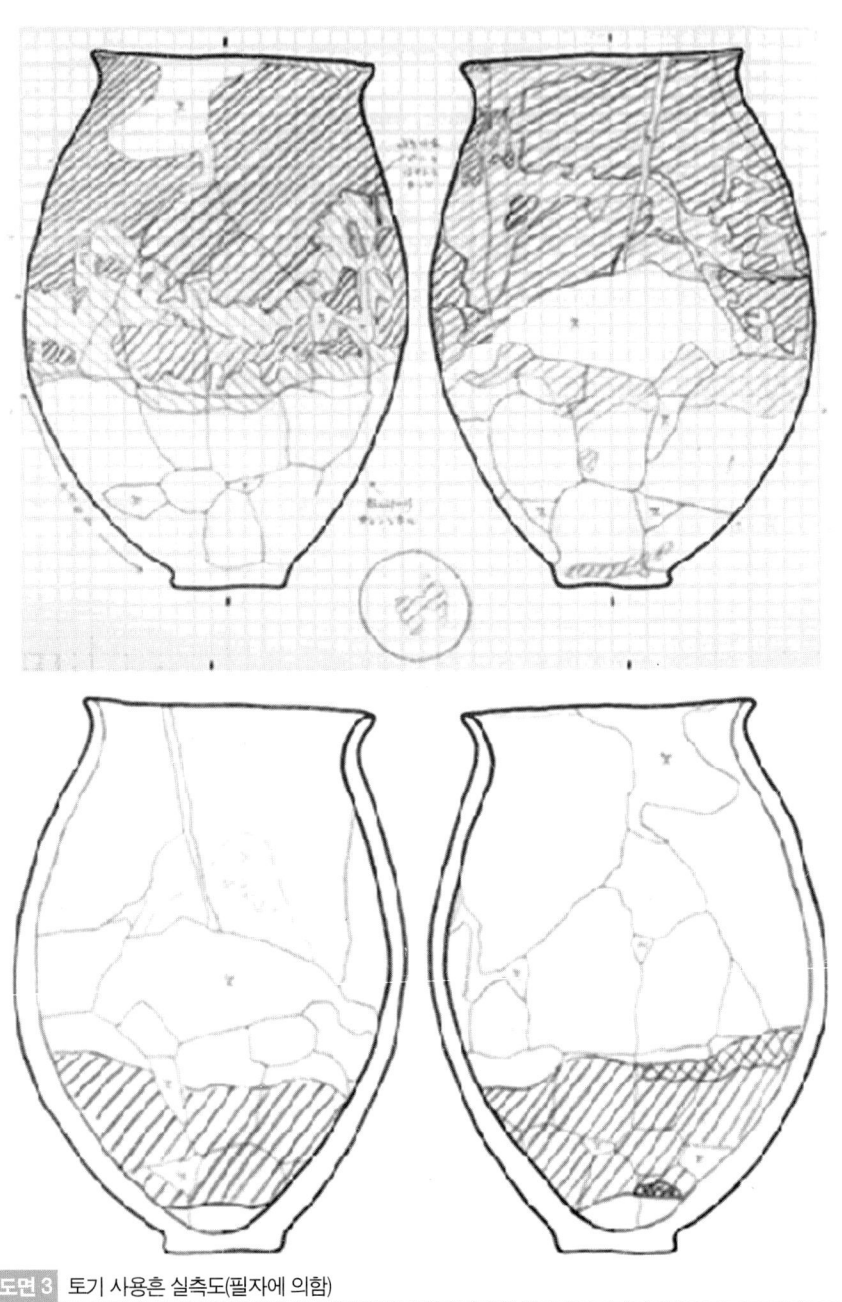

도면 3   토기 사용흔 실측도(필자에 의함)

연구를 통하여 크기에 따라 토기 사용법에 차이가 있는 점이 밝혀져 왔기 때문이다. 필자는 토기 용량을 실측도를 이용하여 AutoCAD로 계산하고 있지만, 방법은 여러 가지가 있으며 쓰기 쉬운 방법을 선택하면 된다. 물론 대부분 검토 대상 토기는 비대칭적인 형태를 나타낼 경우도 많기 때문에 도면에서 산출된 수치는 실제 용량과 약간의 차이가 있음이 상정된다. 그러나 현실상 여러 가지 제약을 고려할 때 실측도를 이용한 계산이 가장 효율적이면서 경향성의 파악에는 충분한 정확성을 유지할 수 있다고 판단된다. 기고나 구경 등의 길이보다 용량으로 토기를 분류하는 장점으로는 상이한 기형을 가진 개체를 동일한 기준으로 비교 할 수 있다는 것과 실제로 조리한 음식물의 양을 어느 정도 추정할 수 있다는 점 등을 들 수 있다.

다음으로 크기별로 나눠진 토기군 안에서 취사흔의 부착부위를 중심으로 패턴을 검토한다. 패턴의 정리에는 부위와 취사흔 종류 등을 정리한 속성표의 작성이 유용하다. 표 방식으로 집계된 데이터는 방대한 정보량이 되기 때문에 통계처리를 사용할 경우도 있다.[7]

이러한 취사흔의 패턴 추출의 목적은 크게 ① 조리내용에 대한 분류와 ② 조리시설에 대한 분류의 두 가지로 나눌 수 있다. 아래에서는 이 목적별로 취사흔에 대한 해석방법을 살펴보고자 한다.

1. 調理內容에 대한 分類

小林正史(2003, p.77)는 조리실험과 민족지조사 결과를 참조하면서 토기의 특징과 조리방법, 사용 횟수와 관련, 보존상태에 대해서 【표 1】과

---

[7] 예를 들어 小林正史는 Excel로, 한지선은 SPSS로 취사흔 데이터를 처리·활용하고 있다.

표1	토기의 특징, 조리방법, 사용횟수, 보존상태와 사용흔적 관계(小林正史 2003, p.77에서 번역해서 전재)			
사용흔 종류	토기의 특성	조리방법	사용횟수와 관련	보존상태
수면 하 탄착흔	① 동체 하부가 원통형에 가까울수록 저부 직상에서부터 탄착흔이 부착된다. ② 마연이 잘 돼 있을수록 기벽에 탄착흔이 흡착되기 어렵다.	① 수분이 적어질수록, 그리고 강한 열을 받을수록 탄착흔이 두꺼워지고 범위가 넓어진다. ② 불꽃에 의한 가열보다 잔불로 가열하였을 때에 띠 모양 탄착흔이 저부 부근까지 이른다.	사용횟수가 많아질수록 탄착흔 범위가 넓어진다.	흡착된 탄착흔은 세척에 의해 없어지진 않지만, 層狀 탄착흔은 떨어진다.
수면 상 탄착흔	기형이 높고 크고 抉入이 심할수록 동체 상반부에 탄착흔이 부착되지 않게 된다(불에서 멀어지기 때문에).	① 휘젓는 횟수와 흘러넘친 횟수가 많고 수면 저하 정도가 클수록 수면상에 유기물이 부착하기 쉽다. ② 불이 클수록, 또한 수면이 낮을수록 부착되게 된다.	위와 동일	위와 동일
동체 하부 산화	① 동체 하부가 원통형에 가까운 토기에서는 저부 직상에서 산화가 일어난다. ② 원통형·양동이형이 동부가 볼록해진 기형보다 산화가 상부까지 일어날 경향이 있다. ③ 수분이 외면으로 번져가면 산화되지 않는 경우가 많다.	① 수분이 적은 조리에서 현저하다. ② 가열이 강해질수록 뚜렷하고 넓다. ③불꽃에 의한 가열보다 잔불로 가열했을때에 보다 산화가 일어난다.	① 산화의 정도와 범위는 마지막 조리 시에 강한 가열을 받은 부분을 가리킨다(누적되지 않는다). ② 사용횟수가 많아질수록 노출된 외면 동체 하부가 세척 시에 마모된다.	그을음이 박락되면 산화부 상단 위치가 인정하지 못하게 된다.
그을음상단선	기형이 높고 크고 抉入이 심할수록 동체 상반부까지 그을음이 부착되지 않게 된다.	불이 커질수록 상반부까지 달한다.	① 사용횟수가 많아질수록 상부까지 그을음이 부착된다. ② 그을음이 부착된 상반부 기표면이 세척 시에 직접 마찰되지 않기 때문에 마모도에는 변화가 없다.	層狀 그을음은 사용 중에는 떨어지기 어렵지만 퇴적 중에 박락될 경우가 많다.
흘러넘친 흔적 (백색)	抉入이 심할수록 백색의 흘러넘친 흔적이 남기 쉽다(그을음에 의해 덮혀지지 않는다).	① 糊化되기 쉬운 전분을 많이 포함한 식재(쌀, 너트류, 토란, 콩 등)는 흘러넘치기 쉽다. ② 흘러넘친 후 강한 불로 가열하면 그을음에 의해 덮혀진다.	사용횟수가 많아지면 그을음이 백색의 흘러넘친 흔적을 덮게 된다. 즉, 사용횟수가 적을수록 남을 가능성이 높아진다.	그을음이 박락되면 '그을음이 없는 부분으로서 백색의 흘러넘친 흔적'을 인정하지 못한다.
흘러넘친 흔적 (흑색)	흘러넘친 내용물이 가열을 받은 산화부 위에서만 관찰가능하기 때문에 산화부 위치에 규정된다.	흘러넘친 후 동체부가 가열을 받을수록 흘러넘친 내용물이 탄화되어 흑색의 흘러넘친 흔적이 형성되기 쉽다. 그을음 위에서는 확인하지 못한다.	누적될 경우도 있지만 다음 조리에서 강한 가열을 받으면 산화 소실될 수 있다.	탄화된 조리물은 외면 산화부에 흡착·침투되기 때문에 세척 시에 떨어지지 않는다.

같이 정리하였다. 이러한 因果關係를 기초로 내용물의 수분 함유량 등 구체적인 조리내용을 추정하게 된다. 다만, 유적에서 출토된 토기는 한 가지 조리방식만이 아닌 다양한 사용방식을 거친 경우가 많은 것으로 예상되기 때문에 반드시 이러한 기준이 적용되는 것은 아니라는 점에 주의하여야 한다.

한편, 취사흔 상태가 양호한 일괄자료를 이용하여 세부적인 취사 과정에 대해서 접근하려고 하는 시도도 이루어지고 있다(德澤啓一 外 2007). 이 논문에서 검토된 岡山縣 上東遺蹟 자료는 자세유구에서 일괄로 출토된 자료이며, 사용횟수가 상당히 적은 것으로 상정되었다. 저습지에 가까운 보존환경에서 표면상태도 양호하며, 조건만 마련되면 상당히 세밀한 취사흔 분석이 가능한 점을 말해 준다.

2. 調理施設에 대한 分類

外山政子(1992b, p.90-95)는 爐와 부뚜막에서 조리하였을 때에 형성되는 취사흔 패턴에 대해서 정리하였다. 그 내용을 요약하면 다음과 같다. 우선 爐의 구조적 특징은 ① 불을 어떠한 시설로 감싸지 않고, ② 공기 공급과 排煙이 일정한 방형성을 가지지 않다는 점이다. 그 결과 ① 그을음이 외면 전면에 부착되며 일부 구연부 내면까지 이루는 경우가 있음, ② 흘러 넘친 흔적과 탄착흔이 더 명료하게 관찰되는 경향이 있음이라는 특징이 있다고 한다.

한편, 부뚜막의 구조적 특징은 ① 불을 점토 등으로 만든 구조로 감싸고, ② 공기 방향과 분량이 조절가능하며, ③ 처음부터 토기를 고정한 것들도 있다는 점들이다. 따라서 사용흔으로는 ① 그을음이 동체 상부 이하에서만 관찰되며, ② 내면에 탄착흔이 진하게 형성되지 않는다는 특징을 보인다.

그리고 한 가지 보완하면 부뚜막이 갖고 있는 공기 방향을 규제하는 기능 때문에 토기가 부뚜막에 고정되었을 경우에는 토기에 부착된 그을음과 탄착흔에서 앞쪽과 안쪽을 판단할 수 있다. 즉, 설치 시의 앞면은 직접 불에 닿기 때문에 외면에는 산화부, 내면에는 비교적 짙은 탄착흔이 생길 가능성이 높고, 반대로 안쪽 면은 외면에 그을음이 부착되며, 내면은 탄착흔이 앞면보다 흐리게 나타날 가능성이 높다. 실제 이러한 특징을 이용하여 한지선이 출토토기에 대해서 복원을 시도하고 있다.[8]

V. 맺음말

이 글에서는 토기에 남은 취사흔적을 자료로 토기에 의한 취사형태를 규명하는 방법에 대해서 살펴보았다. 우선 선행연구를 살펴보았는데, 아직까지 충분한 연구성과가 축적되지 않았음을 알 수 있었다. 취사흔 형성과정에 대해서는 현재 민족지와 실험을 통해 조리시설과 취사흔의 구체적인 대응관계를 검토할 수 있었다. 유적 출토 토기에 대해서는 주로 일본 선행연구를 참조하면서 기록과 관찰, 그리고 해석 방법에 대해서 살펴보았다. 조리시설의 판정 등 현 단계에서도 충분히 적용가능한 내용도 확인되었지만, 아직까지 방법론적 개선의 여지가 있는 점도 지적하였다.

토기 취사흔 연구는 아직 충분히 개발되지 않은 연구 분야라고 할 수 있다. 이 글 수준 역시 당시 취사형태를 복원하는 방법의 제시에 까지는 미치지 못하였다. 하지만 향후 많은 연구자들이 이러한 연구방향에 대해

---

[8] 이 책 한지선 논문을 참조하시기 바란다.

서 관심을 갖게 되고 연구가 활발하게 이루어진다면 뜻밖의 기쁨이라고 생각한다.

참고문헌

內田眞澄, 2005,「造り附けカマドの復元と使用-製作使用實驗の結果より-」,『群馬考古學手帳』15, 群馬土器觀會.
大手前大學史學硏究所 編, 2006,『土器硏究の新視點』, 六一書房.
德澤啓一・河合忍・石田爲成, 2007,「彌生土鍋の炊飯過程とスス・コゲの産狀」,『土器硏究の新視點』, 六一書房.
米田文孝, 1984,「彌生土器の製作・用途實驗」,『考古學ジャーナル』240, ニュー・サイエンス社.
小林公明, 1978,「煤とお焦げ」,『曾利 第三, 四, 五次發掘調査報告書』, 富士見町敎育委員會.
小林正史, 1992,「煮沸實驗に基づく先史時代の調理方法の硏究」,『北陸古代土器硏究』2, 北陸古代土器硏究會.
＿＿＿＿, 1994,「稻作農耕民とトウモロコシ農耕民の煮沸用土器」,『北陸古代土器硏究』4, 北陸古代土器硏究會.
＿＿＿＿, 1999~2006,「土器のコゲから何が分かるか(1)-(10)」,『石川考古』255-287, 石川考古學硏究會.
＿＿＿＿, 2003,「使用痕迹からみた繩文・彌生土器による調理方法」,『石川考古學硏究會會誌』46, 石川考古學硏究會.
孫晙鎬・庄田愼矢, 2004,「松菊里型甕棺의 燒成 및 使用方法 硏究」,『湖西考古學』11, 湖西考古學會.
深澤芳樹, 1995,「おこげのあと」,『文化財論叢 II』, 同朋舍.
外山政子, 1989,「群馬縣地域の土師器甑について」,『硏究紀要』6, 群馬縣埋藏文化財調査事業團.
＿＿＿＿, 1990a,「矢田遺蹟の平安時代のカマドと煮沸具」,『矢田遺蹟』, 群馬縣埋藏文

참고문헌

　　　　, 1990b, 「羽田倉遺蹟の煮沸具の觀察から」, 『長根羽田倉遺蹟』, 群馬縣埋藏文化財調査事業團.

　　　　, 1992a, 「「爐」から「カマド」へ -古墳時代の食文化-」, 『助成研究報告』2, 味の素食の文化センター.

　　　　, 1992b, 「爐かカマドか -もう一つのカマド構造について-」, 『研究紀要』10, 群馬縣埋藏文化財調査事業團.

伊藤普裕·增田修, 1983, 「製作實驗 II」, 『繩文文化の硏究』5, 雄山閣.

鄭修鈺, 2006, 「風納土城 炊事用土器 硏究」, 高麗大學校大學院 碩士學位論文.

庄田愼矢, 2006, 「靑銅器時代 土器燒成技法의 實證的 硏究」, 『湖南考古學』23, 湖南考古學會.

中村倉司, 1987, 「彌生時代における甕形土器の煮沸方法と熱效率」, 『考古學雜誌』73-2, 日本考古學會.

川西宏幸, 1983, 「形容詞を持たぬ土器」, 『考古學論考 小林行雄博士古稀記念論文集』, 平凡社.

坂本稔, 2007, 「同位體分析による土器付着物の內容檢討に向けて」, 『土器硏究の新視點』, 六一書房.

한국고고환경연구소 편, 2007, 『土器燒成의 考古學』, 서경문화사.

韓志仙, 2005, 「韓國原三國時代의 土器에 보이는 調理方法의 檢討」, 『土器硏究の新視點』발표자료, 大手前大學史學硏究所.

韓志仙(庄田愼矢譯), 2007, 「韓國原三國時代の土器にみられる調理方法の檢討」, 『土器硏究の新視點』, 六一書房.

식문화탐구회 학술총서 1집

【炊事의 考古學】

식 문 화 탐 구 회 학 술 총 서 1 집 취 사 의 고 고 학

靑銅器時代 土器의 炊事 痕迹

쇼다신야 _ 東京大學大學院 新領域創成科學硏究科

Ⅰ. 머리말

청동기시대 연구에서 심발형이나 옹형이라고 부르고 있는 토기가 취사용으로 사용된 것은 대세적인 견해이지만, 그것을 구체적인 자료관찰에 기초하여 논한 연구는 아직 드물다고 할 수 있을 것이다.

이 글에서는 청동기시대 대규모 취락으로 유명한 진주 대평리유적 출토 토기를 검토대상으로 삼아 청동기시대 취사용 토기의 사용흔을 검토하고자 한다. 또한, 검토 결과를 바탕으로 하여 이 시기에서 노지의 형태 문제와 底部穿孔土器의 기능에 대해서도 언급하고자 한다. 우선 Ⅱ장에서 선행연구를 다룬 후, Ⅲ장에서 대평리유적 옥방 2·3지구 출토 토기에 대한 관찰결과와 고찰, 그리고 상술한 몇 가지 문제에 대해서 기술하고자 한다.[1]

---

[1] 자료 관찰에 있어는 趙榮濟 선생님, 柳昌煥 선생님을 비롯한 경상대학교 박물관 여러분의 협조를 받았다. 진심으로 감사드린다.

II. 先行硏究

　　이 글에서는 대평리유적 옥방 2·3지구에서 출토된 청동기시대 후기(안재호 2006) 선송국리유형(안재호 2002)에 속한 심발형토기를 대상으로 하였는데, 이 유적 출토 자료에 대해서는 이미 김춘영(2001)에 의해 조리흔적의 분석이 이루어진 바 있다.

　　이 논문에서는 토기에 남는 흔적을 그을음, 적색화, 표면박락, 유기흔의 4가지로 분류하며, 이들 상호 관련성에 대해서 언급하였다. 그리고 조리흔이 남아 있는 것은 대다수가 심발형토기인 점도 지적하였다(p.13). 또한, 조리시설인 노지와의 관련성에도 언급하였으며, 야외노지를 포함한 노지와 조리용토기의 조리흔 유형을 대응시켜 검토하였다.

　　하지만 유물 관찰에 있어 문제를 지적할 수 있다. 예를 들면, 그을음이 부착되는 부분이 직접 불에 닿는 부분인 것으로 표현되고 있는데(p.35), 실제로 그을음이 생기는 부분은 불에 닿는 부분의 직상 부분이며, 불에 직접 닿는 부분에서는 적색화 즉, 산화가 일어나는 것이 사실이다.[2] 이와 같이 구체적인 조리흔에 대한 실험의 결여 때문에 개별 흔적에 대한 해석에 있어 문제를 남겼지만, 신선한 시점을 기초로 한 선구적인 업적으로 높게 평가된다.

　　한편, 필자들(孫晙鎬·庄田愼矢 2004)은 송국리형옹관에서 관찰된 취사흔에 대해서 검토하였다. 자비용으로 이용된 대형토기가 옹관으로 轉用된 점과 47리터보다 용량이 큰 토기에서 자비흔이 관찰되지 않아 저장용으로 사용된 것으로 추정된 점을 논하였다. 이를 통해 형태가 유사한 토기군 안에서도 용량에 따라 용도를 달리한다는 점이 밝혀졌다.

---

[2] 자세한 내용은 이 책에 따로 실려 있는 필자의 글을 참조해 주시기 바란다.

III. 觀察結果와 解釋

1. 크기에 의한 分類

사용흔 관찰에 앞서 검토대상 토기를 용량에 따라 3가지 분류군으로 나누고자 한다. 토기의 크기는 器高, 口徑, 胴體部 最大徑 등 여러 가지 기준이 생각되는데, 이 글에서는 용기로서의 기능을 중요시하여, 용량을 기준으로 크기를 분류하고자 한다. 용량 산출에 있어 AutoCAD 2005를 사용하여 실측도에서 3D 솔리드 모델을 작성함으로써 근사치를 산출하였다. 물론 검토대상 토기들은 완전한 회전체가 아니기 때문에 약간의 오차가 있지만, 토기군 전체의 용량구성을 알기 위해서는 문제가 없다고 판단하였다. 각 토기의 용량을 계산한 후, 순서대로 배열한 것이 【도면 1】이다.

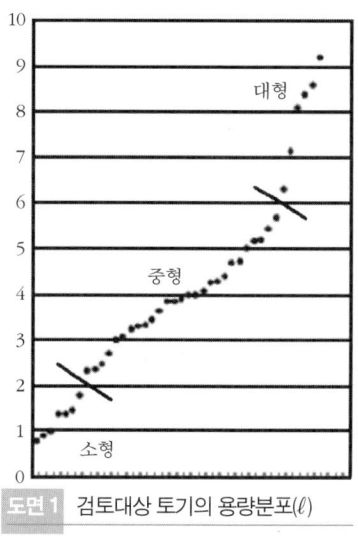

도면 1 검토대상 토기의 용량분포(ℓ)

그래프에서 보이는 바와 같이 2리터 및 6리터 부근에서 토기 용량치가 연속되지 않고 경계가 있는 것으로 판단되기 때문에 이들을 기준으로 각각 대형, 중형, 소형으로 분류한다.

2. 크기별 使用痕의 特徵

필자들에 의해 조사된 대평리유적 토기의 사용흔은 【도면 2】와 같

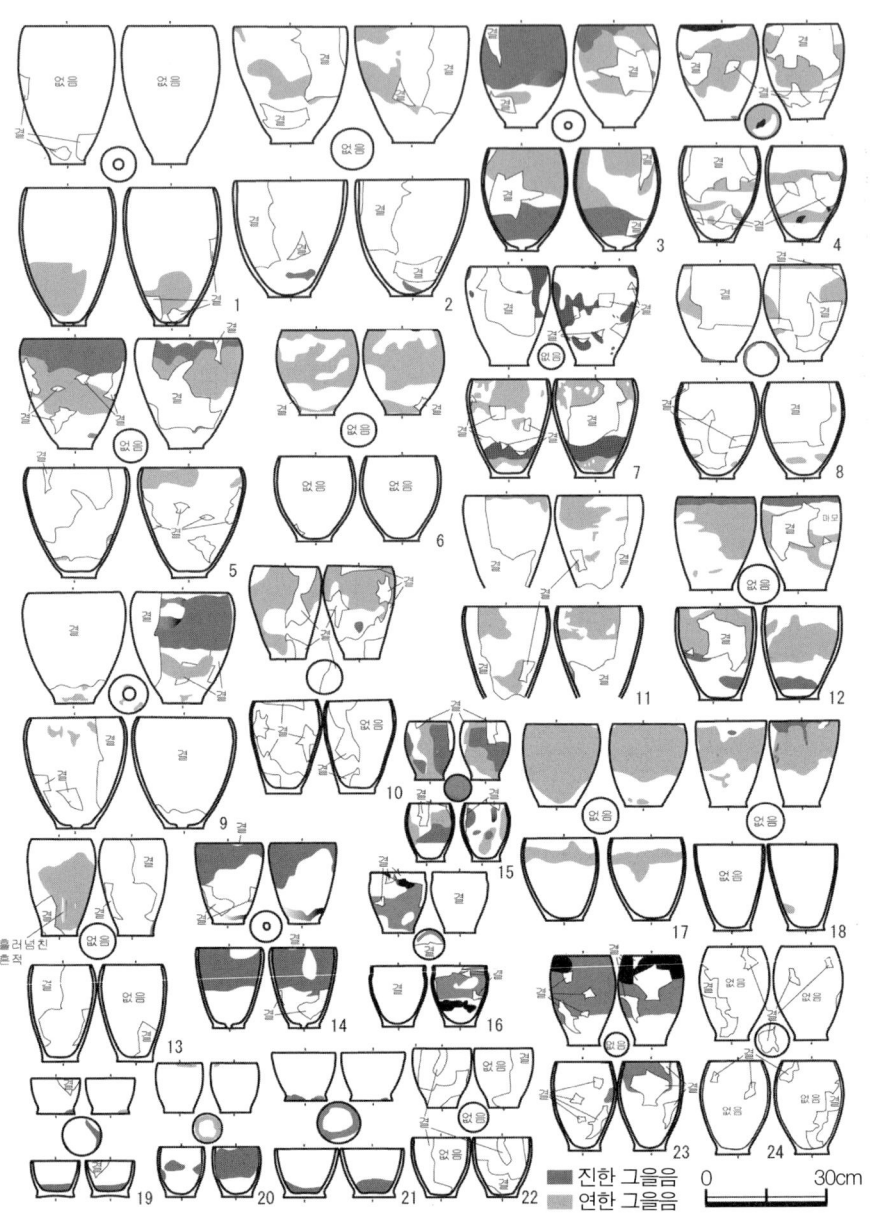

도면 2 대평리유적 출토 토기의 사용흔

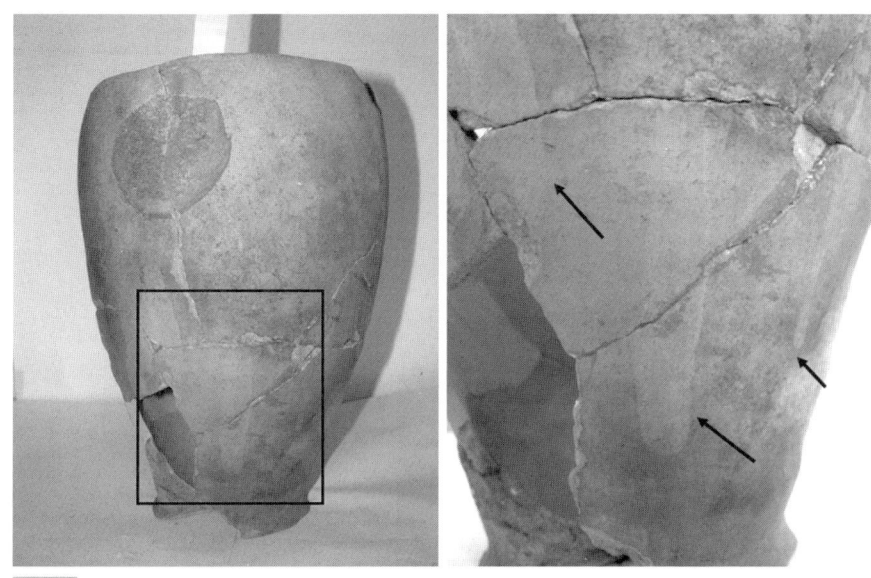

사진 1 중형 심발형토기에서 관찰된 흘러넘친 흔적

다.[3] 이 토기군은 위에서 언급한 것처럼 같이 2ℓ 이하의 소형(7점), 2~6ℓ 의 중형(19점), 6ℓ 이상의 대형(6점)으로 나눌 수 있는데, 각 크기별로 나타나는 사용흔에는 차이가 인정된다.

가장 많은 중형 심발형토기^{도면 2-3, 4, 6~8, 10~14, 17, 18, 23, 24}에서는 취사와 관련된 흔적이 한 점을 제외한 모든 개체에서 확인되었다. 이 가운데 【도면 2-13】에서는 흘러넘친 흔적도 관찰되었다.^{사진 1} 또한, 이들 토기의 외면 하부에서는 강한 가열에 의해 생성된 피열흔이 관찰되어(그을음이 산화·소실된 부분), 내면에서는 띠 모양으로 탄착흔이 확인되었다. 그리

---

[3] 도면 작성은 필자와 小林正史·長友朋子·所一男·松尾奈緒子·中村大介·鐘ヶ江賢二·渡邊誠 각 씨가 공동으로 작업하였다. 이 조사는 2003년에 실시되었으며, 성과의 일부는 이미 발표된 바 있다(長友朋子 外 2004).

고 수분이 적은 상태에서 조리된 것을 가리키는 동체부 내면 하부의 띠 모양 탄착흔과 외면의 피열흔과의 대응관계도 확인되었다.도면 2-3, 4, 7, 8, 12 이들에 대해서는 취반과 같은 기능을 상정할 수 있는데, 중형토기에서만 관찰되었다.

한편, 대형 심발형토기도면 2-1, 2, 5, 9와 소형 (심)발형토기도면 2-15, 16, 19-22에서도 그을음과 탄착흔이 관찰되며, 역시 취사용으로 사용된 것을 알 수 있다. 소형 발형토기 안에서는 내면 저부 부근에 탄착흔이 보이는 예도면 2-19, 21와 그 이상 부위에 부착된 예도면2-15, 16, 20가 있으며, 이 차이는 기형 차이와 대응된다. 내면 저부 부근에 탄착흔이 보이는 것은 이 두 점에 한정되어 있으며, 대부분 동체 하부에 탄착흔이 관찰된다. 이는 무시설식 노지에 토기를 직치하였을 때에 생기는 패턴이다.

또한, 대형 토기에서는 중형과 소형에 비해 내면에 탄착흔이 발달되지 않는 경향이 관찰된다. 이는 대형토기로는 수분이 없어지는 취반과 같은 조리가 행해지지 않았음을 시사한다.

3. 爐址에 관한 問題

검토대상으로 삼은 토기와 동일 시기의 주거지는 소위 송국리식주거지이며, 이 형태 주거지에서는 노지가 발견된 예가 극히 한정되어 있는 것은 주지의 사실이다. 그런데 위에서 언급하다시피 그을음과 피열흔의 부착위치를 볼 때, 爐 위에 토기를 올려 사용한 것으로 판단된다. 김춘영(2001)이 야외노지에서 사용을 상정한 것은 전술하였다.

또한, 서천 도삼리유적에서는 노지로 추정된 U자형 소토부가 주거지 바닥면에서 40cm 뜬 상태로 출토되었으며, "고상형태의 생활면"의 존재가 제기되기도 하였다(李弘鍾 外 2005, p.157). 노지가 어느 위치에 있는지의 문제는 결론을 보류하였다 하더라도 취사흔적으로 볼 때, 토기를 浮置하지 않는 무시설식노지에서 사용된 것은 확실하다.

4. 底部穿孔土器의 機能

검토대상 토기군 가운데 저부천공토기^{도면 2-1, 3, 9, 14}가 확인되었는데, 구멍은 모두 소성 후에 천공된 것이다. 이 토기들의 사용흔은 모두 직접 가열된 흔적을 나타내기 때문에 시루로 사용되었다고 보기는 어렵다.[4] 이 시대에 찌는 조리법이 보급되었다면 소성 전부터 시루를 만드는 것이 자연스러운데, 그렇지 않는 것으로 보아도 시루의 존재를 적극적으로 인정하기는 곤란하다. 대안으로는 직물을 사용하여 濾過器로 전용되었을 가능성이 있다. 혹은 조리도구가 아닌 전혀 다른 용도로 전용되었을 가능성도 고려할 필요가 있을지도 모른다.[5]

참고로 일본 야요이토기에서도 이러한 토기들이 자주 관찰되는데, 이에 대해서 佐原眞(1996, p.95)이 언급한 바가 있다. 그는 이들 토기가 시루로 사용되었다면, 밑에 설치한 토기와 겹치는 부분에는 그을음이 부착되지 않았어야 한데 실제로는 그렇지 않다는 점을 근거로 야요이시대 저부천공토기를 시루로 상정하지 못한다고 하였다.

또한, 러시아 연해주에서도 확실한 시루가 등장하는 단계에 앞서 單

---

[4] 이 점에 대해서는 박경신(2006, p.390)에 의해서도 지적된 바가 있다.
[5] 사족이지만 필자는 2007년 9월에 태국 북부에 위치하며 현재도 토기를 만들고 있는 것으로 유명한 Monkaokaew 마을 길가에서 소성 후에 저부를 천공한 물독을 찾아 흥분한 바 있다. 그런데 주민에게 물어봤더니 원래 물독으로 사용하였다가 화분으로 전용하였다는 것이었다. 그것을 들어 많이 실망하였지만, 청동기시대 자료에 대해서도 실제 생각도 못하는 용도로 전용되었을 가능성을 고려하여야 한다는 것일지도 모른다.

孔의 저부천공토기가 확인된다(村上恭通 1987, pp.8~10). 물론 박경신 (2006, p.390)이 지적한 것처럼 이를 바로 시루로 인정하는 것에는 문제가 있지만, 위와 같이 넓은 지리적 범위에서 동일한 경향이 관찰된다는 점은 比較文化史的인 관점에서 재미있는 현상이다. 다만, 기능에 대한 논의 재료는 아직까지 미비하다고 할 수밖에 없다.

IV. 맺음말

이상과 같이 대평리유적 출토 토기에 대한 취사흔적의 기록과 관찰을 중심으로 취사형태와 관련된 문제에 관해서 간단하게 살펴보았다. 그 결과 많은 심발형토기가 취사용으로 사용된 점과 크기별로 다른 용도로 사용되었을 가능성이 확인되었다. 그리고 이들 토기는 무시설식노지(地床爐) 위에서 직치한 상태로 사용되었다는 점도 확인되었다. 또한, 저부천공토기는 사용흔으로 보아도 시루로 인정하기 어려운 점도 확인되었다.

한편, 자료적 제한 때문에 제목과 달리 청동기시대 전기나 후기 중에서도 늦은 시기 토기에 대해서 분석을 못하였지만, 이는 앞으로의 과제로 삼고 싶다.

참고문헌

|論文|

金春英, 2001, 『調理用 無文土器 硏究』, 慶南大學校大學院 碩士學位論文.

朴敬信, 2006, 「複合式 炊事容器에 대한 接近」, 『계층 사회와 지배자의 출현』, 韓國考古 學會.

小林正史, 2003, 「使用痕跡からみた繩文・彌生土器による調理方法」, 『石川考古學硏究 會會誌』46, 石川考古學硏究會.

孫晙鎬・庄田愼矢, 2004, 「松菊里型甕棺의 燒成 및 使用方法 硏究」, 『湖西考古學』11, 湖 西考古學會.

安在晧, 1992, 「松菊里類型의 檢討」, 『嶺南考古學』11, 嶺南考古學會.

＿＿＿, 2006, 『靑銅器時代 聚落硏究』, 釜山大學校大學院 博士學位論文.

長友朋子・庄田愼矢・所一男・久世建二・小林正史・松尾奈緒子・中村大介・鐘ヶ江 賢二・渡邊誠, 2004, 「彌生時代における覆い型野燒きの受容と展開」, 『日本考古 學協會第70回總會硏究發表要旨』, 日本考古學協會.

佐原眞, 1996, 『食の考古學』, 東京大學出版會.

村上恭通, 1987, 「東北アジアの初期鐵器時代」, 『古代文化』39-9, 古代學協會.

|報告書|

李弘鍾・孫晙鎬・趙은지, 2005, 『道三里 遺蹟』高麗大學校 考古環境硏究所.

趙榮濟・柳昌煥・李瓊子・孔智賢, 1999, 『晉州 大坪里 玉房 2地區 先史遺蹟』, 慶尙大學 校博物館.

趙榮濟・柳昌煥・宋永鎭・孔智賢, 2001, 『晉州 大坪里 玉房 3地區 先史遺蹟』, 慶尙大學 校博物館.

식문화탐구회 학술총서 1집

【炊事의 考古學】

식문화탐구회학술총서 1집 취사의 고고학

장란형토기의 사용흔 분석을 통한 지역성 검토
- 서울경기권과 호서호남권을 중심으로 -

한지선 _ 한신대학교박물관 조교

I. 머리말

농경이 시작되는 청동기시대 이후 원삼국시대에 이르기까지 취사용기는 평저의 중형급 호형토기가 주류를 이루어 왔다(孫晙鎬·庄田愼矢, 2004, 韓志仙, 2005; 2006). 그러나 이러한 토기는 저장용 토기 등 기타 일상용기와의 형태 및 제작상의 속성에 있어서 차별성이 확연하지 않았다. 즉 전용용기로서의 분화가 제대로 이루어지지 않았음을 알 수 있다.[1] 그런 의미에서 취사용기로서의 본격적인 분화는 바로 '장란형토기'의 등장이라 할 수 있다.

'본격적인 취사전용토기' 로서의 '장란형토기'는 취사시설로서의 부뚜막과 한 셋트를 이루며, 부뚜막의 발달과 함께 전달린 장란형토기로, 그리고 전달린 토제솥, 철솥으로의 획기를 거치면서 오늘에 이르게 된다(鄭鍾兌, 2006). 따라서 본고에서는 이러한 부뚜막이라는 취사시설과 더불어

---

[1] 물론 청동기시대 심발형토기류가 취사용기로서 주로 사용된 면은 간과할 수 없다. 여기서는 본격적인 의미에서 부뚜막의 등장과 아우른 취사용기의 등장을 강조하였다.

셋트를 이루는 장란형토기의 사용흔 분석을 통해 삼국시대 취사내용과 방식에 대한 고고학적 접근을 시도해 보고자 한다.

장란형토기에 대한 연구는 한강유역을 비롯하여 호서, 호남, 영남 등 각 지역별로 그 형태적 특징과 시간적 변천과정을 밝히는 연구가 활발히 진행중이며(全炯玟 2003; 鄭鍾兒 2003, 2005, 2006), 이밖에 시루와 같은 취사용기와 복합적인 사용 방식 등에 대한 연구도 활발히 진행되고 있다(吳厚培 2002; 朴敬信 2003, 2006; 許眞兒 2005). 이미 장란형토기의 사용흔 분석은 필자(2006)와 정수옥(2006)에 의해 이루어진 바 있다. 본고에서는 이러한 선행연구를 기반으로 분석 및 관찰에 미비한 부분을 보충하고 지역 간 공통점과 차이점을 밝혀봄으로서 삼국시대 식생활의 단면을 복원해 보고자 한다.

먼저 분석대상유물의 선정에 있어 지역권을 묶어서 살펴보았다. 장란형토기는 서울경기권과 호서호남권이 그 형태적 차이를 가지고 있음은 널리 알려져 있다. 따라서 서울경기권의 경우 풍납토성(국립문화재연구소, 2001; 權五榮·權度希·韓志仙, 2005)을 비롯한 미사리(裵基同·尹又埈, 1994 ; 尹世英·李弘鍾, 1994) 등의 유적에서 출토된 장란형토기를 대상으로 하였으며, 사용흔 분석은 풍납토성 유물을 중심으로 살펴보았다. 또한 호서호남권 장란형토기는 함평 소명(임영진·이승용·전형민, 2003)과 서천 지산리(李南奭·李賢淑·尹英燮, 2005), 화순 대곡리 유적(全南大學校博物館, 1989)을 중심으로 하였으며, 사용흔 분석은 함평 소명 유적 유물을 중심으로 살펴보았다. 시기는 대개 4~5세기대에 집중되어 있다.

II. 계측치 분석

　서울경기권의 경우 완형의 장란형토기는 풍납토성을 비롯해 몽촌토성, 하남 미사리, 화성 당하리와 왕림리, 용인 수지와 원주 법천리 유적 등에서 출토되었으며, 그 개체수는 30여점으로 많지 않다. 그나마 풍납토성에서 출토된 (도면복원품을 포함해서) 완형품이 10점, 미사리 유적 출토 완형품이 11점으로 전체의 절반 이상을 차지하고 있다. 본고에서는 풍납토성과 미사리 유적 출토품을 중심으로 다른 유적에서 출토된 완형의 장란형토기를 포함해 계측분석을 시도해 보았다.

　반면 호서호남권의 경우 화순 대곡리 유적의 경우가 13점이고, 함평 소명유적만 해도 완형도 20점에 달한다. 따라서 각 유적에 대한 분석을 통해 지역 뿐만 아니라 유적간의 비교도 가능하다는 점에서 서울경기권보다 정밀한 분석이 시도될 필요가 있다. 그러나 여기서는 크게 지역권에 대한 비교 분석이므로 호서호남권의 개별 유적간 분석은 하지 않았다.

　먼저 장란형토기의 용량을 분석해 보았다.

　현재까지 보고된 풍납토성 출토 완형 장란형토기는 총 10점으로 대개 11~15ℓ의 용량군이 확인되었고, 원주 법천리 유적은 16~24ℓ, 미사리 유적에서는 11~16ℓ의 분포를 보였다. 평균을 살펴보면 풍납토성이 12.6ℓ, 미사리 유적이 14.6ℓ 등으로 한강유역에서는 원주 법천리 유적의 평균 20ℓ를 제외하고는 대체로 13ℓ 전후의 용량군을 보이고 있다.^{표 1, 도면1}

표1 서울경기권 출토 장란형토기 속성표

연번	유적명	유구명	도면번호	계측치			
				기고(cm)	동최대경(cm)	세장도(%)	용량(ℓ)
1	풍납토성	9호유구	83-①	32	23.6	1.36	10.9
2		9호유구	83-⑤	36.6	22.9	1.60	11.5
3		삼화3층구	24-②	38.6	25.8	1.50	15.1
4		S3W1그리드	177-④	38	23.6	1.61	13.4
5		가-유물포함층	236-②	36	25.4	1.42	12
6		가-흙막이벽	241-⑤	46	35	1.31	14.4
7		가-7호수혈	90-①	31.6	24.3	1.30	10.5
8		토기가마	129-①	35.5	25.2	1.41	13
9		가-유물포함층	220-①	36.5	22.2	1.64	12
10		가-S5W1내아궁이 및 토기산포유구	148-⑦	35	23.5	1.49	12
	풍납토성 평균			36.58	25.15	1.46	12.48
11	몽촌토성	87폐기장	60	40.5	26	1.56	13.6
12	하남 미사리	고026주거지	58-⑤	34.6	24.8	1.40	11.5
13		〃	58-⑥	45	26.4	1.70	14.8
14		고019주거지	47-⑤	36.2	23.4	1.55	12.1
15		서B-2주거지		39.8	27.4	1.45	16.8
16		숭B-6주거지	159-1	37.4	23.8	1.57	11.6
17		숭B-2주거지	144-1	34.5	24	1.44	11.6
18		수B-1주거지	138-1	36	26.6	1.35	13.6
		고KM-418	139	40.7	28.3	1.44	21
		〃	139	34.5	23.8	1.57	11.2
		고KM-419	139	39.9	29	1.38	23.5
		〃	139	37.3	25	1.49	12.9
	미사리 평균			38.30	25.63	1.50	14.07
19	용인 수지	1-2호주거지	17-①	39.4	24.6	1.60	13.4
20		2-1호주거지	49-⑤	41.1	23	1.79	12
21	화성 왕림리	1호주거지	4	38	4	1.58	11
22		옹관묘(북관)	31-①	36.8	24.4	1.51	11
23	포천 자작리	2호주거지	85	44	27.4	1.61	16
24	화성 당하리	주거지	25	39.9	24.6	1.62	13.3
25		옹관묘	13-①	41.5	24.7	1.68	13
26		〃	13-②	41.3	26.2	1.58	13.8
27	원주 법천리	20호 옹관묘	34-①	38.5	26.6	1.45	16.4
28		〃	35	41.7	28.8	1.45	23
29		28호 옹관묘	60-①	39	31.1	1.25	23.8
30		〃	61	38.3	26	1.47	18.5
	전체 평균			38.47	25.70	1.50	14.24

표2 호서호남권 출토 장란형토기 속성

연번	유적명	유구명	도면번호	계측치			
				기고(cm)	동최대경(cm)	세장도(%)	용량(ℓ)
1	함평 소명	3호 주거지	25-1	41.4	15.6	2.65	4.7
2		3호 주거지	25-2	42	18	2.33	7.5
3		16호 주거지	53-9	43.5	17.6	2.47	7.2
4		17호 주거지	57-7	42.8	16	2.68	6.8
5		20호 주거지	69-5	39.2	18.4	2.13	8.2
6		27호 주거지	87-7	44.5	17.8	2.50	8.6
7		32호 주거지	98-18	2.7	20.2	2.11	8.8
8		34호 주거지	106-3	41.2	20.4	2.02	9.9
9		34호 주거지	106-4	41.6	17.4	2.39	7.6
10		34호 주거지	106-5	42.8	19.6	2.18	9.7
11		34호 주거지	107-4	43.2	19.6	2.20	9
12		35호 주거지	111-6	44.4	20.4	2.18	9.6
13		36호 주거지	113-3	46.8	18.4	2.54	7.8
14		54호 주거지	149-8	44	18	2.44	7.8
15		62호 주거지	159-12	42	18.4	2.28	7.2
16		75-3호 주거지	197-1	41.4	17.6	2.35	6.9
17		75-3호 주거지	197-2	42.6	18.8	2.27	9.4
18		75-3호 주거지	197-3	40.8	16.8	2.43	7
19		81호 주거지	211-1	42.2	18.8	2.24	8.2
20		90호 주거지	222-8	41.6	18.4	2.26	7.8
21		101호 주거지	243-2	40.6	16.8	2.42	5.5
22	해남 신금	43호 주거지	164	38.8	20	1.94	7.7
23		49호 주거지	180	46.4	20	2.32	10.3
24		50호 주거지	186	41.2	23.6	1.75	10.8
	전체 평균			42.4	18.61	2.29	8.08

이에 반해 호서호남권 장란형토기의 용량군을 살펴보면 다음과 같다.

함평 소명 주거지에서 출토된 완형으로 복원 가능한 장란형토기의 용량군을 검토한 결과 총 20점에서 7~10ℓ의 용량군이, 화순 대곡리 유적에서는 6~9ℓ의 용량군이 확인되고 있다. 이밖에 서천 송내리와 지산리의 경우도 7~10ℓ의 분포를 보이고 있으며, 평균을 살펴보면, 함평 소명유적이 8.2ℓ, 화순 대곡리 유적이 6.9ℓ, 서천 송내리와 지산리 유적의 경우는

8.6ℓ를 보였다. 따라서 호서호남권의 경우 평균 7.8ℓ 전후의 용량군을 나타내고 있다.[표 1, 도면 1, 2]

이렇듯 용량군만을 비교해 봤을 때 서울경기권은 평균 14ℓ, 호서호남권은 평균 8ℓ 정도의 용량군을 보이고 있어 약 4~6ℓ 전후의 차이를 보이고 있다. 그렇지만 기고면에서는 서울경기권의 경우 평균 38.4cm전후를, 호서호남권의 경우 42.4cm를 보이고 있다.[도면 3] 그리고 심도(동최대경 / 기고×100)에

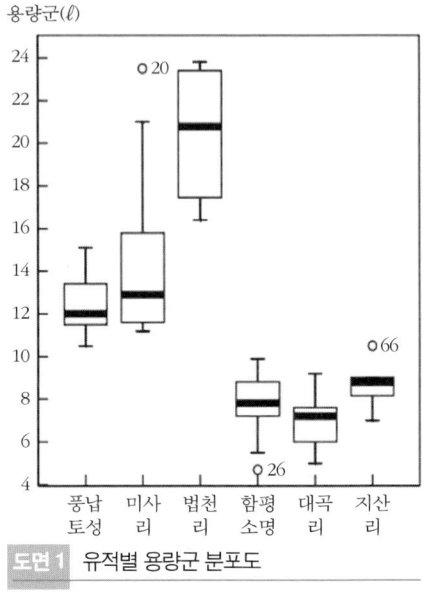

도면 1 유적별 용량군 분포도

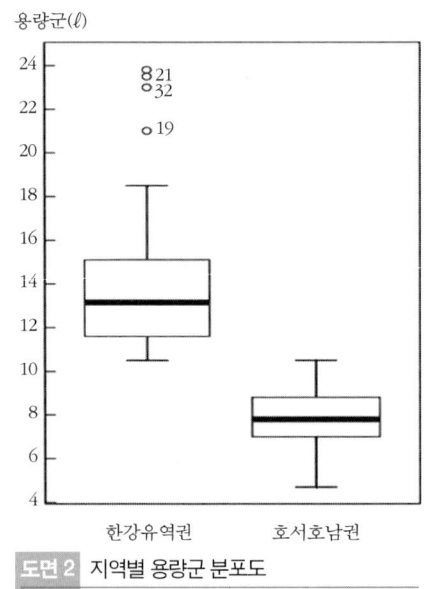

도면 2 지역별 용량군 분포도

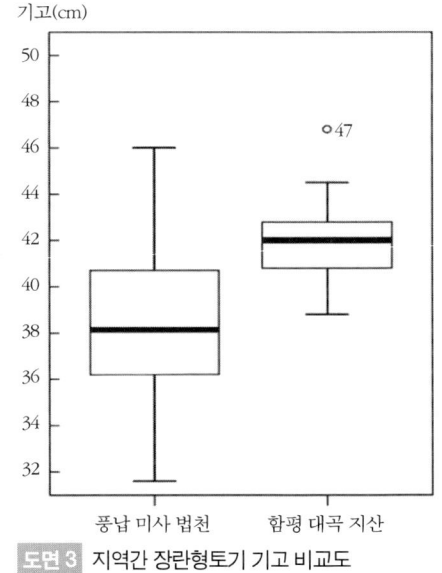

도면 3 지역간 장란형토기 기고 비교도

52 취사의 고고학

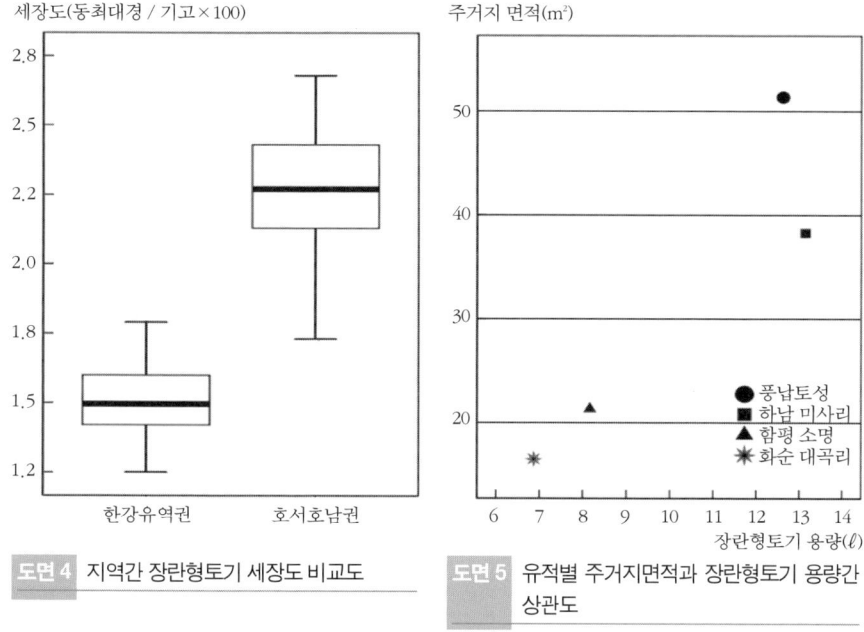

도면 4 지역간 장란형토기 세장도 비교도

도면 5 유적별 주거지면적과 장란형토기 용량간 상관도

있어서도 서울경기권의 장란형토기는 평균 1.5를 나타내는 반면, 호서호남권의 경우 평균 2.2가 넘는 비율^{도면 4}을 나타내고 있어 호서호남형의 장란형토기가 훨씬 세장하다는 것을 알 수 있다.

한편 주거지의 크기와 장란형토기의 용량간의 상관성이 확인된다. 즉 서울경기권의 풍납토성 주거지의 평균 면적이 약 50m²인데 반해, 호남지역의 함평 소명유적 주거지의 평균 면적은 약 22m², 화순 대곡리 유적 주거지는 약 17m² 정도를 보인다. 이에 대응한 장란형토기의 용량군도 각각 13ℓ, 8.2ℓ, 6.9ℓ로 일정하게 비례하였다.^{도면 5}

III. 사용흔 분석

1. 사용흔 분석기준

장란형토기의 사용흔 분석에 있어서 다음의 네 가지를 중심으로 살펴보고자 한다.

① 점토를 발랐던 흔적
② 외면 그을음과 피열흔(산화부위)의 위치
③ 내면의 탄착흔
④ 외저면의 솥받침과 접촉한 부위

이다.

①의 경우는 부뚜막에 장란형토기를 설치할 때 이를 고정하고 연기가 올라오는 것을 막기 위해 점토를 발랐던 흔적이다. 따라서 점토가 열을 받아 소토화되어 기벽에 밀착된 경우와, 그런 부착물들이 떨어져 나가 점토를 발랐던 흔적만이 남은 경우가 있다. 이렇게 부착된 점토띠의 두께는 부뚜막의 천정 점토두께와 대응을 이루므로 부뚜막의 복원에도 중요한 자료를 제공한다.

②의 경우는 부뚜막에 장란형토기를 고정하고 불을 때기 시작하여 조리를 완료할 때까지 열을 직접 받는 부위와 그 불길이 지나가는 방향을 보여준다. 따라서 솥이 하나 걸려 있을 때나 두개 걸려 있을 때 불길의 방향이 달라 장란형토기에 남겨진 흔적도 달리 나타난다.^{도면 7, 9} 또한 장란형토기의 그을음부위와 바닥의 솥받침과의 높이 등을 통해 부뚜막의 축조 높이를 알 수 있다.

③의 경우는 솥에 무엇을 조리했는가 하는 내용물을 추정해 볼 수 있

는 자료이다. 탄착흔이 남게 되는 상황에 대해서는 이미 언급된 바 있는데, 짙은 탄착흔이 솥의 하단에 띠상으로 남은 경우는 약한 불에서 오랫동안 끓이면서 수분이 점점 줄어드는 요리(죽과 같은)를 했던 것이고, 탄착흔이 상대적으로 높고, 희미하게 남아 있었다면 수분이 많은 요리를 했을 가능성이 크다(小林正史, 2003). 또한 탄착흔이 물결모양으로 남아 있는 경우 조리당시 휘젓는 행위가, 내면에 원형 내지 타원형·봉상 등의 탄착흔이 남아 있는 경우는 한쪽으로 치우쳐 열을 받았을 가능성이 있다(鄭修玉, 2006).

④의 경우는 장란형토기를 얹어 놓은 솥받침과의 접합면에 대한 관찰이다. 역시 면과 면이 맞닿아 있었기 때문에 마모가 심하고, 그을음이 부착되지 않는 등의 특징을 보인다. 이밖에도 탄화곡립흔의 흔적이나 흘러넘친 흔적 등을 통해 조리내용과 방식을 추정해 볼 수 있다.

2. 서울경기권 장란형토기의 사용흔 분석

먼저 풍납토성 출토품 중 경당지구 9호 유구(權五榮·權度希·韓志仙, 2005) 출토 장란형토기 2점을 관찰하였다.도면 7 2점 모두 동체 상부에 점토를 바른 흔적과 외면과 내면의 조리흔적이 잘 남아있었다. 점토부착 부위의 경우 전체 기고의 약 85% 높이에서 확인되며, 점토의 부착폭은 약 5~10cm이다.[2] 그리고 점토부착부위 아래부터 그을음이 전면에서 확인되었는데, 부뚜막에서 불을 직접 맞는 前面과 열기가 지나가는 側面의 양상을 통해 볼 때 불을 직접받는 부위에는 피열부위가 생겨나고, 간접적으로

---

[2] 원주 법천리유적 출토 옹관으로 轉用된 장란형토기의 경우도 약 10cm 전후의 부착폭을 나타내고 있다. 따라서 대개 부뚜막의 솥걸이부 천정두께가 두 지역 모두 10cm 전후할 것으로 추정해 볼 수 있다.

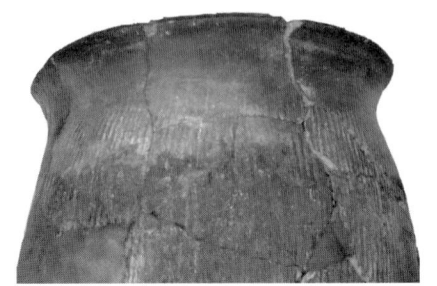

사진 1 풍납토성 장란형토기 점토부착흔

사진 2 풍납토성(1)과 하남미사리유적(2) 측면흔적

불의 연기가 지나가는 측면과 후면에 그을음이 심하게 부착되어 있었다.

【도면 7】의 측면에 그을음이 부착되지 않은 타원형의 부위가 확인되는데,사진 2-1 이러한 흔적은 다음의 두 가지 추정이 가능하다. 첫번째는 다른 토기가 횡방향으로 접촉되어 있어 그을음이 묻지 않았을 가능성이다. 참고자료로 제시한 【도면 6】과 같이 두개의 장란형토기의 동체부가 서로 접해 있어 접한 공간만큼 그을음이 부착되지 못했던 것이다. 두번째는 측면의 점토벽면과 맞닿아 있어 그을음이 부착되지 않았을 가능성이다. 이와 관련하여 하남 미사리 유적 KM-419호 옹관으로 전용된 장란형토기의 양상이 흥미롭다.사진 2-2 앞서 살펴본 풍납토성 장란형토기와 같이 측면에 타원형의 그을음이 부착되지 않은 면이 있는데, 특히 이 타원형의 주변으로 다량의 점토가 부착되어 있어 주목된다. 약간 소토화된 점토의 양상으로 볼 때 점토 위로 불길이 닿았던 것으로 추정되며, 그을음이 묻지 않은 타원형 부위는 측면의 벽체 안쪽으로 토기가 박혀 있었기 때문에 깨끗하게 남게 되었던 것이다.

내면 탄착흔의 경우
는 전면(A)의 불을 직접
받은 부위가 간접적으로
불을 받은 후면(B)쪽 탄
착흔보다 더 진하게 확인
되며, 전체적으로 띠모양
을 이루기보다는 약간 태

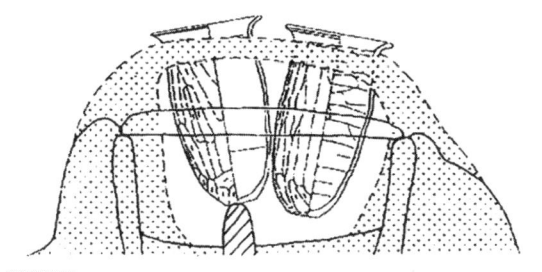
도면 6 부뚜막에 걸린 솥 모식도(外山政子 1990논문에서 전재)

토의 색조보다 어두운 색을 보인다. 대부분의 장란형토기 내면에는 약간
토기색보다 짙은 양상만이 확인된다. 따라서 이러한 흔적에 대해서는 정
수옥(2006)에 의해서도 지적된 바와 같이, 시루를 얹어서 찌는 조리, 데치
기, 물을 끓이는 용도 등으로 사용되었던 것으로 추정된다.

　이와 같이 풍납토성 출토 유물은 대개 부뚜막에 고정되는 취사용기
로서 1개체 1set로 이루어져 있다. 아직까지 한강유역에서는 2개체 1set를
장란형토기의 조리흔적을 통해 살펴볼 수는 없었지만, 하남 미사리 035호
주거지의 경우 종방향으로 큰 솥걸이부와 작은 솥걸이부가 확인되었고 앞

사진 3 하남미사리유적 035호주거지부뚜막

사진 4 서울 구의동유적 부뚜막

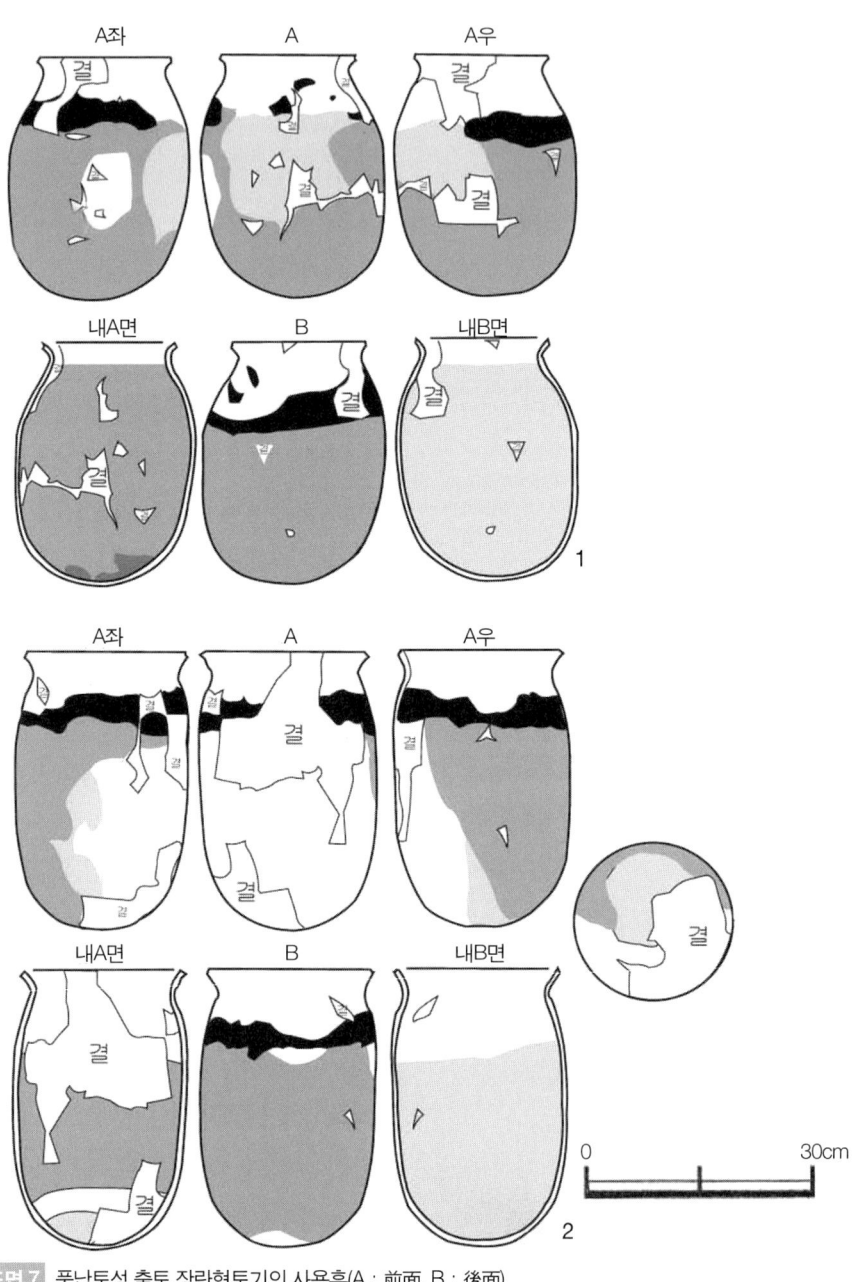

도면 7 풍납토성 출토 장란형토기의 사용흔(A : 前面, B : 後面)

의 큰 솥걸이부에만 솥받침이 확인되었다.^사진 3 이러한 경우도 장란형토기셋트는 아닐지라도 장란형토기+심발과 같은 취사 용기의 셋트구조라 할 수 있다. 오히려 솥받침으로 확인되는 2개체 1set 구조는 호남지역에서 다수 확인된다.

다만 【도면 6】과 같이 한개의 장란형토기를 솥받침에 의지하고 나머지 한개체를 벽과 먼저 꽂은 솥에 기대어 설치할 수 있기 때문에 "솥받침 한개 = 솥 한개"의 등식으로 단정하면 곤란하다. 따라서 솥받침이 하나라도 솥을 걸 수 있는 솥걸이 부분의 넓이를 반드시 확인해야한다. 그러한 점에서 풍납토성의 양호한 주거지 자료를 통해 솥의 동최대경과 부뚜막의 솥걸이 부분의 최대경의 상관관계를 살펴보았는데 흥미로운 결과가 나왔다.

풍납토성 주거지에서 확인된 부뚜막의 솥걸이 직경은 가-2호주거지의 경우 35cm, 가-3호와 가-7호 주거지의 경우는 약 60cm이다. 풍납토성 출토 장란형토기의 평균 동최대경은 25cm로, 가-2호주거지의 경우 솥을 1개만 걸 수 있는 구조이지만, 나머지 두 주거지의 경우는 솥 두 개까지 설치하는 것이 가능했음을 보여준다. 이러한 양상은 구의동 A지구 온돌식 부뚜막의 철호, 철부의 취사용기가 한 솥걸이 안에 set로 출토된 것이 참고된다.^사진 4

3. 호서호남권 장란형토기의 사용흔 분석

먼저 점토흔적을 살펴보자. 함평 소명유적과 해남 신금유적 출토품의 경우 제시된 【도면 8-1】뿐만 아니라 이 외에 관찰된 다른 장란형토기[3]

---

[3] 함평창서·대성유적(호남문화재연구원, 2003)과 서천 지산리유적 출토 완형으로 복원가능한 장란형토기를 관찰 한 바 있다.

<small>**사진 5** 長根羽田倉遺蹟(1)와 함평소명유적(2) 출토 장란형토기</small>

에도 동체 상부에 점토 부착흔이 전혀 확인되지 않았다. 대신 【도면 8-1】과 같이 구연부의 경부 직하부위까지 암적색부위가 확인되는데, 동체부의 적갈색부위와 선명하게 구분되었다. 이것은 고온의 열기가 토기 기벽을 타고 올라오면서 변색된 것으로 추정되며, 【도면 8-2】에서 동체 상부에 박락부위가 집중된 것으로 보아, 이 토기들은 부뚜막에서의 솥걸이부의 두께가 얇던지, 점토를 바르지 않았거나, 소량만 발랐을 가능성이 있다. 이 부위의 높이는 전체기고의 약 90% 높이에 해당한다. 그러나 점토를 전혀 바르지 않았다는 상정은 상식적으로 무리가 있다. 솥걸이부와 솥과의 틈사이로 올라오는 연기 때문에 조리하는데 많은 불편함이 따랐을 것이기 때문이다. 그렇다면 바른 점토의 재질이 달랐던 것은 아닐까? 즉, 풍납토성에서 사용된 점토와 달리 쉽게 탈락되거나 씻기는 니질계통이었을 가능성이 있다. 이러한 근거는 일본의 예에서 착안한 것인데, 필자가 직접 유물을 관찰할 기회를 가졌던 日本 群馬縣의 長根羽田倉遺蹟 출토 장란형토기는 【도면 9】에서 점토부착부위가 뚜렷하게 표현되어 있는 것과는 달리 실제 그 점토흔적을 육안으로 선명하게 확인하기 어려웠다.^{사진 5-1} 그 이유는 박락된 부위가 많았고 점토가 매우 희미하게만 남아 있었기 때문이며, 도면에 제시된 것도 점토가 그렇게 떨어져 나간 부위를 감안하여 범위를 잡아 그린 것이었다. 이렇게 기벽에서 이탈되기 쉬운 점토는 무엇이 있을까, 그것은 부드럽고 정제

사진 6 서천 지산리 Ⅱ-50호주거지부뚜막전경(➡ 좌측에 점토무더기와 장란형토기가 있다.)

된 니질의 점토가 아니었을까 추정된다.[4] 그런 면에서 다소 무리가 있는 추측일지 모르지만 서천 지산리 유적에서 확인된 부뚜막 옆 동이나 장란형토기 등에 담겨진 니질의 점토는 부뚜막의 수리(李南奭·李賢淑·尹英變, 2005) 뿐만 아니라 솥걸이부에 솥을 걸고 난 후 그 틈을 메우는 역할을 동시에 했던 것은 아닐까? 이것은 향후 보다 객관적인 자료 검토를 통해 검증되어야 할 것이다.

 내면 탄착흔의 경우 대개 전면에 어두운 색조의 탄착흔이 고르게 확인된다. 반면 해남 신금유적 장란형토기[도면 8-2]는 내저면 쪽에 띠 모양의

---

[4] 이런 경우 세척하는 과정에서 점토가 소실될 위험이 많고 그을음도 쉽게 떨어져 나가므로 출토 당시부터 취사용기의 경우 그 사용유무를 상세히 살피고 세척과 정리과정에서 세심한 주의가 필요하겠다.

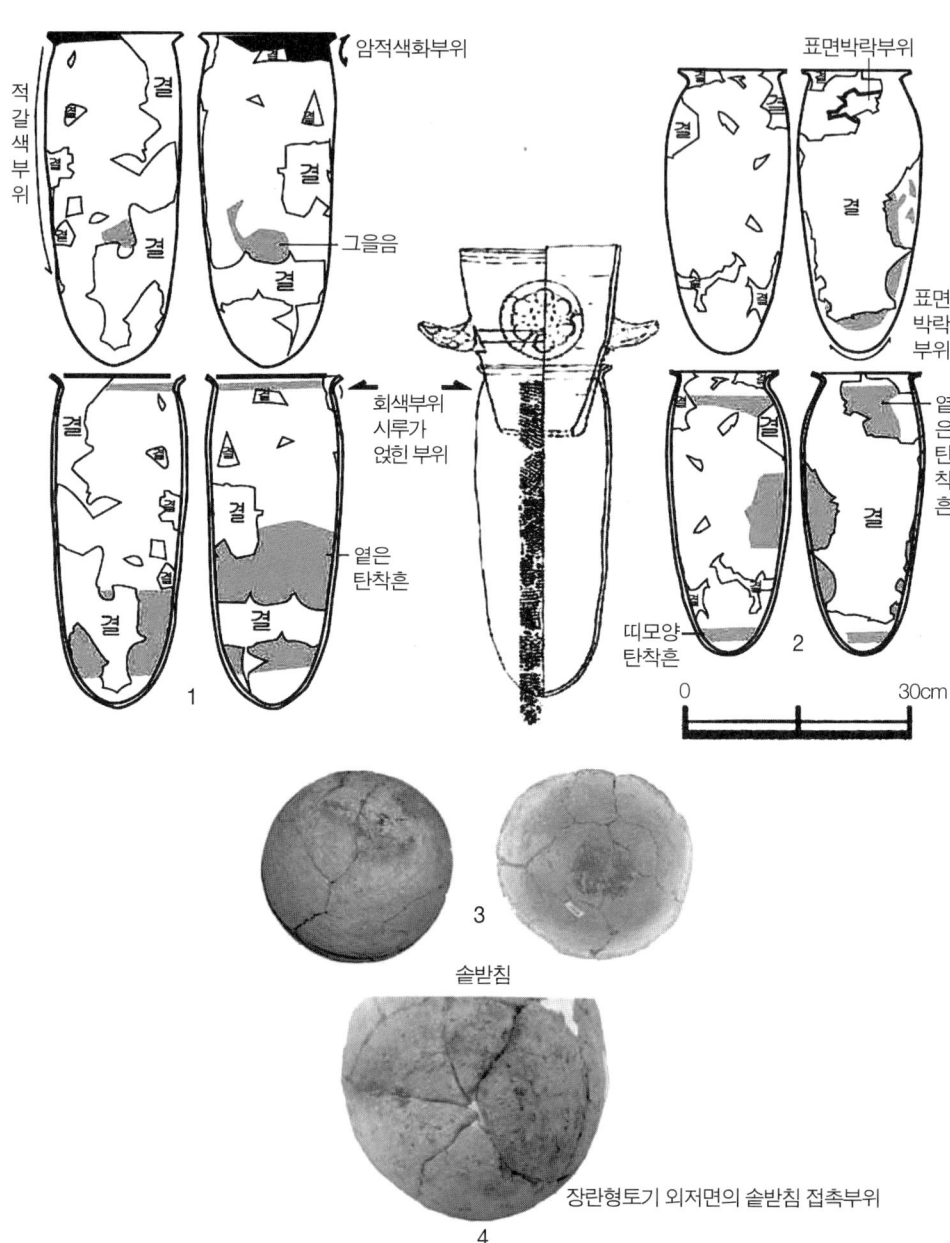

도면 8 함평 소명유적(1)·해남 신금유적(2·3)·정읍 관청리유적(4) 출토 장란형토기 사용흔과 솥받침

약간 짙은 탄착흔이 확인되어 수분이 줄어드는 요리를 했던 것을 알 수 있으며, 물을 끓이는 등의 용도 이외에도 직접 조리에 사용했음을 함께 보여주는 것으로 추정된다. 그리고 【도면 8-1】의 내면 구연이 꺽기는 부위에 띠 모양의 회색부위가 확인되는데, 이는 시루 등의 용기가 끼워지면서 표면이 벗겨진 흔적으로 보인다.

외저면의 솥받침과의 접촉흔적은 【도면 8-3】에서 뚜렷하게 확인되는데, 그을음이 부착되지 않고, 표면이 약간 박락된 양상을 보인다. 【도면 8-4】는 정읍 관청리 출토 솥받침으로 장란형토기를 솥받침으로 轉用한 예이다. 불을 직접 닿는 부위는 붉게 산화되고 後面에 그을음이 남아 있다. 내면의 경우도 內前面은 붉게, 內後面은 회색을 유지하고 있었다. 솥이 접촉되었던 부위는 그을음이 부착되지 않았거나 다른 부위에 비해 소량 부착된 흔적이 보이고, 부착부위는 대개 원형으로 관찰된다.

현재까지 필자가 관찰한 호서호남형 장란형토기에서도 서울경기권과 마찬가지로 사용흔을 통해서 솥이 두개 걸린 예는 확인하지 못했다. 그러나, 익산 관원리 유적 등에서 2개체 1set가 부뚜막에 걸린 채로 발견되었고, 솥받침이 2개인 유적이 다수이며, 고창 봉덕 유적의 경우 3개가 확인된 예도 있다. 대체로 2개인데, 이를 통해 2개체 1set가 호서호남권에 광범위하게 이용되었던 것을 알 수 있다.

그러나 아직까지 관찰의 미비로 장란형토기를 두개 걸었을 경우 토기에 나타나는 흔적을 한국 측 자료에서 관찰하지 못했다. 그래서 일본측 연구성과(外山政子, 1990)를 제시하면서 그 조리흔적 양상을 간략히 살펴보고자 한다.^{도면 9}

【도면 9】는 日本 群馬縣의 長根羽田倉遺蹟 74호주거지 내 부뚜막과 부뚜막내부에서 출토된 두개의 솥에 대한 관찰을 통해 복원도를 작성한 것이다. 솥이 부뚜막에 걸린 부위와 조리를 통해 남겨진 흔적들을 여러 각도에서 도면화한 것으로 취사구조와 용기의 부뚜막내 위치, 용기 내 취사

사진 7 고창 봉덕 30호주거지 부뚜막

흔적 등을 동시에 알기 쉽도록 도면이 작성되어있다.

　이를 통해 볼 때 횡으로 설치된 두개의 솥은 솥과 솥 사이로 그을음이 다량 붙어 있는 것으로 보아 열은 중앙 아래에서 집중적으로 받았으며, 좌측 솥이 우측 솥보다 그을음이 全面에 부착된 것으로 보아 약간 불길이 좌측에 쏠려 있었던 것으로 보인다. 점토가 부착된 부위에는 그을음이 붙지 않았는데, 역시 점토 부착부위는 곧 부뚜막의 골조 부위와 일치하며, 측면에 흘러내린 점토의 경우는 솥걸이부와 걸린 솥의 틈새를 메우기 위해 점토를 다량 삽입함으로 인해 점토가 흘러내린 것으로 추정된다(左側 솥이 보다 선명함). 이와 같이 불의 흐름이 중앙에 놓이고 솥이 횡으로 걸릴 경우 불은 주로 솥과 솥의 사이로 지나가게 되며, 솥의 前面에 피열흔이 확

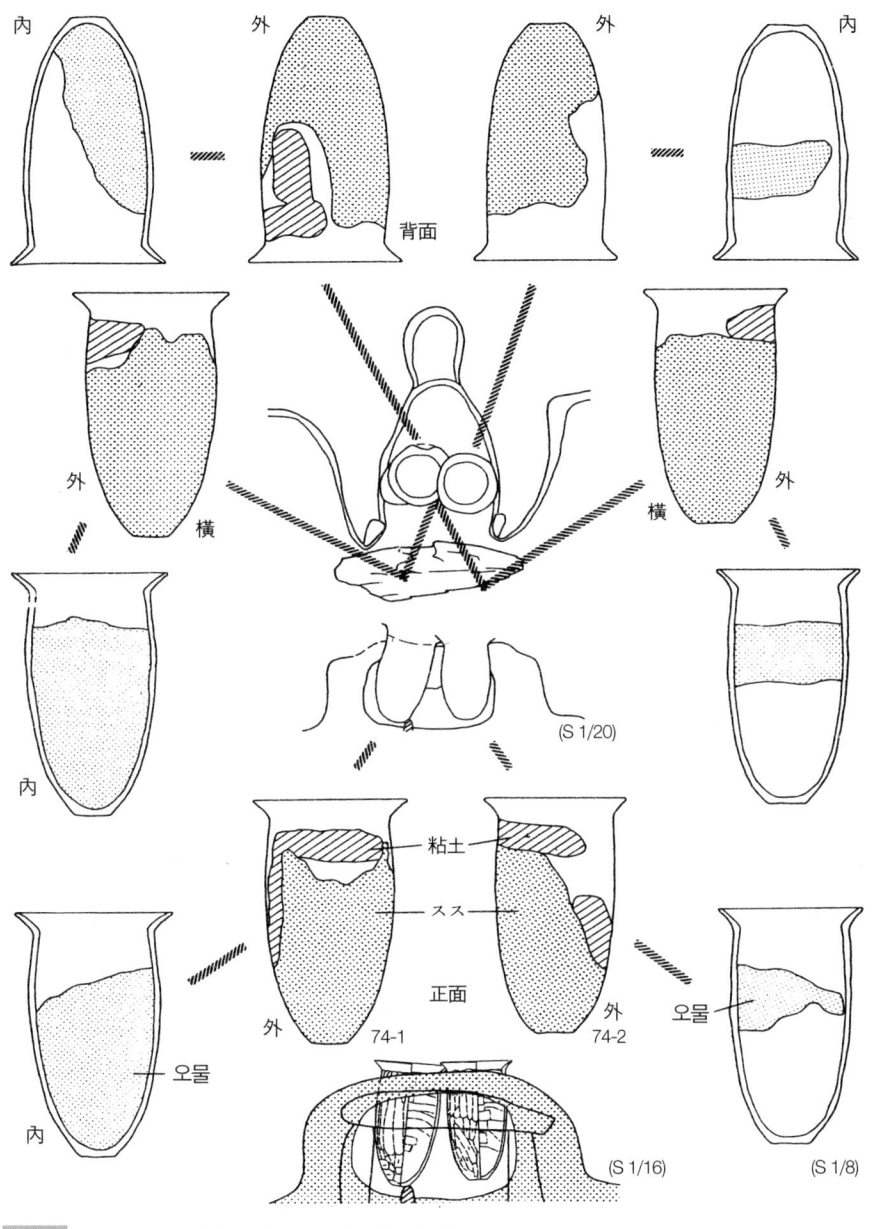

도면 9 日本 長根羽田倉遺蹟 74호주거지 부뚜막 모식도

인되지 않는 것으로 보아 아궁이 부의 높이가 매우 낮아 불꽃이 솥의 저부 끝에 걸려 올라간 것으로 보인다.

4. 전달린 장란형토기로의 변화

5세기대 전달린 철부의 등장은 삼국시대 전체의 식생활에 대단한 파장을 가져왔다. 이러한 파장은 사비기 부여에서 장란형토기가 전무하다는 점에서 보다 명확하게 알 수 있다. 다만 철소재의 희소성으로 인해 철솥의 보편화 이전에 경부에 달리는 전과 철솥의 형태적 속성만을 본 따 만든 토제솥이 제작되기도 하였다. 3세기대부터 6세기대까지 장란형토기가 서울경기권에서 호남지역까지 널리 통용되고 있는 측면을 고려한다면 전달린 토제솥으로의 변화는 식생활에 하나의 획기라 해도 과언이 아닐 것이다. 그러나 그간 이러한 철솥의 형태를 본 따 만든 전달린 토제솥과 장란형토기 사이의 과도기적 양상을 확인할 수 있는 전달린 장란형토기의 등장은 김해 예안리 Q호 옹관(부산대학교박물관, 1993)의 예를 제외하고는 백제지역에서는 전혀 확인되지 않았었다. 물론 청주 봉명동 유적(차용걸·박중균·노병식·한선경, 2005)에서

사진 8 익산 금곡유적(좌)과 김해 예안리유적 출토 전달린장란형토기

실용적인 전의 형태는 아니지만 낙랑의 청동 전솥과 형태적으로 유사한 토제솥이 발견된 예가 있을 뿐이다. 그러나 자료의 불충분은 최근 익산 금곡유적(김건수·한수영·진만강·조희진, 2004)의 발굴성과를 통해 풀리게 되었는데, 승문타날을 한 장란형토기 기형에 전이 돌려진 형태이다. 외면에 그을음이 드문드문 부착되어 있고 내면 탄착흔은 확인되지 않았지만, 확실히 실생활에 쓰였던 것으로 이 유적의 연대가 5세기 말에서 6세기대로 보고한 보고자의 의견을 신뢰한다면 사비기의 본격적인 전달린 토제솥으로 가는 과도기적 장란형토기 솥의 양상을 보여주는 유물이 되는 셈이다. 이러한 솥의 변천양상은 정종태(2006)에 의해서 보다 자세하게 다루어지고 있어 여기서는 이러한 전달린 장란형토기의 사용흔을 통한 사용방식에 대해서만 간단히 언급하고자 한다.

익산 금곡유적 출토 전달린 장란형토기의 경우 그 흔적이 잘 남아 있지 않으나, 일단 부뚜막에 고정하기 위한 점토부착흔은 확인되지 않았다. 이는 김해 예안리 유적출토품도 마찬가지인데 역시 전이 있기 때문에 솥걸이부와의 고정과 연기 오름의 방지는 충분했던 것이다. 솥받침의 흔적은 저부가 결실되어 확인할 수 없었으나, 김해 예안리 출토품에서는 그 흔적이 없어 역시 전으로 인해 하부 받침이 불필요했던 것으로 보인다.

김해 예안리 Q호 옹관 전달린 장란형토기의 경우 그 조리흔적이 양호하게 남아 있어 사용방식에 대한 연구가 가능하다. 특히 저부 전체에 피열흔이 확인된다. 이는 아래에서 열을 받아 생기는 흔적으로 역시 김해 봉황대 유적(부산대학교박물관, 1998)에서 확인되고 있는 이동용 부뚜막과 같은 시설에서 사용한 것으로 추정된다. 보다 자세한 내용은 향후 도면과 함께 제시하고자 한다.

V. 지역적 차이와 그 원인

앞서 살펴본 바와 같이 서울경기권 장란형토기와 호서호남권 장란형토기는 그 형태적 특징뿐만 아니라 용량에서도 차이를 보였고, 사용흔에 있어도 점토의 부착이나 그을음 흔적, 그리고 부뚜막의 구조적인 차이 등에서 뚜렷한 차이점이 확인되었다.

표3 지역간 속성 비교 속성

속성		서울경기권	호서호남권
장란형토기 속성	(평균)기고	38.47cm	42.4cm
	(평균)동최대경	25.7cm	18.61cm
	(평균)세장도	1.5	2.29
	(평균)용량	14.2ℓ	8.08ℓ
	점토의 부착	있음	희소
	그을음의 흔적	잔존 상태 양호	잔존 상태 불량
	탄착흔 부착여부	없음	없음
부뚜막 속성	부뚜막의 구조	길이 3~4m의 긴 일자형	짧은 돌출형, L자형
	부뚜막의 부재	석재+점토	점토
주거지	(평균)주거지면적	30~50m^2	15~25m^2

장란형토기의 이러한 계측치와 사용흔 차이는 어디에서 발생한 것일까. 결론부터 말하자면, 지역간 생활양식의 차이와 관련 있다. 이를 증명하기 위해 주거지와 주거지에 딸린 부뚜막, 그리고 장란형토기를 다시 한편 종합하여 살펴보자.

서울경기권의 경우 주거지 면적이 풍납토성의 경우만도 평균 50m^2를 나타내고 있다. 특히 이들 육각형주거지 부뚜막의 특징은 약 3~4m에 달하는 一字形 부뚜막이다. 역시 일자형의 긴 부뚜막은 주거지 면적이 크기 때문에 취사뿐만 아니라 난방의 효용도를 높이고 공간의 활용까지 염두한 시설이다. 이렇듯 이 부뚜막은 종방향으로 길기 때문에 장란형토기와 같이 솥을 거는 구조도 종방향으로 설치된 경우가 많다. 따라서 종방향으로 한 점의 솥을 걸기 때문에 폭에 여유가 있어 장란형토기의 형태상 동최대경이 크고 부풀어 있으며, 상대적으로 용량도 크다. 또한 이러한 큰 용량은

도면 10 부뚜막 모식도(桝田治, 2005, 수정전재)

호서호남권을 비교한다면 다시 주거지의 면적과 비례한다는 결론을 도출할 수 있다.^{도면 5} 장란형토기에 나타난 조리흔적(그을음과 점토 부착흔)의 경우도 솥이 한개 걸렸을 때 나타나는 양상만이 확인되고 있다. 이를 보다 명확하게 확인하기 위해서는 호서호남권의 양상을 살펴보면 알 수 있다.

호서호남권 장란형토기의 경우 형태가 세장하고 동최대경이 부풀지 않으면서, 기고가 높고 용량이 서울경기권에 비해 적은 것이 특징이다. 이들 호서호남권 주거지의 평균 면적은 약 15~25m^2이다. 부뚜막의 경우 벽면에서 짧게 돌출된 양상이 다수 확인된다. 이는 적은 면적에 난방의 효과보다는 취사의 기능이 강조된 것으로 보아진다. 이렇듯 부뚜막의 길이가 짧고 횡방향의 너비가 크다. 또한 솥받침의 설치양상으로 볼 때 솥을 횡방향으로 두개 혹은 세개까지 설치한 것으로 보아 장란형토기의 형태가 세장하고, 동최대경이 부풀지 않은 것은 이렇게 횡방향으로 다수의 솥을 설치하기 위한 것으로 추정된다. 즉, 종방향으로 설치할 수 없을 정도로 부뚜막의 길이가 짧기 때문에 횡방향으로 솥을 설치하기 용이하고, 이때 동최대경이 작기 때문에 기고를 높여 솥을 제작함으로써 용량의 부족분을

보충하는 방식으로 이루어 졌던 것이다.[5]

한편 이들 부뚜막은 서울경기권의 경우 석재로 골조를 만들고 짚과 점토를 개어 덧발라 부뚜막을 제작하였는데, 이는 부뚜막을 길게 만들면서 중간이 무너질 수 있는 취약성 등을 대비하기 위한 일환인 것으로 보인다. 반면 호서호남권은 부뚜막을 짧게 만들기 때문에 굳이 석재로 골조를 만들 필요 없이 나무나 풀 등을 엮어 골조를 만들고 점토를 입혀 불을 때 소결상태로 사용해도 별 무리가 없었던 것으로 보인다.

이러한 구조적 차이는 장란형토기에 부착된 점토의 양상에서도 확인된다. 서울경기권의 경우 점토의 소결상태가 매우 높은 것으로 보아 부뚜막을 한번 제작할 때 장기간 사용을 염두하여 설치했던 것으로 보인다. 반면 호서호남권의 경우 점토의 부착사례가 적고 그을음의 부착도 서울경기권의 그것보다 심하지 않는 점 등은 부뚜막에 장기간 사용을 위해 고정했다기 보다는 자주 교체했던 것으로 보인다.[6] 한편 주거지에서 출토되는 시루의 출토 양상에서 호서호남권의 경우가 출토빈도에 있어 더 높다.[7] 이는 찌는 요리가 서울경기권 주민들보다 호서호남권 주민들의 선호도가 높았음을 반영한다고 하겠다.

이렇듯 장란형토기, 부뚜막, 주거지의 구조 및 면적 등은 필연적으로 결부되어 있으며, 지역간 차이는 바로 각 지역의 생활양식으로 정리될 수

---

[5] 이것이 서울경기권 장란형토기에 비해 기고가 높게 제작된 이유로 추정된다.
[6] 이에 대한 명확한 비교를 위해 서울경기권과 호서호남권의 주거지내 장란형토기의 출토 비율을 분석했다. 교체를 했다면 장란형토기의 개수 또한 많았으리라는 추측에서였다. 그러나 하남 미사리 유적과 함평 소명 유적을 비교한 결과, 평균 2~4개로 비슷했다. 하남 미사리 유적의 경우는 서울대 B-2호 주거지에서 총 8개체분의 장란형토기 완형 및 구연부편이 출토되었으며, 함평 소명유적의 경우도 6호주거지에서 11개체, 34호 주거지에서 8개체가 나오는 경우가 있었다. 그러나 이렇듯 특출한 주거지를 제외하고는 평균적인 개체수가 출토되고 있었다. 따라서 이러한 고정식과 교체식에 대한 내용은 사용흔 분석과 함께 다각적인 검토와 검증이 필요하겠다.

있다.

　　서울경기권의 경우 대형의 주거지에서 대가족을 형성하면서, 긴 부뚜막에 한개 내지 두개의 장란형토기 솥을 걸고 식생활을 영위했다. 역시 대가족을 형성하고 있기 때문에 한번에 다량의 요리를 할 수 있는 용량이 큰 장란형토기 솥을 선호하였다. 이러한 장란형토기는 한번 걸면 수명이 다할 때 까지 쓰기 때문에 부뚜막에 단단히 고정하기 위해 점토를 발랐는데, 많은 그을음의 부착도 이러한 數回의 솥 사용을 반영하고 있다. 시루의 출토 빈도가 호서호남권에 비해 낮은 것은 끓이는 조리를 보다 선호했던 것으로 추정된다. 이는 심발형토기에서 흘러넘친 흔적이 관찰된다는 점에서 확인 가능하다(鄭修玉 2006).

　　한편, 호서호남권의 경우 중소형의 주거지에서 핵가족을 형성하면서, 짧고 횡방향으로 넓은 부뚜막을 주거지 벽면에 붙여 설치하고, 횡방향으로 다수의 솥을 걸었다. 다수 시루가 함께 출토된다는 점에서 끓이고 찌는 요리가 발달했던 것으로 보이며, 특히 주거지의 면적이 작아 매끼 식사를 함께했던 성원의 수가 적었을 것임에도 불구하고, 서울경기권에 비해 다수의 솥을 사용하였다는 점은 그만큼의 다양한 요리를 했을 가능성을 시사해 준다고 하겠다. 또한 부뚜막에는 이러한 솥을 고정해 사용하지 않고 자주 교체하였다는 점에서 장란형토기 뿐만 아니라 심발형토기 등도 함께 부뚜막에서 사용했을 가능성이 있다.[8]

　　따라서 앞서 살펴본 바와 같이, 장란형토기, 부뚜막, 주거지 등의 지역적 차이의 발생원인은 바로 해당지역의 생활양식의 차이로 부터 기인한

---

[7] 함평소명 유적의 경우 48기에서 71개체가 출토되어 평균 1.48개가 출토되고 있는데 반해, 하남 미사리 유적과 풍납토성 주거지의 경우(백제 육각형주거지에 한정하여) 거의 없고, 있어도 1점 이상 출토된 예가 없다.
[8] 아직 호서호남지역 심발형토기에 대한 검토가 이루어지지 않아 확증은 불가능하다. 향후 면밀한 검토를 수행해야 한다.

것이다. 즉, 주거지의 면적 차이는 그 주거지 내부에 사는 인원수의 차이를 반영할 가능성이 높다.[9)]

따라서 주거지 1기를 가족의 단위로 상정할 때 서울경기권의 경우 대가족적이고, 호서호남권의 경우 핵가족적인 구조로 대별된다. 그리고 이들 주거지의 취락 전체 구조를 보았을 때, 서울경기권의 주거 밀집도와 호서호남권의 주거 밀집도 등에서도 차이를 발생시키며, 이러한 생활조건의 차이에서 세부적인 부뚜막과 솥의 차이를 발생시킨 것이다.

IV. 맺음말

앞서 살펴본 바와 같이 장란형토기는 지역별 형태적, 사용흔 면에서 많은 차이점을 보이고 있었다. 이러한 차이는 장란형토기의 고유의 제작 방식에만 결부된 것은 아니며, 지역간의 주거지의 구조차이, 면적차이, 부뚜막의 구조차이 등등 다방면에 걸쳐 관련되어 있음을 확인할 수 있었다.

이렇듯 지역간 많은 차이를 보이고는 있지만, 장란형토기의 용도 문제에 있어서는 공통적인 양상이 확인된다. 즉 탄착흔이 잘 남지 않는다는 것이 그것인데, 이러한 이유는 시루에 담은 음식물을 찌기 위해 순수 물만을 끓였거나, 수분이 많은 상태에서 간단한 삶기·데치기 등의 수분증발이 적은 조리를 했을 경우 등이 있다. 이렇게 장란형토기는 취사용기로서

[9)] 물론 주거지의 크기를 단순히 인원의 다수를 반영한다고 단정지을 순 없다. 삼국시대에 엄연하게 신분차가 존재하고 그러한 위계적 사회는 분명 주거생활에 큰 영향을 끼쳤을 것이기 때문이다. 뿐만 아니라 주거지에 거주하는 주민의 직업과도 연관되며, 작업장을 겸했을 경우도 있다. 그러나 여기서는 단순비교를 통한 일반 패턴을 살펴보고자 한다.

의 일정 제 역할을 다 하다가, 수명이 다하고 나서도 여러 용도로 전용되었다. 솥받침은 물론이고 부뚜막의 기벽내에 보강재로 쓰이기도 하며, 벽주의 역할과 부뚜막의 바닥에 까는 용도 등이 그것이다.

본고에서는 서울경기권과 호서호남권의 장란형토기의 분석을 통해 공통점과 차이점을 밝히고 전달린 철제솥으로 가기 위한 과도기적 단계인 전달린 장란형토기에 대한 검토를 수행하였다. 그리고 이러한 지역간 차이를 발생시키는 원인에 대한 분석을 간단하게나마 시도해 보았다. 향후 이러한 분석에 연장하여 각 지역간의 취락의 경영 형태라던가, 인구수, 가구당 인원수, 주거지 형태적 차이, 세부 토기 기종의 선호도 차이와 그 원인 등에 대한 보다 면밀한 분석기준과 내용 등에 주목하여 연구를 더 진행해 보고자 한다.

향후 식문화 연구는 식문화 자체만의 연구뿐만 아니라 다양한 방면에서의 관계연구가 절실하다. 본고에서는 상당히 대략적인 양상 파악에 멈추었지만, 앞으로 자료보완과 실험적 검증 등 보다 많은 자료 축적을 통하여 풍부한 취사형태와 취락 모습의 복원을 시도하고자 한다.

참고문헌

국립문화재연구소, 2001, 『風納土城 Ⅰ』.

權五榮·權度希·韓志仙, 2005, 『風納土城 Ⅳ』, 한신대학교박물관.

김건수·한수영·진만강·조희진, 2004, 『益山 源水里遺蹟 - 酉城·金谷·月谷』, 호남문화재연구원.

김건수·노미선·양해웅, 2003, 『高敞 鳳德遺蹟 Ⅱ』, 호남문화재연구원.

朴敬信, 2003, 『한반도 중부이남지방 토기 시루의 성립과 전개』, 崇實大學校大學院 碩士學位論文.

부산대학교박물관, 1993, 『金海 禮安里古墳群 Ⅱ』.

부산대학교박물관, 1998, 『金海 鳳凰臺遺蹟』.

裵基同·尹又埈, 1994 『渼沙里』 第2卷, 渼沙里先史遺蹟發掘調査團.

孫晙鎬·庄田愼矢, 2004, 「松菊里型甕棺의 燒成 및 使用方法 硏究」, 『湖西考古學』 11, 湖西考古學會.

吳厚培, 2002, 「우리나라 시루의 考古學的 硏究」, 檀國大學校大學院 碩士學位論文.

尹世英·李弘鍾, 1994 『渼沙里』 第5卷, 渼沙里先史遺蹟發掘調査團.

원광대학교 마한·백제문화연구소, 2005, 『군장산업단지 진입로 건설구간(대전 - 군산) 내 문화유적 발굴조사』 지도위원회의 자료.

尹炯元, 2002, 『法泉里』 Ⅱ, 國立中央博物館.

李南珪 外, 2003, 『風納土城』 Ⅲ, 한신대학교박물관.

李南奭·李賢淑·尹英燮, 2005, 『舒川 芝山里遺蹟』, 공주대학교박물관.

이영철·김미연·장명화, 2005, 『海南 新今遺蹟』, 호남문화재연구원.

임영진·이승용·전형민, 2003, 『咸平 昭明 住居址』, 전남대학교박물관.

孫晙鎬·庄田愼矢, 2004, 「松菊里型甕棺의 燒成 및 使用方法 硏究」, 『湖西考古學』 11, 湖西考古學會.

참고문헌

食文化探究會, 2006, 「炊事形態의 考古學的 硏究」, 『계층사회와 지배자의 출현』한국고 고학회 창립 30주년 기념 한국고고학전국대회 자유패널.
全南大學校博物館, 1989, 『住岩댐 水沒地域 文化遺蹟發掘調査報告書(Ⅵ)』.
全炯玟, 2003, 『湖南地域 長卵形土器의 變遷背景』, 全南大學校大學院 碩士學位論文.
鄭修鈺, 2006, 『風納土城 炊事用土器 硏究』, 高麗大學校大學院 碩士學位論文.
鄭鍾兌, 2003, 「湖西地域 長卵形土器의 變遷樣相」, 『湖西考古學』第9輯, 湖西考古學會.
_____, 2005, 「三國~高麗時代 솥(釜)의 展開樣相」, 『錦江考古』2, 忠淸文化財硏究院.
_____, 2006, 『百濟 炊事容器의 類型과 展開樣相 - 中西部地方 出土資料를 中心으로』, 忠南大學校大學院 碩士學位論文.
차용걸·박중균·노병식·한선경, 2005, 『淸州 鳳鳴洞遺蹟(Ⅱ)』, 忠北大學校博物館.
韓志仙, 2005, 「韓國原三國時代の土器にみられる調理方法の檢討」, 『土器硏究の新視 点』, 日本大手前大學校史學硏究所 심포지엄.
_____, 2006, 「無文土器에 보이는 燒成痕·調理痕의 檢討」, 『華城泉川里靑銅器時代聚 落』, 한신대학교박물관.
許眞雅, 『韓國 西南部地域 시루의 變遷』, 全南大學校大學院 碩士學位論文.
호남문화재연구원, 2003, 『咸平 倉西遺蹟』.
小林正史, 2003, 「使用痕跡からみた繩文·彌生土器による調理方法」, 『石川考古學硏究 會會誌』46, 石川考古學硏究會.
外山政子, 1990, 「(5) 羽田倉遺跡の煮沸具の觀察から」, 『長根羽田倉遺跡』, (財)群馬縣埋 葬文化財調査業團 調査報告 第99集.
桝田治, 2005, 「竈排煙考」, 『堀田啓一先生古稀記念憲政論文集』堀田啓一先生古稀記念 憲政論文集作成委員會.

식문화탐구회 학술총서 1집

【炊事의 考古學】

식 문 화 탐 구 회 학 술 총 서 1 집 취 사 의 고 고 학

심발형토기의 조리흔 분석
- 풍납토성 출토품을 중심으로 -

정수옥 _ 국립가야문화재연구소

I. 분석방법 및 대상

　토기의 사용흔적에 대한 분석은 당시에 실제로 사용했던 직접적인 증거를 찾을 수 있는 가장 유용한 방법이다. 이를 통해 토기 기능을 추론하는 데는 세 가지 방법이 있다.
　첫째, 토기 안에 남아 있던 내용물이다. 주로 저장용기에서 발견되기 쉬운데, 대부분 흡수될 수 있는 공극이 낮아, 잉여물을 보존하기 용이하다. 간혹 조리용기에서도 관찰되지만 탄착되었거나 기벽이 박락된 채로 확인되기 때문에 명확한 내용물을 파악하기는 어렵다.
　둘째, 토기 내·외면에 남아 있는 흔적을 관찰하여 어떤 행위를 했는지 추론하는 것이다. 가령 토기 내면에 내용물이 찍힌 자국, 조리 시 생성된 탄화곡립흔은 시각상의 관찰이 가능하며, 내용물의 자연과학적인 방법으로 적외선 흡수, 직접 분광 사진, 가스 색층분석법 등을 통해서도 분석이 가능하다.
　셋째, 토기 내·외면과 바닥 등에 남아있는 그을음, 탄착흔 등으로 어떤 요리에 어떤 방식으로 조리를 했는지를 추정할 수 있다.

두 번째 방법은 시각적 관찰을 제외한 자연과학적 분석이기 때문에 쉽게 접근하기 어렵고, 첫 번째와 세 번째 방법이 접근하기 유용한 방법이라고 할 수 있다. 특히 세 번째 방법은 직접 실험한 결과들을 바탕으로 육안으로 관찰 분석하는 것이 가능하고, 다양한 고고학적 정보를 얻을 수 있기 때문에 매우 유용하다. 본고에서는 세 번째 방법으로 토기를 관찰하였다.

우선 사용흔은 토기를 소성할 때와 조리할 때에 생기는 1·2차 가열흔적으로 구분하고, 이때 생성되는 탄착흔과 그을음의 색조, 윤곽선, 위치 등을 근거로 구분할 수 있다.

색조는 내·외면에 붙은 흑반, 그을음과 탄착흔, 火色[1]을 구분해야 한다. 모두 열을 받아서 형성되는 것으로 가열시 상태나 단계에 따라 달라진다. 1차가열은 소성 시에, 2차가열은 조리 시나 화재 시에 생성되는 것이라고 할 수 있다. 1차가열시 생성되는 흑반은 흑회색·청색빛을 나타내지만 2차가열에서 형성된 그을음은 흑색을 띤다. 탄착흔은 암갈색·흑색 등을 띤다. 2차가열 중 화재 시 생성되는 흔적은 색조가 흑색을 띠고, 그을음과 유사하게 남아 있더라도 내외면의 그을음과 탄착흔의 관계가 전혀 대응하지 않으며, 띠형으로 남아 있더라도 유구의 성격과 토기에 남은 모든 흔적들을 고려한 뒤 판단할 필요가 있다. 火色은 주로 오렌지색을 나타내는데, 이 경우 역시 1·2차가열을 구분해서 관찰해야 한다. 불꽃이 직접 닿아서 형성된다는 공통점이 있지만 2차 가열시 생성되었을 경우에는 火色부분이 집중적으로 열을 받았기 때문에 내면에는 탄착흔이 막대형이나 소원형과 같은 상태로 남아 있어 구분이 가능하다.도면 3-4, 4-1

윤곽선은 주로 단면상에서의 관찰과 내·외면의 기벽에 남은 흔적의

---

[1] 이 흔적은 토기를 굽는 과정에서 생길 수도 있는데, 불꽃이 닿은 곳은 붉어지고 연기만 닿은 곳은 검어진다.

종류에 따라 구분한다. 단면상 관찰은 소성 시에 생기는 흑반인지 혹은 조리 시에 생성되는 탄착흔과 그을음인지를 구별할 수 있고, 내·외면의 기벽에 남아 있는 흔적의 종류에 따라 조리 시 생성된 것인지 아닌지를 구별할 수 있는데, 구분하는 기준은 다음과 같다. 흑반의 경우 단면을 관찰하면 흑색으로 변색된 경계부분이 서서히 흐려지고,[2] 그을음은 표면에 붙어 있는 것과 같은 상태로 단면상의 경계가 명확한 편이다. 탄착흔은 주로 내면에서 관찰되는데, 상단라인은 물결형이거나 점점 옅어지는 상태로 남고, 하단 라인은 거의 수평적인 상태로 남게 된다.[3]

위치는 토기에 남아 있는 탄착흔과 그을음의 부위를 말한다. 불에서 떨어져 떠 있는 상태인지 불 바로 위에서 조리하였는지를 알 수 있다.

그 밖에 내면에 남아 있는 탄착흔의 모양에 따라서 내용물의 종류나 조리방법도 어느 정도 추정이 가능하다. 가령 탄화곡립 등의 흔적이 남아있거나 혹은 음식물 모양이나 원형상으로 박락된 흔적을 통해 음식물 추정이 가능하다. 조리방법도 색조가 짙거나 두텁게 부착된 경우[4] 수분이 적고 오래 가열하는 밥이나 죽의 형태를 조리했음을 알 수 있고, 내면 탄착흔의 상단라인이 물결형으로 남아 있을 경우 수분이 많은 상태에서 휘젓기 등을 하면서 조리했음을 유추할 수도 있다. 즉, 내면의 탄착흔은 조리 시 수분량도 추정할 수 있는데, 색조와 남아 있는 크기와 모양, 기벽의 상태 등을 통해 「수분이 많은 조리인지, 최종단계까지 바짝 졸이는 걸쭉한 죽과 같은 상태나 찐 밥과 같은 상태의 조리인지」를 어느 정도 추정할

---

[2] 흑반일 경우에는 단면상에서 보면 서서히 색조가 옅어지거나 스며드는 듯이 남아 있다. 이것은 소성 시의 흑반과 조리 시의 그을음이 생성될 수 있는 근본적인 원인이나 열의 분위기가 다르기 때문이다.
[3] 가열 상태에 따라서 부분적으로 봉형의 탄착흔이 관찰되기도 하는데, 기본적으로 수분과 내용물에 의해 탄착흔이 남게되므로 띠형으로 남아있다.
[4] 솥에 밥을 짓거나 할 때 기벽에 눌러 붙은 누룽지와 같은 상태라고 할 수 있다.

수 있다(鄭修鈺 2006).

    이처럼 탄착흔과 그을음은 선사·고대의 조리방법에 대한 정보를 유추하는데 있어서 가장 결정적인 증거 중 하나라고 할 수 있다. 즉, 사용흔 적에는 외면의 그을음, 내면의 탄착흔(탄화곡립을 포함), 끓어 넘쳐흐름(沸騰), 열에 의한 박리흔,[5] 마모흔[6] 등 많은 종류가 있지만, 그을음과 탄착흔은 취사용기에서 볼 수 있는 가장 일반적인 흔적이라고 할 수 있다.

    이를 바탕으로 토기에 남아 있는 흔적들에 대해 살펴보겠다. 분석대상으로 한 자료는 풍납토성 내에서 출토된 심발형토기와 장란형토기 중에서 사용흔이 가장 잘 남아 있는 것만을 대상으로 하였으며(鄭修鈺 2006),[7] 관찰은 내외면의 모든 흔적들을 비교하기 위해 내외면의 앞·뒷면을 대칭되도록 관찰하였다.[8]

III. 심발형토기의 조리흔 분석

1. 탄착흔과 그을음 및 피열흔(산화부)[9]

심발형토기는 다양한 탄착흔과 그을음이 관찰되었다(鄭修鈺 2006;

---

[5] 토기에 지속적인 열이나 강한 열을 가하게 되면 기벽이 일부 떨어져 나가는 현상.
[6] 토기를 지속적으로 사용하면서 닳게 되는 부분이다. 가령 시루와 장란형토기와 같이 세트 관계에 있는 토기들을 결합시켜서 사용할 때 구연부와 동체 하부의 외측면에 남은 흔적이나 혹은 부뚜막 등에 걸치거나 하는 등의 반복적인 행위에 의해 생길 수 있다.
[7] 분석자료는 鄭修鈺(2006)의 관찰 분석한 결과를 참조하였다.
[8] 1장의 쇼다신야의 글 도면2 참조.

53-54). 주로 중형에서 탄착흔의 부위가 명확히 구분이 되었는데, 동체중부 혹은 동체하부와 내저면에서 관찰되었다. 동체하부·내저면으로 갈수록 탄착흔은 두텁게 남아 있어, 심발형토기가 주로 수분량이 많이 줄어들거나 푹 삶는 조리에 사용되었음을 알 수 있다. 조리 시에 강한 가열이나 혹은 약한 불로 오랜 시간 가열할 경우 탄착흔의 폭이 넓고 두텁게 나타나기 때문이다.^{도면 3-2·3 4-1, 사진 3} 내면에 탄착된 유형에 따라서 수분함량정도를 추정할 수 있다(石川縣立埋藏文化財センター 1993). 즉 수분함량이 적은 조리 혹은 수분이 많이 줄어드는 조리의 경우에는 내면의 동체하부와 내저면에 탄착흔이 현저하고, 이에 대응하는 외면의 피열흔 폭이 크다.^{도면 4-1·4, 5-2·4} 내면 동체중·상부 혹은 구연부까지 탄착흔이 띠형으로 형성된 경우에는 저면에 피열흔이 관찰되는데, 이 경우 역시 탄착흔과 이에 대응하는 피열흔의 폭이 넓은 것으로 보아 오랜 시간 가열로 수분 증발이 많은 미음의 상태이거나 걸쭉한 죽의 상태로 음식을 조리했을 가능성이 높다.^{사진 1, 2, 3}

사진 1 심발형토기 동체하부 그을음(1)과 동체상중부 탄착흔(2), 외면 바닥면(3)

---

9) 피열흔은 조리 시 연기에 의해 그을음으로 뒤덮힌 뒤 다시 열을 받거나 강한열을 받게 되면 오히려 그 전에 남아 있던 그을음이 산화 소실되는 현상으로 鄭修鈺(2006)에서는 산화 소실부 혹은 산화부라고 명명한 바 있다.

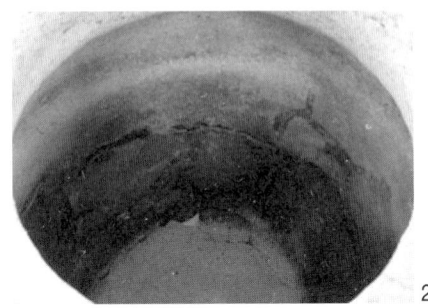

사진 2 심발형토기 동체중상부 그을음(1)과 동체중하부 탄착흔(2)

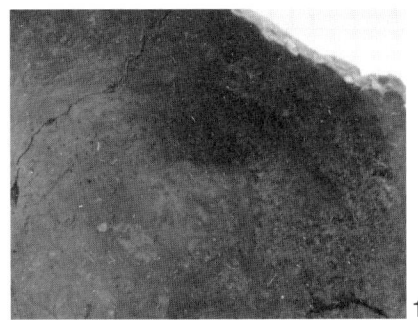

사진 3 심발형토기 내면 탄착흔이 두텁게 탄착된 흔적

표1 심발형토기와 장란형토기의 탄착흔 양상 비교(鄭修鈺 2006: 56)[10]

		심발형토기			장란형토기		
		구연·동체상부	동체중·하부	동체하부·내저면	구연·동체상부	동체중·하부	동체하부·내저면
탄착흔	형태	띠형 물결형	띠형 띠+막대형	띠형 띠+막대형	없음	띠형 띠+물결형 띠+막대형	띠 띠+물결형
	색조	옅은 흑갈색	흑색 암갈색	흑색	없음	옅은 갈색	옅은 갈색
	두께	얇다	보통	두텁다	없음	얇다	얇다
특징		스프 혹은 죽 등 오랜 시간 가열하거나 수분을 적게 함유하는 음식 조리			삶거나 데치기 정도의 짧은 시간이나 수분을 많이 함유하는 음식 조리		

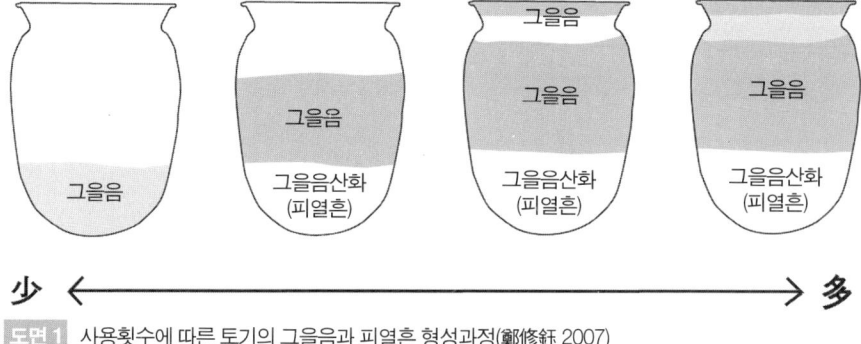

도면 1 사용횟수에 따른 토기의 그을음과 피열흔 형성과정(鄭修鈺 2007)

그 밖에 탄착흔이 동체중하부까지 남는 것은 대부분이 바닥부분까지 수분이 없어지도록 하는 푹 삶는 조리를 했던 것을 반영한다. 수분을 많이 포함하는 음식물 조리에는 현저한 탄착흔이 남기 어렵기 때문이다. 다만 수분을 많이 포함해서 조리해야 하지만 오랜 가열과 많은 수분증발을 동반하는 감자, 고구마 등과 같은 큰 식재료의 경우에는 토기 저부에 밀착된 채 흑점과 같은 형태로 탄착흔이 남아 있을 수 있다. 이는 관찰한 자료에서는 확인할 수 없었지만 매우 중요한 증거 중 하나로써 음식물 재료를 판단하는 기준이 될 수 있다.[11] 물론 과학적 분석을 동반하지 않으면 정확한 식재료를 알기 어렵지만 부착된 위치, 크기, 모양에 따라 어느 정도 종류나 조리방법에 대한 추정은 가능하다.

동체 외면에 남은 그을음을 통해서 조리 횟수를 추정할 수 있다. 일반

---

[10] 鄭修鈺(2006: 56)에서는 띠형을 밴드형, 막대형을 봉상형으로 명명하였다.
[11] 얼룩은 탄착흔과 마찬가지로 내용물이 토기 내면에 부착된 것으로 본고에서 설명하고 있는 탄착흔의 양상과는 다른 형태로 부착된 것으로 이와 구분하기 위해서 임의로 명명하였다. 그리고 누룽지의 형태나 내면에 탄착된 형태가 비교적 명확하게 남아 있는 경우는 내용물의 추정이 가능하지만, 토기 소성 시에 변색되었거나 화재나 매몰당시 흙속에서 받았던 변화와 혼동되기 쉽기 때문에 조사 당시의 노출 상황이 매우 중요하다.

적으로 그을음이 덮이는 단계는 연료의 땔감에서 나온 탄소에 따라 외면 전체가 그을음으로 뒤덮힌 후 재사용 시나 동체 외벽 면에 강한 가열을 받은 부분에 피열흔이 관찰된다. 그리고 강한 가열을 받지 않더라도 수회에 걸쳐 사용할 경우 동체하부에 피열흔이 생성될 수 있다. 이 과정이 반복되면서 그을음과 피열흔 부분이 층층이 남게 되며, 이 경우 적어도 2회~수회에 걸쳐 사용했던 것을 의미한다. 관찰한 자료상에서 상대적으로 용량이 큰 개체인 【사진 2】를 보면 동체 상부에 층층이 그을음이 형성되어 있고 동체 하부는 파열흔이 형성된 아주 좋은 사례라고 할 수 있다.^{도면 1}

피열흔의 위치에 따라서 다양한 사실들을 유추할 수 있는데, 우선 피열흔이 형성될 수 있는 조건은 2회 이상 가열했을 때 가능하다. 1회 조리 시에는 그을음이 한 번에 뒤덮이지만 2회 가열을 할 때에는 그을음으로 뒤덮인 부분이 불을 받아서 소실되기 때문에 사용회수를 반영한다. 또한 피열흔이 관찰되는 부분은 최후에 불을 받았던 위치이기도 하다. 가령 저부 바닥면의 피열흔은 저부 바로 아래로 열을 받았던 증거이다.^{사진 1, 2} 저부 외측면이나 동체 측면에 관찰되는 피열흔 역시 한 쪽으로 치우쳐진 상태로 열을 받았음을 의미한다.[12] 하지만 관찰한 자료에서는 피열흔이 상단까지 올라가는 사례는 없었고 동체 하부와 외저면에서 피열흔이 관찰되고 이에 대응하는 내면에서 탄착흔이 관찰되었다.

그을음과 파열흔의 형성과정을 사용횟수에 따라 도식화 하면 【도면 1】과 같이 형성된다. 사용횟수가 증가함에 따라 그을음이 층층이 형성되고 그을음이 잘 미치지 않는 것은 구연부나 동체상부에 형성된 그을음보다 옅게 남아있는 것도 확인할 수 있다.

---

[12] 대응하는 내면에 탄착흔이 소원형이나 막대형으로 관찰되는 경우가 많다.

2. 흘러넘친 흔적

흘러넘친 흔적은 토기 안에 있던 내용물이 센 불 등에 의해 끓어올라 외면으로 흘러내려 여러 형태로 남게 된다. 이렇게 흘러내려 탄화된 흔적은 내용물이 닿았던 부분의 전면에 흑색(탄착흔)으로 남아 있는 경우,^{사진 4-1} 흑색의 흘러넘친 흔적과 동일한 형태이지만 윤곽부분만 탄화되어 남은 경우[13] 등이 있다.^{사진 4-2}

관찰한 자료에서는 동일 심발형토기에서 두 가지 사례 모두 관찰할 수 있었다.^{사진 4}【사진 4】의 상단 세부사진에는 전면이 흑색으로 탄착된

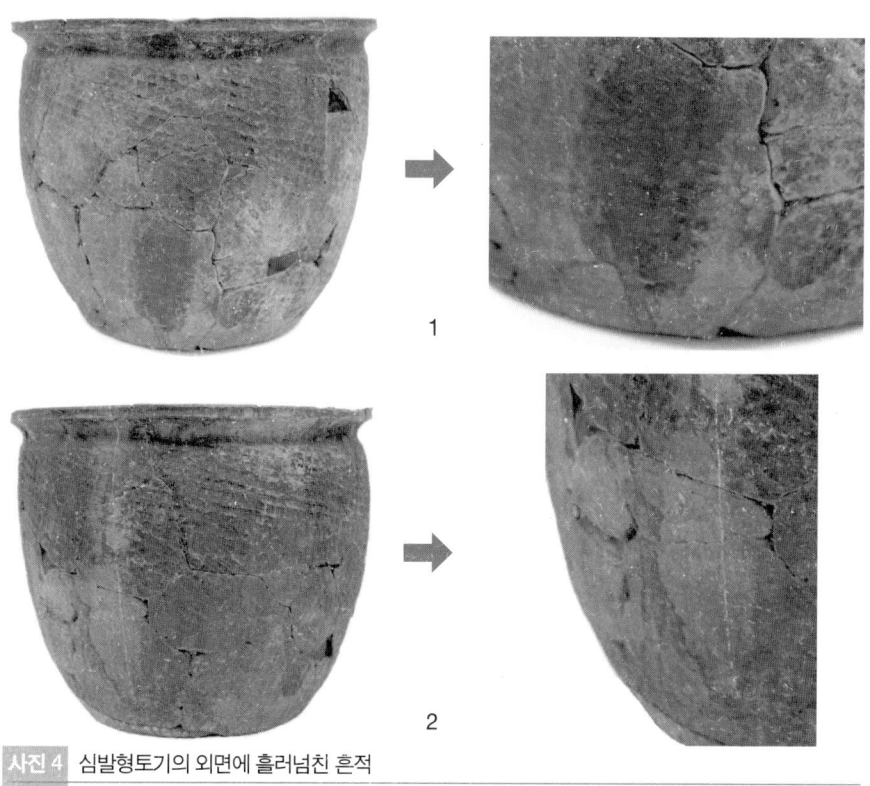

사진 4 심발형토기의 외면에 흘러넘친 흔적

사례이고, 하단 세부사진은 윤곽부분만 탄화된 사례이다.도면 6-1

3. 불의 세기에 따른 조리흔

불의 세기는 다음과 같이 구분할 수 있다. 센 불을 가열하는 경우, 중불로 가열하는 경우, 약한 불로 가열하는 경우, 불이 한 쪽으로 치우쳐 가열되는 경우, 잉걸불[14]로 가열하는 경우 등이다.도면 2

음식 내용물에 따라 불의 세기를 조절하여 다양한 조리방법을 택했던 것으로 파악되는데, 본 자료에서는 실험고고학의 연구 성과를 바탕(小林正史 2002)으로 불의 세기에 따라 형성된 그을음과 탄착흔이 남아 있는 상태를 관찰하여 다양한 조리방법을 유추할 수 있다.

우선 강한 불로 조리하는 경우는 짧은 시간이 소요되는 조리에 사용되었던 것으로 추정된다. 이는 지속적으로 강한 불로 조리할 경우 토기가 깨지거나 음식물이 흘러넘쳐버릴 수 있기 때문이다.도면 6-1, 사진 4 기벽 전

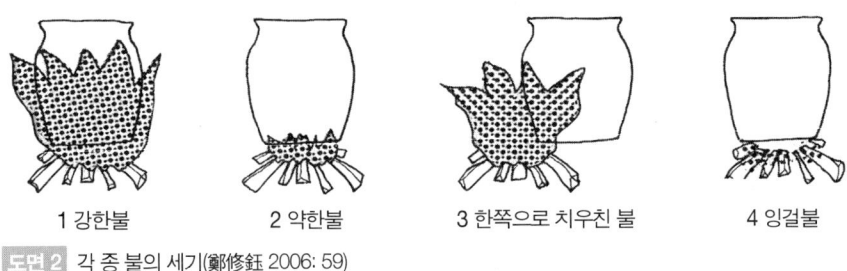

1 강한불   2 약한불   3 한쪽으로 치우친 불   4 잉걸불

도면 2 각 종 불의 세기(鄭修鈺 2006: 59)

---

[13] 흘러넘친 흔적 중 윤곽부분만 탄화된 경우는 표면장력에 의해 수분이 집적되기 때문에 중앙부는 탄화되지 않고 윤곽부분만 탄화된다.
[14] 숯불이나 다 타지 않은 장작물에 남아 있는 불씨를 말하는 것이다.

체로 열을 받게 되면 오히려 그을음이나 탄착흔이 기벽에 부착되기 어렵다. 즉 강한 불로 조리했더라도 조리를 시작할 때 이용되었거나 강한 불을 지속적으로 사용하더라도 취사용기와 불의 위치가 어느 정도 떨어진 상태에서 조리했을 것이다.

약한 불로 오랜 시간 가열하여 조리하는 경우에는 강한 불에서 보다 오히려 그을음이나 탄착흔이 남기 쉽다. 주로 걸쭉한 상태의 죽이나 미음과 같은 상태로 오랜 시간 가열하여 조리하는 음식물일 경우 많은 양의 수분 증발을 동반하여, 내면 탄착흔이 두텁고 짙게 남는다. 위치는 주로 기벽 중·상부의 내·외면에 남아 있으며, 폭은 넓고 두텁다. 그을음도 띠모양으로 남는다. 도면 3-2·3, 4-1·2, 5-2, 6-1~3, 사진 1~3

한쪽으로 치우쳐진 불에서 조리하는 경우에는 주로 보온효과를 위한 것이나 부뚜막에서의 불의 위치가 한쪽으로 치우쳐졌음을 유추할 수 있다. 이때 기벽의 한 쪽 면이 적색화되거나 피열흔이 남는다. 적색화된 부분(火色)이나 피열흔이 남은 부분의 외곽으로 그을음이 뒤덮인다. 탄착흔은 띠형으로 남지 않고 化色부분이나 피열흔과 대응하는 내면에 소원형이나 막대형과 같은 상태로 관찰된다. 도면 3-4, 4-1

잉걸불은 특이한 흔적이 관찰되지 않아서 사실상 구분하는 것이 쉽지 않다. 다만 밥을 지을 때 행하는 뜸 기능이나 보온효과를 위해 이용되지 않았을까 추정해 볼 수 있다. 향후 관찰결과나 실험결과가 축적되면 확인이 가능할 것으로 기대해 본다.

관찰한 취사용기는 여러 가지 불의 세기를 이용하여 조리했었던 것을 알 수 있다. 심발형토기는 피열흔이 동체상부까지 올라간 경우가 없고, 내면에 탄착흔이 현저하게 남아 있는 것으로 보아 주로 약한 불에서 오랜 시간 가열하는 방식으로 조리했고 흘러넘친 흔적이 있는 것으로 보아 강한 불도 일시적으로 이용했던 것으로 보인다. 동체 외측면의 피열흔이나 화색이 관찰되는 것은 한쪽으로 치우친 불도 이용되었음을 보여준다.

III. 심발형토기의 사용방법

1. 노지와 부뚜막

노지나 부뚜막은 경우에 따라서 그 흔적이 다르게 남는다. 구체적으로 남는 흔적들을 구분해 보면 다음과 같다.
부뚜막에 걸쳐서 사용할 경우 솥받침의 여부에 따라 남아 있는 탄착흔, 그을음, 피열흔 등으로 다르게 관찰된다.
첫째, 솥받침을 사용할 경우 저부 바닥면에 그 흔적이 남게 된다. 가령 막대형의 솥받침 위에 토기를 올리는 경우 저부 바닥면에 원형의 흔적이 남고 토기편이나 할석을 사용할 경우에도 토기의 바닥면과 닿았던 부분에 흔적이 관찰될 수 있다. 반면 받침없이 부뚜막 솥걸이부에 걸친 경우에는 저부 바닥면이나 저부 외측면에 솥받침을 사용할 때와 같은 흔적은 관찰하기 힘들다.
둘째, 솥받침을 사용할 경우 저부 바로 아래로 열을 받기 힘들고, 측면으로 받거나 솥받침 외곽으로 돌아가면서 불을 받기 때문에 피열흔이 저부 외측면으로 치우쳐져 형성된다. 탄착흔은 피열흔과 대응하는 부분이나 한쪽 측면에 막대형으로 관찰된다.
셋째, 받침없이 사용할 경우는 솥걸이 입구부에 꼭 들어맞기 때문에 동체 상부나 구연부까지 그을음이 남기 어렵다. 그러나 그을음이 남는 경우, 남은 부분과 남지 않는 부분의 경계가 선명하다. 또한 끼웠던 입구부와의 사이에 공간이 있을 경우 그을음이 새어나와 구연부까지 그을음이 덮이게 되는 경우가 있는데, 이는 부분적으로 형성된다.
받침을 사용한 경우에는 솥걸이에 걸치는 경우 끼워진 입구부와 꼭 들어맞지 않더라도 받침에 의지해서 사용할 수 있다. 따라서 이 경우에는 다른 방향에서 관찰할 필요가 있다. 솥받침 사용시 불과의 거리가 어느 정도 떨어진 상태로 주로 저부 쪽으로 가열이 집중되기 때문에 상부까지 닿기 어려워서 전면으로 그을음이 붙는다. 이 경우 어느 정도 솥걸이부에 꼭 들어 맞지 않는 상태로 조리했던 것을 알 수 있다. 하지만 구경부와 동체부와의 잘록한 정도가 강한 토기일수록 그을음이 구경부에 붙지 않고 외반된 구연부나 구순부에 붙는 경우가 많다. 이를 통해 받침이 없거나 솥걸이부에 꼭 들어맞게 사용한 흔적과 구분할 수 있다.

　이를 바탕으로 관찰한 결과 심발형토기는 노지와 부뚜막에서 모두 사용되었던 것으로 보인다. 우선 노지에서 사용한 경우는 현재 풍납토성에서 조사되고 있는 소형의 노지들에서 그 가능성을 유추해 볼 수 있다. 이들 유구는 주거지 형태의 수혈내부가 아닌 단독 형태로 조사되고 있다. 물론 수혈이나 주거지 내부의 부뚜막이 유실되어 버리고 소형의 노지형태로 남았을 가능성도 있지만 부뚜막 이외에 이러한 시설도 있었음을 간과할 수 없다. 왜냐하면 노지는 원형상으로 불탄 바닥에 소토와 토기편들이 함께 소형의 심발형토기가 완형 혹은 편으로 출토되고 있기 때문이다. 노지에서 사용할 경우 부뚜막의 솥걸이부와 같이 차단되는 부분이 없어서 전면이 그을음으로 뒤덮이거나 혹은 불과의 거리가 가까워서 그을음 없이 탄착흔만 남기도 한다. 관찰 자료에서도 상대적으로 소형인 경우 전면에 그을음이 관찰되거나 그을음 없이 내면에 탄착흔이 관찰되는 사례가 있다. 향후 이들 소형의 노지들에 대한 보고서가 나오면 심발형토기의 조리방법에 대한 보다 구체적인 연구가 나올 수 있을 것으로 기대된다.

　심발형토기가 부뚜막에서 사용되었던 증거로는 저부 바닥면, 저부 외측면, 동체하부에서 피열흔이 관찰되고, 그을음은 동체상부나 구연에 남아 있는 경우인데, 주로 용량이 큰 대형에서 관찰되었다. 도면 5-2, 사진 2 하지만 장란형토기와 같이 점토를 이용하여 부뚜막에 고정시켰던 흔적이나 입구부에 걸치면서 남기는 마연흔적은 관찰할 수 없었고, 그 사용흔 또한 명료하지 않아서 아직 의문점이 있다. 다만 지금까지의 자료를 관찰한 결과 심발형토기는 조리할 음식물의 차이 혹은 조리방법의 차이로 인해 소형의 노지에서 조리하는 방식을 지속했던 것으로 추정된다.

한편 그을음은 상부 쪽으로는 전면으로 뒤덮이는 경우가 대부분이지만 상대적으로 중·대형인 【도면 5-2, 사진 2】와 같은 사례를 관찰해 보면 구경부 일부가 그을음으로 뒤덮여 있는 것을 확인할 수 있다. 이는 잘록도[15]가 강해서 처음 조리 시에는 구경부까지는 그을음이 덮이지 않았지만 사용회수가 2회 이상이고, 한 쪽 부분에 토기와 부뚜막과의 틈새를 통해 그을음이 새어나와 한 쪽 구경부에만 부착된 것으로 파악된다.

2. 취사용기의 조리방법

위 내용을 바탕으로 두 기종의 조리방법에 대해 유추해 보면 다음과 같다.
심발형토기는 불 바로 위나 부뚜막에 걸치더라도 불에서 떨어진 상태에서 사용되었다. 소형의 노지들에서는 불탄 바닥과 소토, 그리고 상대적으로 소형인 심발형토기와 그 외 토기편 등이 함께 출토되는 것으로 보아 심발형토기는 부뚜막에서만 조리한 것이 아니라 소형의 노지에서도 사용되었을 가능성이 있다. 내외면의 흘러넘친 흔적이나 짙고 두터운 탄착흔을 통해 센불, 중불, 약한불, 잉걸불, 한쪽으로 치우친 불 등을 모두 이용했었던 것으로 보인다. 탄착흔의 색조가 짙고 두텁게 남아 있어서 죽이나 미음의 형태로 조리했음을 알 수 있다.

---

[15] 「잘록도 = 경부 / 동체최대경」으로 경부가 동체 및 구연부와의 상대적 잘록한 정도를 말한다.

3. 재사용과 전용

　토기의 기능을 추정하는 데 있어서 그 본래의 용도 이외에 특수한 기능으로 재사용하거나 목적 이외로 사용하기도 했는데, 토기편의 출토 위치와 그 토기에 남아 있는 그을음, 기벽에 붙은 점토를 통해 추정이 가능하다.

　부뚜막의 내부 벽체로 재사용된 사례(鄭修鈺 2007)나 그 밖에 부뚜막에서 솥받침으로 장란형토기편이나 심발형토기편 등을 재사용한 사례는 많다. 하남 미사리유적에서 조사된 B-2호 주거지 내 부뚜막에서 심발형토기 저부편이 아궁이 받침으로 전용한 사례, 논산 원북리 유적의 나-16호와 18호주거지 등에서 조사된 발형토기편, 고창 운교리유적의 16호·17호·23호 주거지 내 부뚜막에서 출토된 장란형토기편, 35호 발형토기편, 무안 양장리 유적의 8호·19호 주거지 내 부뚜막에서 두 점의 발형토기 저부편을 나란히 놓은 사례 등이 있다. 대부분 장란형토기편이나 호형토기편, 발형토기 저부편 등 주로 취사용기로 대표되는 기종이 재사용되었다.

　한편 이들 장란형토기와 심발형토기는 전용한 사례도 확인된다. 분묘 유적에서도 원저단경호와 함께 공반 출토되고 있는데, 이를 이미 취사용기의 상징기로 파악한 연구도 있었다(김원용 2000).

　풍납토성 410번지 일대에서 조사된 목제우물 내에서 심발형토기 3점이 출토되었는데, 조리흔이 잘 남아 있고 흘러넘친 흔적까지 관찰된다.[16] 도면 6-1 보고자에 의하면 이들 토기는 다른 기종들과 함께 동시기에 퇴적된 것으로 파악된다(국립문화재연구소 2006). 그런데 다른 기종들 중 완형의 경우는 우물에서 직접적으로 사용했던 기종이지만 취사용기로 사용했던 심발형토기의 경우 직접적인 상관성을 찾기는 어렵다. 따라서 동시기에 퇴적된 직후나 직전에 제의적인 형태로 폐기했을 가능성이 높다. 분묘유적에서 토기를 하나의 상징적 의미로 매납한 것과 유사한 의미로 파악된다.

IV. 맺음말

풍납토성에서 출토된 심발형토기의 사용방법에 대한 특징을 정리해보면 다음과 같다.

첫째, 심발형토기는 고형의 음식물을 오랜 시간 가열하는 삶기나 끓이기 방식으로 미음과 같은 상태나 걸쭉한 죽의 상태로 음식물을 조리했다.

둘째, 심발형토기의 경우 바로 부뚜막에서 떨어져 떠 있는 상태로 조리하거나 소형 노지형태에서 직접 불 위로 바로 조리를 했던 것으로 추정되는데, 관찰한 자료를 살펴보면 주로 노지와 같은 형태에서 사용되었던 것으로 파악된다.

셋째, 그을음이나 탄착흔이 여러 겹으로 남아 있어 수회에 걸쳐 사용되었음을 알 수 있었다.

넷째, 재사용 혹은 전용되기도 했는데, 두 기종 모두 부뚜막 내부 벽체나 솥받침 등의 용도로 사용되었다. 특히 심발형토기의 경우 분묘나 우

---

16) 국립문화재연구소(2006)에서는 발굴조사 한 풍납토성 410번지 일대 목제우물에서 심발형토기, 단경호, 광구장경호 등이 출토되었는데, 목제우물은 사용 중에 보수가 있었던 것으로 추정되는데 10단부터는 가공방식이나 가구수법이 달라지는 것으로 보아 상부에서 보수가 이루어졌던 것으로 파악된다. 우물의 2단부터 1~개, 3~5단은 4~6개 정도가 발견되었고, 5단에서는 급작스러운 홍수 등에 의해 폐기되는 과정에서 떨어진 것으로 보고되고 있다. 이 중 심발형토기는 취사용으로 사용하다가 제의용으로 전용된 것으로 추정된다. 이는 우물이 단순히 용수 공급으로서의 의미도 있지만 고대부터 제의에 이용되는 의례적인 상징성도 함께 지니고 있기 때문이다.

물에서 제의적인 용도로 사용되어 조리기라는 상징적 의미도 지녔던 것으로 보인다.

　이상과 같이 풍납토성에서 출토된 심발형토기의 조리흔적들을 통해 몇몇 정보들을 유추해 낼 수 있었다. 그 중에서 부뚜막이 보급된 상황에서 소형의 노지에서 심발형토기를 사용한 사례는 다음과 같은 사실에서 주목된다. 첫째, 청동기시대 이래로 조리흔이 관찰되고 있는 평저토기들의 취사전통과의 관련성이다. 둘째, 부뚜막이 보급되고 있는 상황에서 소형의 노지에서 조리를 했다는 것은 음식물의 종류와 그 조리방법에 따른 차이도 파악할 수 있다. 향후 분석결과들이 축척되면 보다 명확한 취사용기들의 사용방법을 구분할 수 있을 것으로 기대된다.

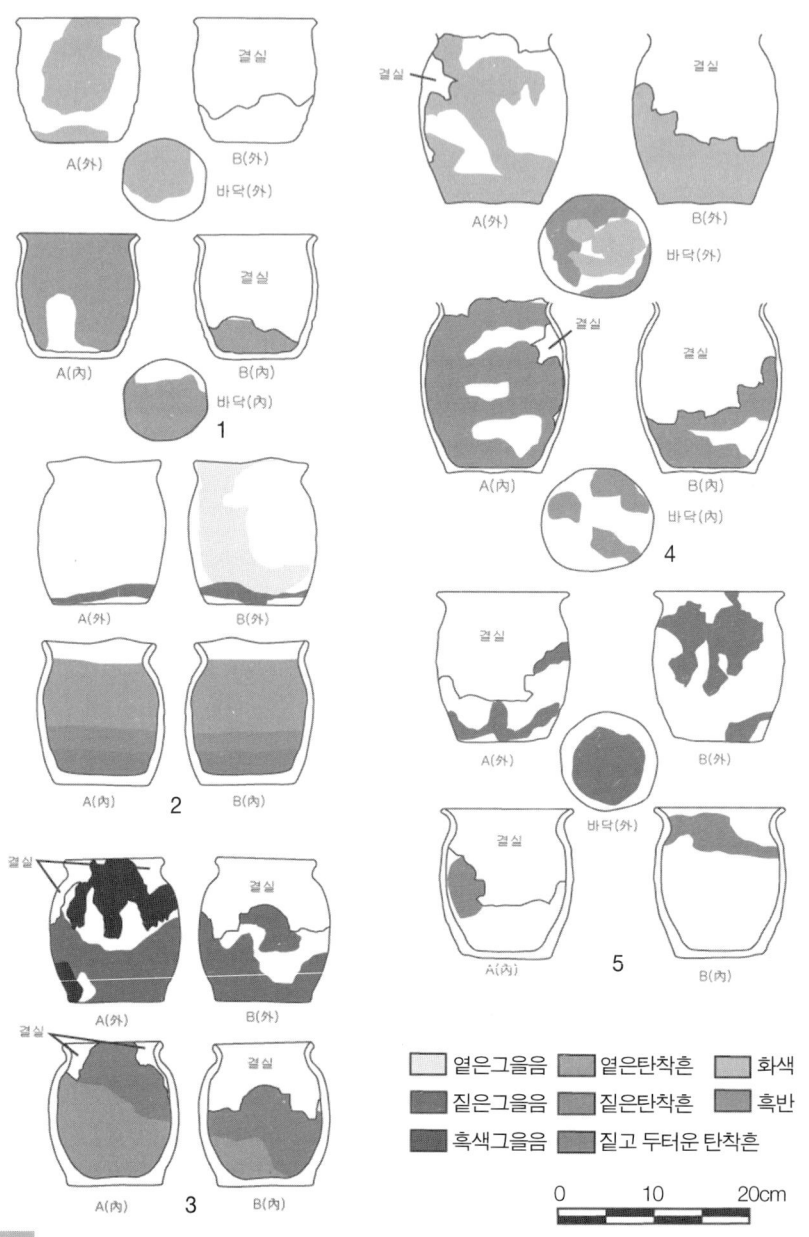

도면 3 심발형토기 탄착흔과 그을음(풍납토성 1-가2호환호, 2-가2호주거지 부뚜막 서편, 3-가11호주거지 부뚜막, 4-가2호주거지 부뚜막서편, 5-나8호주거지 부뚜막 내)

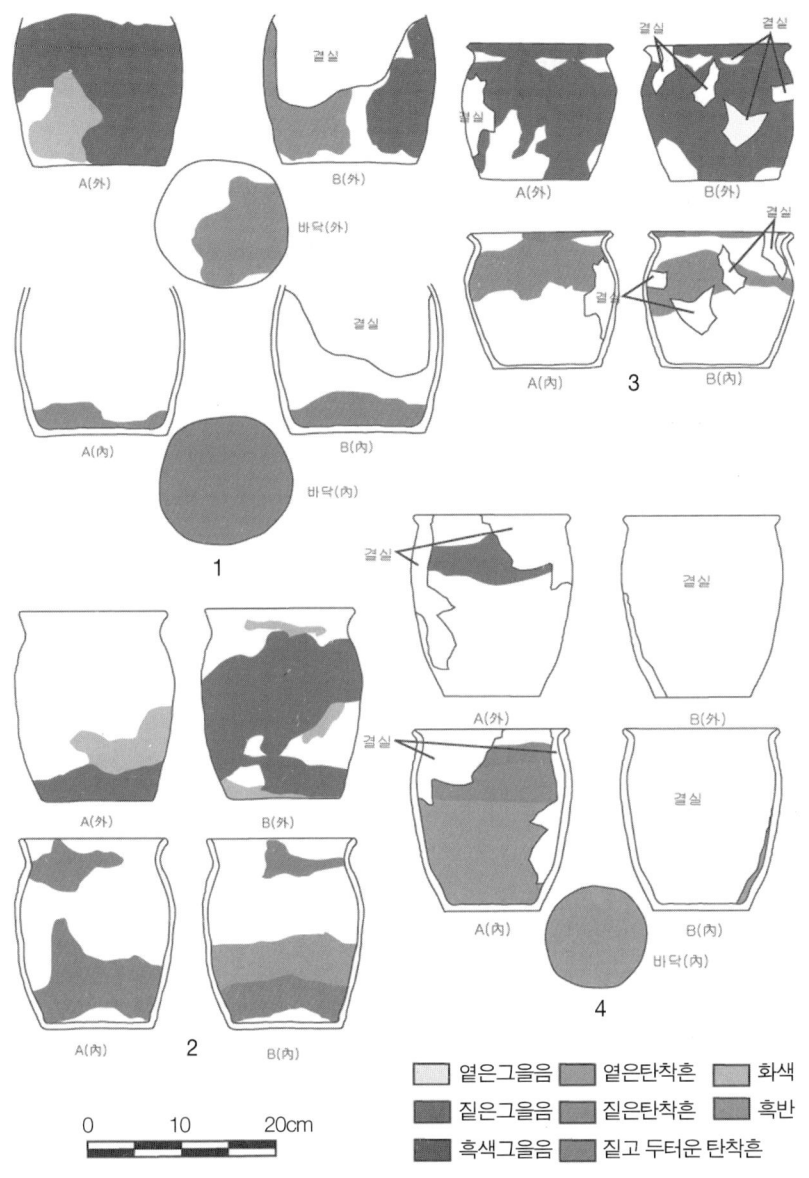

도면 4 심발형토기의 탄착흔과 그을음(풍납토성 1-가9호주거지 노지주변, 2-나7호주거지 부뚜막 서편, 3-가S5E1 Gr., 4-8호수혈)

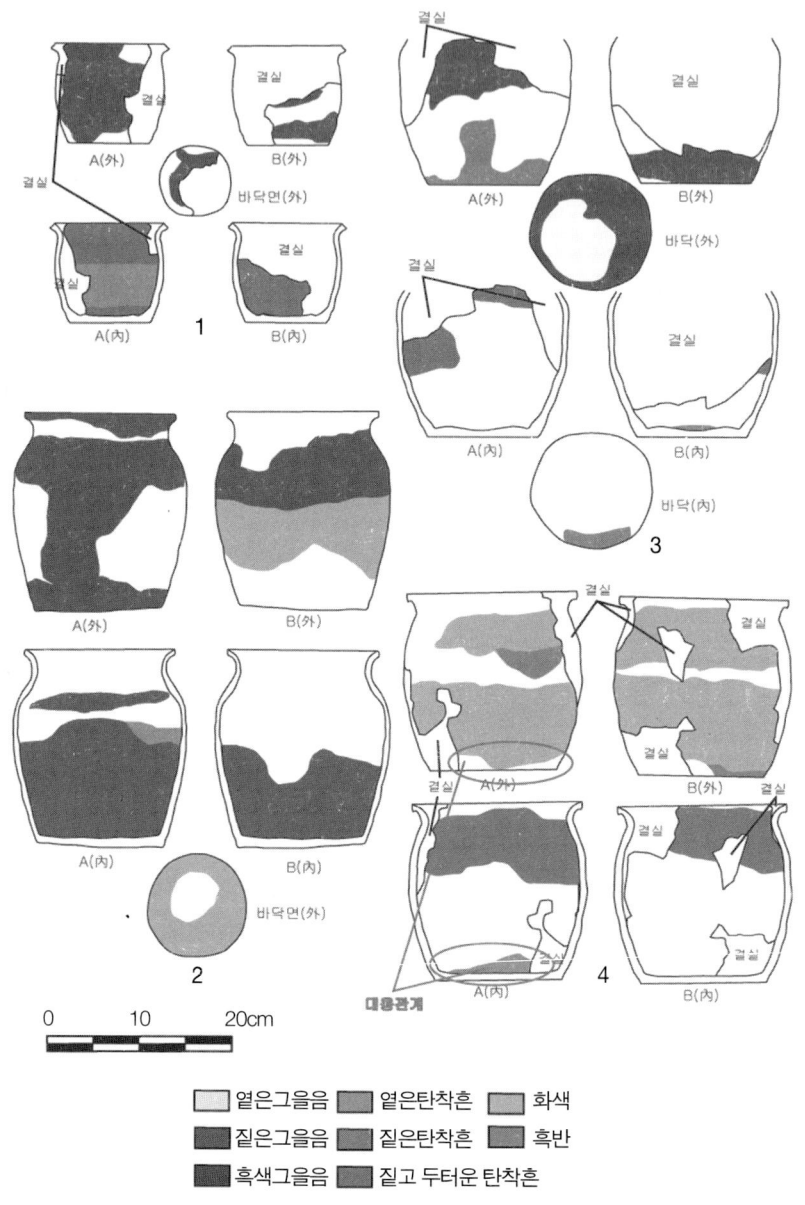

도면 5 심발형토기의 탄착흔과 그을음(풍납토성 1-유물포함중상층, 2-유물포함중층, 3-S5W1 內 아궁이 동편, 4-S5,8E0북편 토기산포유구)

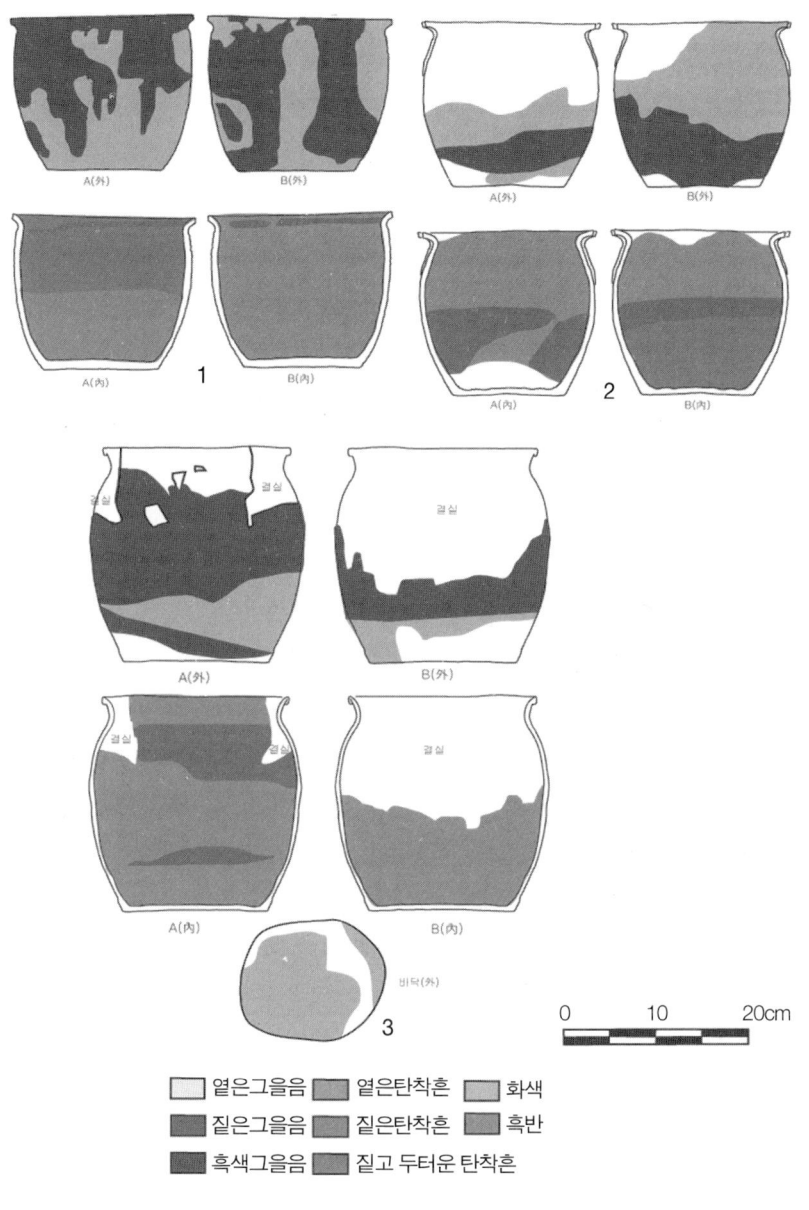

도면 6 심발형토기의 탄착흔과 그을음(풍납토성 410번지 목제우물 內)

심발형토기의 조리흔 분석

참고문헌

| 도록 |

국립진주박물관, 2002, 『청동기시대의 대평·대평인』.

복천박물관, 2005, 『선사·고대의 요리』.

| 보고서 |

국립문화재연구소, 2001, 『풍납토성』Ⅰ.

국립문화재연구소, 2002, 『풍납토성』Ⅱ.

한신대박물관, 2003, 『풍납토성』Ⅲ.

_____, 2005, 『풍납토성』Ⅳ.

국립문화재연구소, 2005, 『풍납토성』Ⅴ.

_____, 2005, 『풍납동 재건축부지 발굴조사 - 풍납동 410번지 외 15필지 발굴조사보고서』.

목포대학교박물관, 2000, 『무안 양장리』Ⅱ.

중앙문화재연구원, 2001, 『논산 원북리』.

호남문화재구원, 2000, 『고창 운교리』.

| 국내논문 |

김원용, 2000, 「심발형토기에 대하여」, 『고고학지』11.

복천박물관, 2005, 「선사·고대의 요리」, 9회 복천박물관발표회.

식문화탐구회, 2006, 「자유패널발표 - 취사형태의 고고학적 연구」, 『계층사회와 지배자의 출현』30회한국고고학전국대회.

孫晙鎬·庄田愼矢, 2004, 「송국리형옹관의 소성 및 사용방법」, 『호서고고학』11, 호서고고학회.

참고문헌

鄭修鈺, 2006,「風納土城 炊事用土器 硏究」, 高麗大學校大學院 碩士學位論文.
_____, 2007,「風納土城 炊事用器의 調理痕과 使用方法」,『湖西考古學』17.

| 일문 논문 |

小林正史, 2002,「ススとコゲからみた弥生時代の米の調理方法」,『日本考古學』13.
_____, 2003,「土鍋のコゲから何がわかるか(その7) - 土鍋は直置きか浮き置きか」 『石川考古』.
_____, 2005,『ススとコゲからみた繩文・彌生土鍋による調理方法』高麗大學校세미나자료.
外山政子, 1990,「矢田遺跡の平安時代のカマドと煮沸具」,『矢田遺跡』.
石川縣立埋藏文化財センター, 1993,「野本遺跡の甕の使用痕分析」,『石川縣松任市 野本遺跡』.
韓志仙, 2005,「韓國原三國時代の土器にみられる調理方法の檢討」,『土器硏究の新視点』, 大手前大學史學硏究所.

식문화탐구회 학술총서 1집

【炊事의 考古學】

식 문 화 탐 구 회 학 술 총 서 1 집 취 사 의 고 고 학

호남지역 3~5세기 취사용기의 시공간적 변천양상

허진아 _ 경희대학교 사학과 박사과정

I. 서론

본고의 목적은 호남지역 3~5세기 주거지 출토 취사용기[1]를 대상으로 호남지역 취사용기의 시공간적 변천양상을 파악하는데 있다. 분석대상은 발굴보고서가 간행된 호남지역 일원 3~5세기대 주거지에서 출토된 시루·심발·장란형토기이다. 이러한 분석대상의 시공간적 분포는 이미 시루 연구(朴敬信 2003; 許眞雅 2006a·2006b·2007)를 통해 '호남형'으로 규정된 바 있다.

최근 취사용기는 식문화 연구를 위한 중요한 자료로 인식되어, 기종별 자체분석과 지역간 비교연구(李海蓮 1993; 吳厚培 2002·2003; 朴敬信 2003·2005·2007; 朴淳發 2003; 鄭鍾兌 2003·2005·2006; 全炯玟 2003; 弘潽植 2000; 許眞雅 2006a·2006b·2007) 외에도 세부적인 관찰과 실험

---

[1] 본고에서는 시루와 심발, 장란형토기를 지칭하며 이 세 기종의 토기가 부뚜막에서 사용되면서 세트관계를 형성할 경우에는 '결합식 취사용기' 라는 용어를 사용하겠다.

을 요하는 용도분화 및 사용흔 분석(김건수 1997; 金春英 2001; 朴敬信 2005; 庄田愼矢 2006; 鄭修鈺 2006; 韓志仙 2006), 토기 제작 실험, 부착물 분석 등 다양한 분석방법을 적용한 연구가 활발하게 진행되고 있다. 또한 취사시설인 노지·부뚜막(李炯周 2001; 李民錫 2003; 박홍기 2003; 柳基正 2003; 朴剛民 2004; 金東勳 2005; 홍은경 2005) 등에 대해서는 지속적인 연구가 있어왔으며, 최근에는 주거지 내 취사공간(李賢淑 2006) 같은 공간 분할 이용에 관한 새로운 연구가 소개되기도 하였다.

　　이상의 연구성과는 부뚜막의 출현과 함께 취사형태가 지역성을 보이며 발전해간다는 점을 주지하여 진행된 것으로 보인다. 그렇지만 '지역에 따라 실제 취사용기가 어떤 방식으로 사용되었는지, 어떤 기종의 토기가 어떤 방식으로 취사에 사용되었는지' 같은 소단위 지역권의 세부적인 취사형태에 대한 검토는 아직 이루어지지 않고 있다. 지역에 따라 다양한 차이를 보이는 취사패턴과 취사형태에 대한 기본적인 분석 틀을 확보하지 못한다면, 지역별 세부적인 취사문화 양상을 논하기가 어려우며 취사문화의 시공간적 전개양상 파악에도 한계가 있을 수밖에 없다고 본다. 물론, 그간에는 지역단위 연구를 수행할 만한 자료 축적이 이루어지지 않은 어려움이 있었겠으나, 지역간 동시기 자료가 균형적으로 확보된 지금부터라도 소단위 지역권을 대상으로 한 세부적인 분석을 주목할 필요가 있다.

　　이러한 문제의식에 기초하여 본고는 본격적으로 부뚜막이 사용된 3~5세기대 호남지역 주거지 출토 취사용기를 대상으로 취사용기의 시공간적인 변천양상을 논하고자 한다. 우선 취사형태를 고려한 본격적인 분석에 앞서 분석대상의 공간적 분포범위를 살펴보고, 개별 기종에 대한 세밀한 형식분류를 시도하겠다. 이를 토대로 기종별·형식별 유구 내 공반사례 검토를 실시하여 결합식 취사용기 세트 관계를 설정한 후, 시공간적인 발전과정을 파악하고자 한다. 특히, 기종별 형식변화와 세트 관계 변화를 상호비교하여 패턴을 논하고, 이러한 패턴이 가지는 시공간적인 의미를 제시하는데 중점을 둔다.

II. 취사용기의 형식분류

　본장에서는 발굴보고서가 간행된 호남지역 일원 3~5세기대 주거지 출토 시루·심발·장란형토기를 대상으로 공간적 분포양상에 대해 살펴본 후, 각 기종에 대한 형식분류를 시도하겠다.
　호남지역은 세부지역에 따라 문화양상에 차이를 보이고 있어 분석대상의 공간적 분포양상에 대한 검토가 선행되어야 한다고 생각한다. 이러한 검토를 통해 세부지역에 따라 차이를 보이는 취사용기의 공간적인 변천양상을 파악할 수 있다. 또한 부뚜막에서 사용되었을 것으로 추정되는 취사용기에 대한 기종별 형식분류는 결합식 취사용기 세트 관계와 패턴을 파악하기 위한 것으로 개별 기종 내에서의 형식변화와 시기적인 변화상에 대한 이해를 가능케 한다.

1. 분석대상의 공간적 분포

　호남지역 취사용기의 공간적 분포양상은 세부지역에 따라 차이를 보이는 것으로 판단되는 바, 유적별 출토현황과 세부지역별 취락 분포패턴을 함께 개괄하기로 한다. 주지하듯이, 호남지역은 지형적인 특징으로 인해 크게 서부평야지역과 동부산간지역으로 나뉘어진다(全炯玟 2003; 許眞雅 2006a). 3~5세기대 시루는 호남 전역에 분포하고 있지만, 서부와 동부로 양분되는 문화상을 고려해 볼 때, 하나의 지역권만을 설정하여 취사용기의 분포양상을 파악하는 것은 문제가 있다고 본다.

　이 점을 고려하면서 취사용기 출토유적에 대해 개괄해보자면, 먼저 서부평야지역은 함평 소명주거지(林永珍·李昇龍·全炯玟 2003)와 함평 중랑유적(최성락·고용규·이영철·최미숙·김미연·한미진 2003)에서 100여기 이상의 주거지가 조사되었다. 취사용기는 완형의 시루 10여점, 심발 15여점, 장란형토기가 20여점을 상회한다.^{표 2~4, 도면 1} 영산강유역 함평일대를 중심으로 대규모 취락이 형성된 것으로 파악할 수 있겠다. 이 지역 주거지 형태는 방형계인데 무공식·4주식·6주식의 주공형태와 벽구·외구 등의 시설을 특징으로 하며, 9~50㎡ 면적분포를 보이고 있어 다양한 크기의 주거지가 존재하였음을 알 수 있다.

　한편, 동부산간지역은 조사된 주거지가 많지 않아 일반화시키기 어려운 문제가 있으나 주암댐수몰지구 발굴조사 성과(崔夢龍·權五榮·金承玉 1989; 崔夢龍·李盛周·李根旭 1989; 徐聲勳·成洛俊 1989; 孫秉憲·李一容 1990; 李命熹·成洛俊·孫明助 1990; 崔夢龍·李根旭·金庚澤 1990)를 토대로 취락분포 양상에 대한 얼마간의 파악은 가능하다. 이 일대 주거지는 화순·순천(승주)·보성을 아우르며 보성강을 따라 30~50여 기가 일정한 간격을 두고 인접하여 분포하고 있다. 분포양상을 통해 비교적 안정적인 취락지가 형성되어 있었던 것으로 추정된다. 취사용기는 완형의 시루가 5여점, 심발 4여점, 장란형토기가 10여점을 상회한다(표 2~4, 01). 주거지 형태는 타원형 또는 방형계로 대부분 무공식이며, 벽구·외구 등의 시설이 확인되지 않아 서부지역과는 차이를 보이고 주거지 면적 또한 서부보다 적은 규모로 9~30㎡으로 분포한다.

　그런데 남부해안지역에서도 장흥 상방촌AⅠ유적(최성락·정영희·최미숙·김영훈·이미란 2005)과 해남 신금유적(李暎澈·金美蓮·張明燁 2005)에서 100여기의 주거지가 조사되었으며 취사용기도 완형 시루 10여점, 심발 25여점, 장란형토기가 15여점으로^{표 2~4, 도면 1} 영산강일대와 유

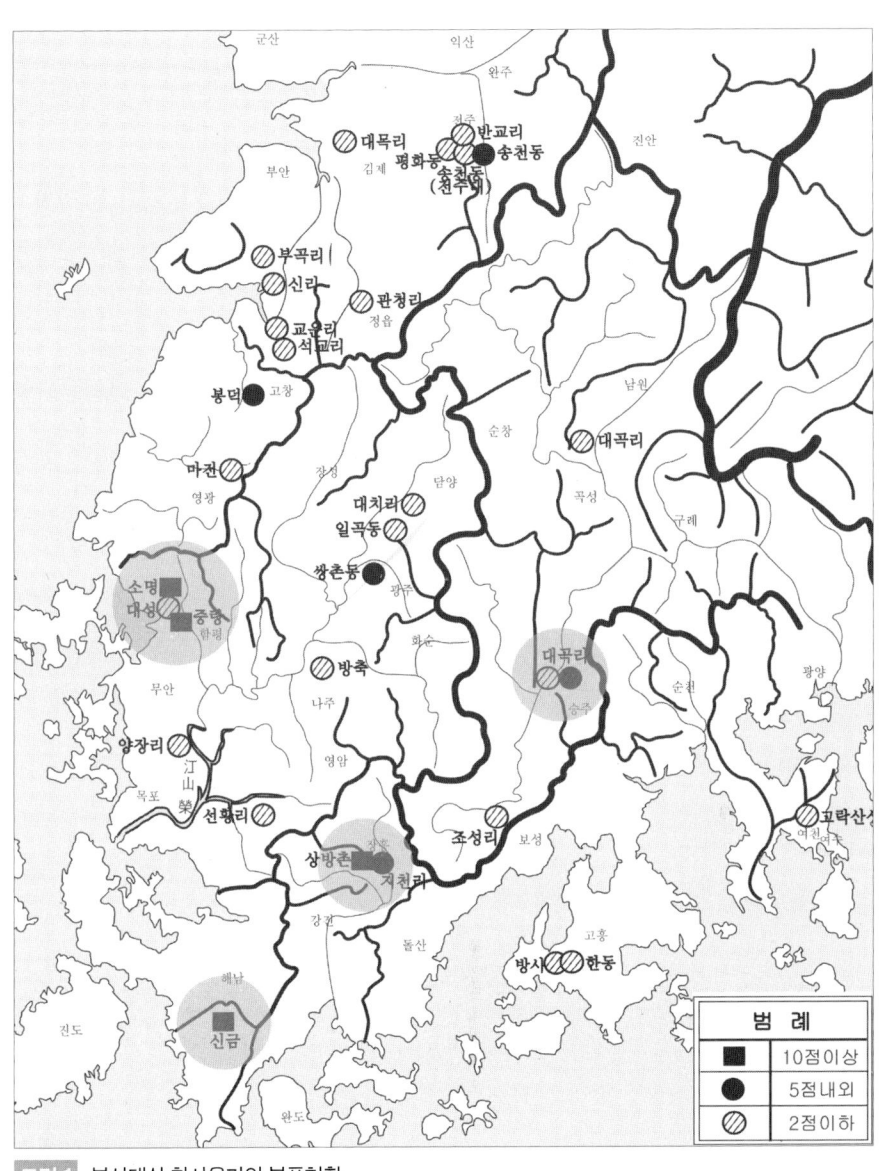

도면 1 분석대상 취사용기의 분포현황

사한 대규모 취락이 형성되었던 것으로 추정할 수 있다. 주거지 형태 역시 동부산간지역보다는 서부평야지역에 가까운 형태이다.

　금강일대 전북지역은 익산 사덕유적(湖南文化財硏究院 2003)에서 100여기의 주거지가 조사되어, 대규모 취락지가 확인된 바 있다. 그러나 아직 발굴조사 보고서가 간행되지 않은 관계로, 본고 분석대상에서 제외하기로 한다. 50여기의 주거지가 조사된 전주 송천동유적 B지구(김승옥·김은정 2004)와 고창 봉덕유적II(김건수·노미선·양해웅 2003) 주변으로는 20여 내외의 취락군이 균일하게 분포하는데, 주거지 형태는 동부산간지역보다 서부평야지역과 유사하다. 취사용기 완형 개체는 유적에 따라 1~5점 내외로 출토된다.^{표 2~4, 도면 1}

　이상의 분석은 완형 개체가 출토된 유적만을 대상으로 한 것이지만 대략적인 개괄만으로도 분포양상이 감지된다. 이를 종합한다면, 호남지역 3~5세기 취사용기 출토 유적은 지형적인 특징과 주거지 형태 및 분포패턴에 따라 크게 2개의 지역단위로 세분되는 공간적 분포양상을 가지는 것으로 볼 수 있다.

2. 형식분류

(1) **시루**

　필자는 전고에서 호남지역 시루에 대한 형식분류와 분기설정을 시도하고 변천양상에 대해 논의한 바 있다(許眞雅 2006a · 2006b · 2007). 전고에 따르면 호남지역 시루는 구연부형태 가형 → 다형, 증기공형태 Ⅰ형 → Ⅴ형, 파수형태 a형 → e형으로의 시간성을 가지며, 각 속성간 상호결합되는 양상을 통해 8개 형식으로 분류된다. Ⅰ식 → Ⅷ식으로 갈수록 세장도

표1 호남지역 시루의 형식분류와 분기(許眞雅 2006a)

구연부형태			증기공형태		파수형태		형태조합	형식	분기
가	삼각점토대	I	불규칙 2열 배치 직경 1cm미만	a	봉형		가Ⅰa	Ⅰ식	1기
							나Ⅱa	Ⅱ식	2기
		II	불규칙 배치 직경 1cm 이상	b	우각형		나Ⅱb	Ⅲ식	3기
							나Ⅱc	Ⅳ식	
나	직립/내만	III	원형배치 직경 2cm 내외	c	절두형		나Ⅲb	Ⅴ식	4기
							나Ⅲc	Ⅵ식	
		IV	3~4개 원형배치 직경 3cm 내외	d	하트형		다Ⅳd	Ⅶ식	5기
다	외반	V	다각형 직경 5cm 이상	e	고리형		다Ⅴe	Ⅷ식	6기

가 감소하는 변화를 보이며, 시공간적인 형식변화 양상을 토대로 6단계의 분기설정이 가능하다.표 1

그런데 본고 분석대상인 3~5세기대 시루는 Ⅲ식·Ⅳ식·Ⅴ식·Ⅵ식으로 8개의 시루형식에 이미 포함되어 있다. 또한 타당성 검토와 분기설정 역시 이루어져, 굳이 새로운 분석을 시도하기 보다는 해당 시기 형식분류안을 수용하여 검토하는 것이 합리적이라고 사료된다. 따라서 필자 시루 형식분류안을 대폭 수용하고, 여기에 새롭게 추가된 자료를 보완하여 검토하는 것으로 호남지역 3~5세기 시루에 대한 형식분류를 진행코자 한다.

① 분석대상

호남지역 3~5세기대 주거지에서 출토되는 완형 시루를 분석대상으로 한다. 호남지역은 서부와 남부는 바다에 연접해있고 북으로는 금강을 중심으로 동으로는 소백산맥을 경계로 경상도와 구분되는 분포범위를 가지는데(許眞雅 2006a) 이러한 지형적인 특징은 '호남형[2])'으로 불리는 시루의 지역성을 형성하는 중요한 요인으로 작용하였다고 볼 수 있겠다.

현재까지 약 22개 유적에서 완형 시루 60여 개체가 조사되었는데, 이는 기존 분석대상에 장흥 상방촌 AⅠ유적(최성락·정영희·최미숙·김

표2 분석대상 시루 현황

연번	유적명	유구명(개체수)	연번	유적명	유구명(개체수)
1	광주 일곡동유적	가지구 1호(1)	12	순천 대곡리 도롱 주거지(VII)	20·23호(2)
2	광주 쌍촌동주거지	15·42호(2)	13	여수 고락산성 II	3호(1)
3	함평 소명주거지	2·3·20·27·68·75-3호(6)	14	장흥 상방촌 AI유적 A-I지구	1·5·10·35·43·47·57호(11)
4	함평 중랑유적 - 주거지 -	52·72·75·76·89·94·107·124·172호(11)	15	해남 신금유적	1·5·51·54·59·60·65·69호(9)
5	함평 대성유적	1호(1)	16	고창 봉덕유적 II	34호(2)
6	영암 선황리유적	9호(1)	17	고창 교운리유적	38호(1)
7	영광 마전유적	3호(1)	18	김제 대목리유적	1호(1)
8	무안 양장리유적 II	30호(1)	19	부안 신리IV유적	1호(1)
9	순천 낙수리 낙수주거지(VI)	9호(1)	20	완주 반교리유적	원삼국 주거지(1)
10	순천 대곡리 도롱한실주거지(VI)	7-2·46호(3)	21	전주 송천동유적	28·35·37·40호(4)
11	순천 대곡리 도롱주거지(VI)	7호(1)			

영훈·이미란 2005)·김제 대목리유적(윤덕향·장지현·고금님 2003)·부안 신리 IV유적(윤덕향·강원종·이민석 2005) 출토품 13개체가 추가된 것이다.표 2

② 형식분류

완형의 시루에서 추출 가능한 속성은 구연부형태·구경·증기공형

---

2) 박경신(2003)은 '호남형' 시루에 대해 마한과 변한의 고지에서 호남형 시루가 공통적으로 발견되고 있어 진한보다는 마한과 좀 더 밀접한 관련을 맺고 있었던 것으로 이해하여 이를 백제의 남진과 마한의 축소라는 정치적 배경과 연관지어 언급하였다. 이러한 주장은 필자도 어느 정도 공감하는 바이나, 시루를 정치체와 직결시켜 해석하는 것은 좀 더 신중한 검토가 요구됨을 밝혀둔다.

태 · 증기공직경 · 증기공개수 · 저경 · 파수형태 · 파수위치 · 파수부착 아래너비 · 파수부착위치 · 높이 · 동최대경 · 동최대경위치 · 세장도 등이 있다.도면 2

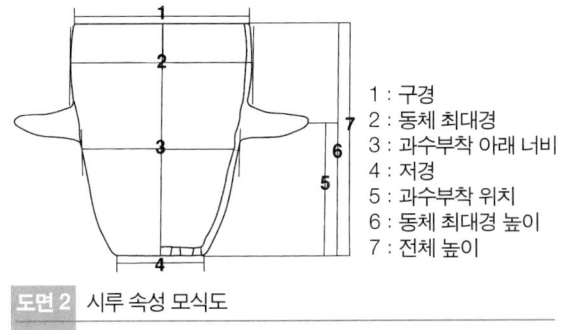

도면 2 시루 속성 모식도

1 : 구경
2 : 동체 최대경
3 : 파수부착 아래 너비
4 : 저경
5 : 파수부착 위치
6 : 동체 최대경 높이
7 : 전체 높이

앞서 언급하였듯이, 필자는 명목형 변수인 구연부형태 · 증기공형태 · 파수형태가 시간에 따른 형태변화와 지역성을 가장 민감하게 반영하는 것으로 파악하고, 분류된 형(型)을 대상으로 연속형 변수를 이용한 판별분석(Discriminant Analysis)[3]을 시도하여 유의미한 속성 분류가 이루어졌음을 확인한 바 있다(許眞雅 2006a). 따라서 재차 새로운 형식분류를 시도하여 혼란을 가져오기보다는 앞에서 살펴본 전고의 속성 분류체계와 조합방식을 그대로 적용하고자 한다.

주지하듯이, 3~5세기대 시루는 Ⅲ식 · Ⅳ식 · Ⅴ식 · Ⅵ식으로 모두 구연부형태 나형에 해당하는 것이다. 구연부형태 나형은 직립하거나 내만하는 형태로 단면삼각점토대 구연(가형), 외반 구연(다형)과는 분명한 차이를 보인다. 증기공형태는 찌는 기능과 밀접한 관련이 있어 시루 형식변화의 가장 중요한 속성으로 증기공크기가 직경 1cm로 불규칙하게 배치된 것(Ⅱ형), 직경 2cm 내외로 원형을 이루며 규칙적으로 배치된 것(Ⅲ형)으로 분류할 수 있다. 파수형태는 우각형(b형)과 파수 끝부분이 판판한 절

---

[3] 판별분석은 다음과 같은 용도와 목적을 가진다. ① 연구자가 선정 분류한 집단이 통계적으로 유의미한 차이가 있는지를 알고자 할 경우 ② 각 독립변수들의 값에 기초하여 하나의 판별 방정식을 도출하여 새로운 사례들이 어느 집단으로 분류될 수 있는지를 알고자 할 경우 ③ 각 독립변수들이 어느정도의 판별력을 갖고 있으며 어떤 변수가 종속변수의 집단을 판별하는데 큰 기여를 하는지 알고자 할 때 사용된다(Shennan 1997).

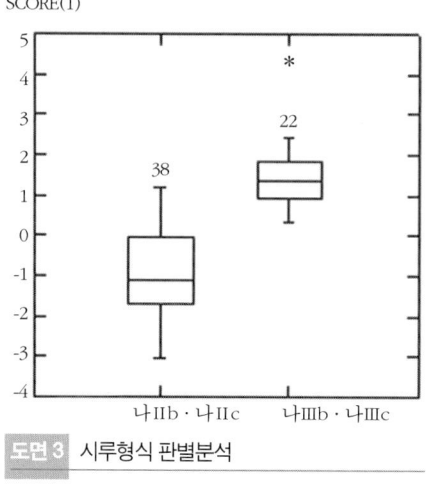

도면 3 시루형식 판별분석

두형(c형)의 2가지 유형으로 분류하였다.[표1]

한편, 시루의 형식변화는 증기공형태와 밀접한 관련이 있을 것으로 추정되는 바, 4개 형식에 대한 판별분석을 실시하였다. 판별분석을 위한 연속형 변수는 명목형 변수와 관련된다고 판단되는 구경・저경・높이・동최대경・동최대경위치・파수위치・증기

표3 호남지역 3~5세기 주거지 출토 시루 형식

구연부형태	증기공형태	파수형태	형식	도면
직립 / 내만 (나형)	불규칙배치 직경 1cm이상 (II형)	우각형 (b형)	나IIb	
		절두형 (c형)	나IIc	
	원형규칙배치 직경 2cm내외 (III형)	우각형 (b형)	나IIIb	
		절두형 (c형)	나IIIc	

공크기·증기공개수·세장도로 하였다. 분석 결과 증기공형태를 기준으로 나Ⅱb·나Ⅱc형 시루와 나Ⅲb·나Ⅲc형 시루로 구분되고 있어 증기공의 형태변화가 시루 형식변화의 가장 중요한 변인임을 알 수 있었다.^{도면 3}

구연부형태 나, 증기공형태 Ⅱ·Ⅲ, 파수형태 b·c를 조합하여 4개의 형식으로 분류하였다. 이렇게 분류한 형식을 정리하면【표 3】과 같다.

(2) 심발

결합식 취사용기인 시루와 장란형토기가 결합되어 사용된다는 점은 각종 연구논문을 통해 어느 정도 주지되는 사실이지만, 심발의 경우는 그렇지가 않다. 명확한 기준 없이 '심발형토기'로 일컬어지며, 취사용기 측면에서 크기나 형태 같은 기본적인 분석 한 번 없이 '취사용기일 것이다.'라는 가상의 전제 안에서만 논의되어 왔다.

그렇기 때문에 시루와 결합되어 사용되는 자비용기로만 추정(김건수 1997) 할 뿐, 실제적인 취사용도에 대해 접근할 수 있는 연구토대는 미흡하였다. 따라서 본고에서는 심발에 대한 세부적인 형식분류를 시도하여 형식별 기능과 시간에 따른 형식변화를 명확하게 구분하고자 한다.

① 분석대상

호남지역 3~5세기대 주거지에서 출토되는 완형 심발을 분석대상으로 한다. 구연외반의 평저형태로 전체 발형토기 가운데 천발[4]을 제외한 나머지가 여기에 해당된다고 볼 수 있고,[5] 그 어떤 취사용기보다 주거지 내 출토 빈도가 가장 높다. 노지에서 사용되거나 부뚜막의 솥받침으로 이

---

[4] 기존에는 천발과 함께 대발을 발형토기 범주안에 포함시켰으나, 최근에는 '대야형토기' 또는 '세형토기'라고 명명하여, 발형토기와 다른 종류의 개별기종으로 구분되고 있다.

표4 분석대상 심발 현황

연번	유적명	유구명(개체수)	연번	유적명	유구명(개체수)
1	광주 세동유적	5호(1)	14	장흥 지천리유적 - 나	1 · 12 · 18호(3)
2	광주 쌍촌동주거지	35-1 · 44호(2)	15	장흥 상방촌AⅠ유적 A - Ⅰ지구	1 · 11 · 14 · 25 · 33 · 34 · 57호(7)
3	함평 소명주거지	2 · 6 · 18 · 27 · 33 · 37 -2 · 33 · 47 · 75 · 75-3 · 77 · 90 · 101호(15)	16	장흥 상방촌 AⅠ유적 A-Ⅱ지구	2 · 24호(2)
4	함평 중랑유적 - 주거지 -	8 · 26 · 28 · 30 · 48 · 50 · 51 · 63 · 70 · 72 · 88 · 91 · 94 · 107 · 127 · 141 · 162 · 187 · 197호(24)	17	해남 신금유적	2 · 29 · 34 · 41 · 43 · 45 · 49 · 52 · 55 · 59 · 61 · 63호(17)
5	담양 대치리유적 - 나	2 · 5호(2)	18	고창 봉덕유적Ⅱ	30호(1)
6	영암 선황리유적	11호(1)	19	고창 교운리유적	38호(2)
7	영광 마전유적	7호(1)	20	김제 대목리유적	1 · 2 · 5호(3)
8	무안 양장리유적Ⅱ	94 - 18호(1)	21	부안 부곡리유적	10호(1)
9	순천 대곡리 도롱주거지(Ⅵ)	7호(1)	22	정읍 관청리유적	4호(1)
10	순천 대곡리 도롱한실주거지(Ⅶ)	11 · 15 · 23호(3)	23	전주 송천동유적(B)	25 · 25 · 28 · 35 · 42 · 45 · 47호(8)
11	고흥 방사유적	26 · 27 · 37호(3)	24	전주 송천동유적(A)	3 · 8-1 · 10호(3)
12	고흥 한동유적	7 · 9호(2)	25	전주 평화동유적	2호(1)
13	장흥 지천리유적 - 가	14호(1)	26	고창 석교리유적	5 · 8(2)

---

5) 취사용기로 사용되려면 노지나 부뚜막에서 불의 높이가 닿을 수 있는 즉, 불꽃이 닿을 수 있는 높이를 확보한 토기여야 한다. 그런데 깊이가 아주 낮은 천발은 이러한 조건에 부합되지 않기에 취사용기로 구분되기 어렵다. 이에 발형토기 가운데 심발을 구분해내기 위해 전체높이에 대한 구경의 비율을 추출하였다. 히스토그램 그래프를 통해, 발형토기는 구경 / 기고 비율 0.6~0.7을 기준으로 천발(대발포함)과 심발로 구분된다는 것을 알 수 있다.

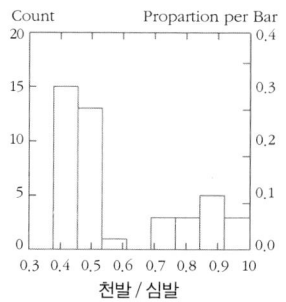

용되기도 하며, 시루와 결합되어 사용되는 자비용기로도 추정되고 있어, 가장 기본이 되는 취사용기라고 볼 수 있을 것이다. 현재까지 약 26개 유적에서 완형 심발 110여 개체가 조사되었다.^{표 4}

② 형식분류

완형의 심발에서 추출 가능한 속성은 구연부형태·구경·목지름·동체부형태·저경·높이·동최대경·동최대경높이·세장도·견고비·동비 등이 있다.^{도면 4}

심발에 대한 기존의 연구 (朴淳發 2001)에서 견고비와 동

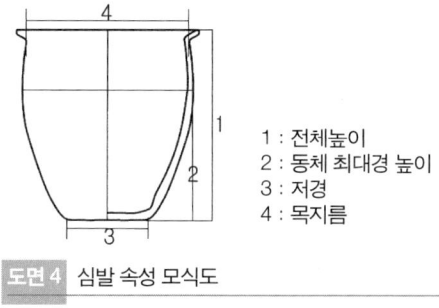

도면 4 심발 속성 모식도

비의 비율변화를 통해 형식변화를 유추한 바 있다. 총고에 대한 동최대경의 상대적 높이와 저경에 대한 목지름의 상대 값은 시간이 지날수록 세장도가 감소하는 심발의 기형 변화를 감지하기 용이한 분류기준으로 판단된다. 견고비와 동비, 세장도는 모두 심발의 전체높이와 밀접한 관련을 가지는 것이다.

이를 참고하여 심발의 형식은 구연부형태와 동체부형태를 기준으로 분류하였다. 먼저, 구연부형태는 구순과 경부처리 방식에 따라 45° 꺽임 외반하는 것(Ⅰ형), 둥글게 외반하는 것(Ⅱ형)으로 분류하였다. 동체부형태는 【도면 5】에 제시된 것처럼 전체높이를 기준으로 전체높이가 17cm 이하인 것(a

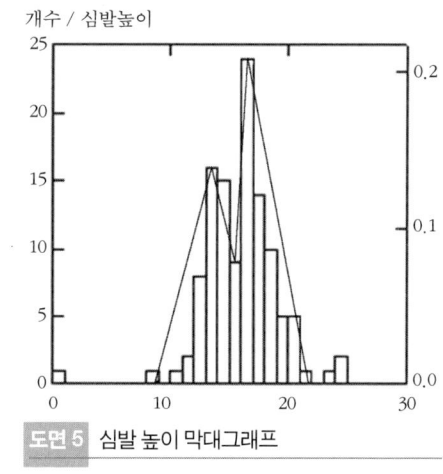

도면 5 심발 높이 막대그래프

표5 호남지역 3~5세기 주거지 출토 심발 형식

구연부형태	동체부형태	형식	도면
45° 꺾임 외반 (Ⅰ형)	높이 17cm 이하 (a형)	Ⅰa1	
		Ⅰa2	
	높이 17cm 이상 (b형)	Ⅰb	
둥글게 외반 (Ⅱ형)	높이 17cm 이하 (a형)	Ⅱa	
	높이 17cm 이상 (b형)	Ⅱb	

형), 전체높이가 17cm 이상인 것(b형)으로 분류하였고 전체높이가 17cm 이하인 것은 동체부 직선 처리 여부에 따라 1형과 2형으로 다시 세분하였다.

구연부형태 Ⅰ·Ⅱ와 동체부 형태 a·b를 조합하여 5개의 형식으로 분류하였다. 이렇게 분류한 형식을 정리하면 【표 5】와 같다.

(3) 장란형토기

호남지역 장란형토기의 세장한 형태는 다른 지역에서는 찾아볼 수 없는 것으로 시루와 더불어 '호남형'으로 구분이 가능하다. 장란형토기에 대한 기존의 연구(全炯珉 2003)에서 동부산간지역과 서부평야지역으로 나뉘는 문화양상이 확인되었는데, 이는 호남지역 문화양상의 세부지역별 전개양상의 특징을 파악하는 계기가 되었다. 필자 역시 시루 연구(許眞雅 2006a · 2006b · 2007)를 통해 동일한 문화양상을 확인한 바 있다.

그런데 그간 자료 축적이 상당히 이루어지고, 그에 따라 분포범위도 확대되면서 장란형토기에 대한 재검토가 필요한 것으로 사료된다. 따라서 필자는 기존의 연구를 토대로 새로운 자료를 포함하여 세부지역에 따른 변화양상을 고려한 형식분류를 시도하고자 한다.

① 분석대상

호남지역 3~5세기대 주거지에서 출토되는 완형 장란형토기를 분석대상으로 한다. 기존의 연구(全炯玟 2003)는 주거지와 분묘에서 출토되는 완형 장란형토기 74개체(경질무문토기 포함)를 대상으로 이루어졌다. 이후, 지속적인 발굴조사의 증가로 인해 자료 축적이 상당히 이루어져 현재는 주거지 출토품만을 대상으로 세부적인 분석이 가능한 수준에 이르렀다. 이에 3~5세기 주거지 출토 완형 장란형토기만을 대상으로 형식분류를 시도하고자 한다. 현재까지 약 25개 유적에서 완형 장란형토기 113여 개체가 조사되었다.^{표 6}

② 형식분류

완형의 장란형토기에서 추출 가능한 속성은 구연부형태 · 구경 · 목지름 · 목길이 · 동체부형태 · 전체높이 · 동최대경 · 동최대경높이 · 세장도 · 심도 등이 있다.^{도면 6}

기존의 연구(全炯玟 2003)에서 동체부형태[6]와 구연부형태를 중심으로 8개 형식으로 분류하여 세장도가 감소하는 형식변화를 제시한 바 있는데, 이러한 분석결과는 필자의 생각과 대체로 일치한다.

속성 검토를 통해 구연부형태는 경부의 형성과 구연부의 외반경향과

표6 분석대상 장란형토기 현황

연번	유적명	유구명(개체수)	연번	유적명	유구명(개체수)
1	나주 방축유적	18호(1)	14	장흥 지천리유적 - 나	2·4·11호(6)
2	광주 쌍촌동주거지	24-2(1)	15	장흥 상방촌A I 유적 A - I 지구	12·33·47호(6)
3	함평 소명주거지	3·16·17·32·34·35·36·37-1·54·62·75-3·81·90·101호(23)	16	장흥 상방촌 A I 유적 A-II지구	1·15·28·32호(5)
4	함평 중랑유적 - 주거지 -	7·72·74·86·94·100·107·124·144호(11)	17	해남 신금유적	18·43·49·50호(4)
5	담양 대치리유적 - 나	2호(2)	18	고창 봉덕유적II	30·34·46호(6)
6	영암 선황리유적	11호(1)	19	고창 교운리유적	16호(1)
7	함평 대성유적	1·6호(2)	20	김제 대목리유적	5호(2)
8	무안 양장리유적	94-9호(1)	21	부안 부곡리유적	12호(1)
9	순천 대곡리 도롱주거지(VI)	1·23호(2)	22	전주 송천동유적(B)	4·13·44·47·48호(8)
10	순천 대곡리 도롱한실주거지(VII)	4·7-2·14·28·35·45·46호(8)	23	전주 송천동유적(A)	2·9·12호(3)
11	보성 조성리유적	4호(1)	24	전주 평화동유적	2호(2)
12	남원 대곡리유적 - 가1지구	1호(1)	25	고창 석교리	1호(1)
13	순천 대곡리 도롱주거지(VI)	1·3·10·13호(10)			

---

6) 동체높이에 대한 동체최대경은 동체의 세장도를 반영하는 것으로 동체높이 / 동체최대경 (이하 세장도)의 값으로 하였으며, 동체높이에 대한 목지름은 동체의 심도를 반영하는 것으로 동체높이 / 목지름의 값(이하 심도)으로 하였다. 즉, 세장도가 감소한다는 것은 동체의 높이에 비해 동체 최대경이 커져 세장한 느낌보다는 구형화된 느낌을 주며, 심도가 낮아진다는 것은 동체의 높이에 비해 목지름이 커진다는 것이다. 따라서, 세장도와 심도가 감소하면 장란형토기의 전체적인 형태가 장동화되어 간다고 말할 수 있다(전형민 2003).

내·외면의 마무리에서 장식성이 커지는 경향성을 기준으로 Ⅰ·Ⅱ·Ⅲ식의 3가지로 분류하였으며, 동체부형태는 세장도와 심도가 감소하는 경향에 따라 A·B·C·D군의 4가지로 분류하였다. 이러한 제속성의 상호결합을 통해 8개의 장란형토기 형식을 설정하여 서부평야지역은 AⅠ형 → AⅡ형 → CⅢ형 → DⅢ형, 동부산간지역은 BⅠ형 → BⅡ형 → BⅢ·CⅢ형 → CⅢ형 → DⅢ형의 변화상을 보이는 것으로 파악하였다.

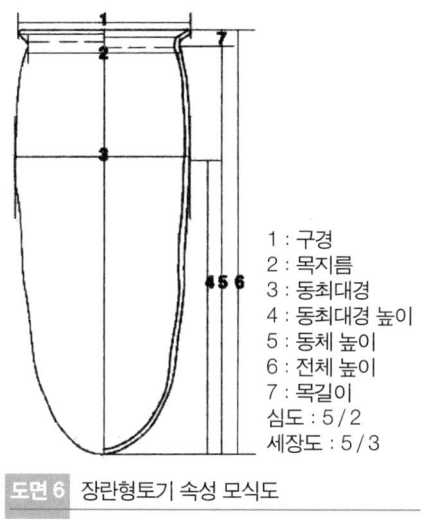

도면 6 장란형토기 속성 모식도

이를 참고하여 장란형토기의 형식은 구연부형태와 동체부형태를 기준으로 분류하였다. 먼저, 구연부형태는 경부가 형성되지 않고 구연이 바로 꺾여 단순 외반하는 것(Ⅰ형), 경부가 형성되고 구연 내면이 정선되어 외반하는 것(Ⅱ형), 경부가 형성되고 구연 내면이 정선되어 수평 외반하는 것(Ⅲ형), 곡선형태의 경부가 형성되고 구순에 홈이 돌아가는 것(Ⅳ형)으로 세분하였다.

동체부형태는 동최대경의 위치와 전체적인 기형을 기준으로 분류하였다. 동체 하부로 갈수록 첨저형에 가까운 것(a형), 동체 중앙부가 볼록하며 동최대경이 중앙에 위하는 것(b형), 동체부가 전체적으로 구형인 것(c형)으로 분류할 수 있다.

구연부형태 Ⅰ·Ⅱ·Ⅲ·Ⅳ와 동체부형태 a·b·c를 조합하여 6개의 형식으로 분류하였다. 이렇게 분류한 형식을 정리하면 【표 7】과 같다.

표7 호남지역 3~5세기 주거지 출토 장란형토기 형식

구연부형태	동체부형태	형식	도면	지역권
경부 형성 안됨 바로 꺾여 단순 외반 (Ⅰ형)	동체 하부로 갈수록 첨저형에 가까움 (a형)	Ⅰa		서부
	동체 중앙부 볼록함 동최대경이 중앙에 위치함 (b형)	Ⅰb		동부
경부 형성 내면 정선 외반 (Ⅱ형)	동체 하부로 갈수록 첨저형에 가까움 (a형)	Ⅱa		서부
	동체 중앙부 볼록함 동최대경이 중앙에 위치함 (b형)	Ⅱb		동부
경부 형성 내면 정선 수평 외반 (Ⅲ형)	동체 하부로 갈수록 첨저형에 가까움 (a형)	Ⅲa		서부
곡선 경부 형성 구순에 홈이 돌아감 (Ⅳ형)	동체부가 전체적으로 구형임 (c형)	Ⅳc		서부

Ⅲ. 공반사례를 통한 결합식 취사용기 패턴 분석

본장에서는 앞에서 설정한 형식을 토대로 취사용기 공반사례를 검토하여 기종간·형식간 상관관계에 대해 살펴보겠다. 그리고 개별 취사용기의 형식변화와 공반관계를 상호비교하면서 시공적으로 차이를 보이는 호남지역 결합식 취사용기 패턴에 대한 이해에 접근해보고자 한다.

공반사례 검토는 서부평야지역과 동부산간지역으로 지역을 구분하여 실시한다. 이는 앞의 취사용기의 공간적 분포양상에서도 확인하였듯이, 호남지역의 지형적인 특징으로 인한 동서로 구분되는 문화상에 기인한 것이다. 이 같은 공반사례 검토는 시루·장란형토기·심발의 각 형식간 동시기성을 확보해주기 때문에 부뚜막에 얹혀 사용되는 '결합식 취사용기' 결합관계를 추정하는 것이 가능하다. 주지하듯이, 결합식 취사용기는 시루와 시루를 얹히는 자비용기로 구성되는데, 개별 취사용기가 부뚜막에서 사용되기 위해 결합되는 형태를 의미하므로 실제 취사형태를 고려하지 않은 기존 연구의 문제점을 보완할 수 있을 것으로 판단된다. 따라서 여기에서는 공반관계 검토를 통해 동시기성을 확보한 세 기종을 대상으로 결합식 취사용기 적합 여부를 살펴본 후, 결합식 취사용기 세트 관계를 설정해보고자 한다.

1. 공반사례 검토

(1) 서부평야지역

① 함평 소명유적

함평 소명유적(林永珍·李昇龍·全炯坡 2003)은 5기의 주거지에서 공반사례가 확인되고 있다. 2·3·20·27·75-3호주거지를 대상으로 주거지별 취사용기 형식과 공반관계에 대해 살펴보겠다.[표8]

2호주거지에서는 나Ⅲc형 시루·Ⅰb형 심발이 공반되고, 3호주거지에서는 나Ⅲc형 시루·Ⅲa형 장란형토기가 함께 출토되었다. 그리고 27호주거지에서 나Ⅲb형 시루·Ⅰb형 심발 2개체·Ⅱa형 장란형토기가 공반되었다. 모두 나Ⅲc형 시루가 공존하면서, 각각 심발과 장란형토기를 공반하고 있어 기종별 상관관계를 살피는데 용이한 것으로 보인다. 나Ⅲc형 시루는 증기공 크기가 2cm 내외로 커지고 원형의 정형화된 배치를 가져 나Ⅱb·나Ⅱc형 시루보다 발전된 형식으로 분류할 수 있다. 그리고 Ⅰb형 심발과 Ⅲa형 장란형토기는 동일기종 다른 형식에 비하여 세장도가 가장 높다는 공통점을 가진다. 특히, Ⅰb형 심발의 형태적인 특징은 장란형토기와 동일하게 자비용기로써 그 기능을 다할 수 있는 것으로 보인다.

한편, 20호주거지에서는 나Ⅱc형 시루·Ⅰa형 장란형토기가 공반되고, 75-3호주거지에서는 나Ⅱb형 시루·Ⅰa1형 심발 2개체·Ⅰa형과 Ⅱa형 장란형토기가 함께 출토되었다. 나Ⅱb형·나Ⅱc형 시루는 증기공 크기가 1cm 내외로 불규칙한 배치를 가져 기능적인 측면에서 나Ⅲc형 시루보다 이른 시기에 해당하는 것으로 볼 수 있다.[7] 그리고 Ⅰa1형 심발과 Ⅰa형, Ⅱa형 장란형토기는 3~5세기대 호남지역 주거지에서 가장 많이 출토되는 형식으로, 해당시기 존속기간이 가장 길었던 것으로 추정된다.

② 함평 중랑유적

함평 중랑유적(최성락·고용규·이영철·최미숙·김미연·한미진 2003)은 3기의 주거지에서 공반사례가 확인되고 있다. 72·94·107호주거지[8]를 대상으로 주거지별 취사용기 형식과 공반관계에 대해 살펴보겠

---

[7] 찌는 기능의 효율성 외에도 나Ⅲc형 시루는 나Ⅱb형·나Ⅱc형 시루보다 경질토기 공반 비율이 높은 것으로 확인되었는데, 토기제작기술의 발전양식에 비추어 시기적으로 후행하는 형식으로 판단된다(허진아 2006a).
[8] 주거지 연대는 탄소연대 측정 결과를 통해 72호주거지는 A.D. 325년, 107호주거지는 A.D. 310년, 94호주거지는 A.D. 450~540년으로 보고되었다.

다.표 8

72호주거지에서는 나IIb형 시루·Ia1형 심발·Ia형 장란형토기가 공반되고, 107호주거지에서는 나IIb형 시루·Ia형 장란형토기가 함께 출토되었다. 두 주거지 모두 이른 시기에 해당하는 나IIb형 시루와 Ia1형 심발·Ia형 장란형토기가 공반되고 있어 함평 소명유적과 동일한 양상을 보인다. 나IIIc형 시루·Ib형 심발·IIa형과 IIIa형 장란형토기가 출토된 94호주거지의 경우도 마찬가지이다.

결과적으로 함평 중랑유적의 취사용기 형식별 조합관계는 함평 소명유적과 거의 동일한 것으로 볼 수 있다.

③ 장흥 상방촌 AI 유적

장흥 상방촌 AI 유적(최성락·정영희·최미숙·김영훈·이미란 2005)은 47호주거지에서 공반사례가 확인되고 있다. 나IIIc형 시루 2개체와 IVc형 장란형토기 4개체가 함께 출토되었다. 두 기종은 세장한 형태라기보다 동체부가 비만해지며 구형에 가까운 형태를 보인다.표 8

특히, 시루의 경우 단순한 절두형 파수(c형)와 째기기술이 적용된 파수가 동시에 확인되고 있어 주목된다. 째기기술이 나IIIc형 시루에 보이는 것은 현재까지는 이례적인 경우에 해당하나 전혀 불가능한 것은 아니라고 본다. 이는 재지계 토기문화에 새로운 문화가 유입되면서 나타나는 '과도기적 양식'으로 추정해 볼 수 있다.[9] IVc형 장란형토기는 둥근 곡선 경부

---

[9] 째기기술은 파수 상면 중앙부를 째는 것으로 한성백제유역권에서 발달한 토기제작기술로 사비시기 백제건물지에서도 확인되고 있다. 호남지역에서 째기기술이 적용된 하트형 파수(허진아 2006b)를 부착한 시루는 주로 5세기 후엽 영산강유역 고분에서 출토된다. 이 시기의 시루는 구연 외반이 이루어지고 증기공형태도 기존과 전혀 다른 형으로 나IIIc형 시루와는 분명하게 구분된다. 나IIIc형 시루에 이례적으로 째기기술 파수가 부착되었다는 점에서 5세기 전반 이후부터는 본격적으로 새로운 문화가 유입되었을 것으로 추정된다.

가 형성되고 구순에 홈이 돌아가며 전체 기형이 구형에 가까워져 기존의 세장한 장란형토기와는 분명하게 구분된다.

④ 기타 유적

함평 대성유적(湖南文化財研究院 2003) 1호주거지에서 나Ⅲc형 시루와 Ⅲa형 장란형토기가 공반되었고, 해남 신금유적(李暎澈·金美蓮·張明燁 2005) 59호주거지에서 나Ⅱb·나Ⅱc형 시루와 Ⅰa1형 심발이 함께 출토되었다. 호남 북부지역에 해당하는 고창 봉덕2유적(湖南文化財研究院 2003) 34호주거지에서 나Ⅱb·나Ⅱc형 시루와 Ⅰa·Ⅱa형 장란형토기가 출토되었으며, 김제 대목리유적(윤덕향·장지현·고금님 2003) 1호주거지에서는 나Ⅲb형 시루와 Ⅰb형 심발이 공반되는 사례가 확인되었다.표8 이 같은 공반관계는 앞에서 검토한 함평 소명유적이나 함평 중랑유적 같은 대규모 취락유적과 크게 다르지 않다. 대규모 취락과 중소형 취락에서 동시기에 유사한 공반관계가 확인되는 것은 서부평야지역 전체에 동일한 취사문화가 전개되었음을 의미한다.

표8 서부평야지역 취사용기 공반관계

연번	유구명	시루 형식	심발 형식	장란형토기 형식
1	함평 소명-2호	나Ⅲc	Ⅰb	-
2	함평 소명-3호	나Ⅲc	-	Ⅲa
3	함평 소명-20호	나Ⅱc	-	Ⅰa
4	함평 소명-27호	나Ⅲb	Ⅰb(2점)	Ⅱa
5	함평 소명-75-3호	나Ⅱb	Ⅰa1(2점)	Ⅰa·Ⅱa
6	함평 중랑-72호	나Ⅱb	Ⅰa1	Ⅰa
7	함평 중랑-94호	나Ⅲc	Ⅰb	Ⅱa·Ⅲa
8	함평 중랑-107호	나Ⅱb	-	Ⅰa
9	장흥 상방촌A1-47호	나Ⅲc(2점)	Ⅰa1	Ⅳc(4점)
10	함평 대성-1호	나Ⅲc	-	Ⅲa
11	해남 신금-59호	나Ⅱb·나Ⅱc	Ⅰa1	-
12	고창 봉덕2-34호	나Ⅱb·나Ⅱc	-	Ⅰa·Ⅱa
13	김제 대목리-1호	나Ⅲb	Ⅰb	-

(2) **동부산간지역**

① 순천 대곡리 도롱·한실유적

순천 대곡리 도롱·한실유적(徐聲勳·成洛俊, 1989)은 2기의 주거지에서 공반사례가 확인되고 있다. 7-2·46호주거지를 대상으로 주거지별 취사용기 형식과 공반관계에 대해 살펴보고자 한다.표 9

7-2호주거지에서 나IIb·나IIc형 시루와 Ib형 장란형토기가 공반되어 출토되었다. 두 기종 모두 전체적인 분위기가 서부평야지역과는 차이를 보인다. 특히, Ib형 장란형토기는 동최대경이 중앙에 위치하여 동체 중앙부가 볼록한 형태로, 서부평야지역 장란형토기와 분명하게 구분된다. 시간적인 형식변화로 보기보다 지역에 따른 제작기술의 차이로 보는 것이 타당하다. 46호주거지에서는 나IIc형 시루·Ia1형 심발·IIb형 장란형토기가 공반되었다. IIb형 장란형토기는 Ib형 장란형토기와 동체부 형태가 같지만, 구연부형태에 있어 경부가 형성되고 내면 정선 외반되는 차이를 보인다.

동부산간지역은 자료가 충분치 않아 시간적인 변화양상을 감지하기 어렵다. 그렇지만 나IIb·나IIc형 시루, Ia1형 심발, Ib·IIb형 장란형토기 공반관계는 서부평야지역에서는 확인되지 않는 것으로 이러한 차이는 호남지역에 다양한 취사문화가 존재하였을 가능성이 높다는 것을 시사한다.

표9 동부산간지역 취사용기 공반관계

연번	유구명	시루 형식	심발 형식	장란형토기 형식
1	순천 대곡리 도롱·한실-7-2호	나IIb·나IIc	-	Ib
2	순천 대곡리 도롱·한실-46호	나IIc	Ia1	IIb

2. 결합식 취사용기의 패턴 변화

앞에서 검토한 바와 같이, 호남지역 취사용기는 서부평야지역과 동부 산간지역에서 서로 다른 공반관계를 가진다. 세부적으로 살펴보면 서부 평야지역 취사용기는 [나IIb · 나IIc형 시루, Ia1형 심발, Ia · IIa형 장란형토기], [나IIIb · 나IIIc형 시루, Ib형 심발, IIa · IIIa형 장란형토기], [나IIIc형 시루, IVc형 장란형토기] 공반관계로 나누어 볼 수 있다. 공반사 례를 통한 단순 나열이지만, 세 가지 경우에서 각 기종의 형식은 높은 상 관관계를 보이는 것으로 판단된다. 한편, 동부산간지역은 [나IIb · 나IIc 형 시루, Ia1형 심발, Ib · IIb형 장란형토기] 공반관계만 확인되고 있어 서부와 차이를 보인다.

그런데 이 같은 공반관계는 기종별 형식의 동시기성을 의미하는 것 이지, 실제 주거지에서 부뚜막에 걸쳐 사용되는 세트 관계를 의미하는 것 은 아니다. 실제 주거지 내 부뚜막에서 사용되는 결합식 취사용기 세트를 파악하고자 한다면, 좀 더 면밀한 검토가 필요한 것으로 사료된다.[10]

주지하는바와 같이 자비용기로 사용된 심발을 추출하기 위해서는 몇 가지 검토가 요구된다. 다시 말해 시루와의 결합이 가능한 형태인지 여부, 사용흔 분석을 통해 부뚜막에서 사용되었는지의 여부를 살펴야 한다. 먼 저, 결합식 취사용기가 가능하려면 자비용기의 구경은 시루의 저경보다는

---

[10] 장란형토기의 기형적인 특징은 부뚜막에서 시루와 결합되기 용이한 것이다. 또한 실제 발굴조사 과정 중 부뚜막에서 시루를 얹힌 채 발견되기도 하여, 장란형토기가 결합식 취 사용기임은 의심할 여지가 없다. 그러나 심발의 경우는 다르다. 심발은 음식물 저장, 부 뚜막의 솥받침, 노지에서 사용되는 취사용기로 그 용도가 다양하다. 시간성을 배제할 수 는 없지만, 5개로 분류한 심발 형식은 이러한 용도분화의 결과로도 볼 수 있을 것이다. 그 러므로 결합식 취사용기 세트 관계를 설정하고자 한다면, 자비용으로 사용되는 심발에 대한 추출작업이 선행되어야 한다고 본다.

커야하고,[11] 결합상태에서도 시루의 무게를 버틸만한 크기가 되어야하며, 부뚜막에 걸쳤을 때 토기 저부가 화력이 전달되는 위치에 있어야 한다. 시루와 공반된 심발 가운데 이러한 조건을 충족

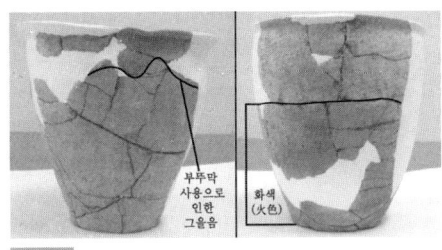

사진 1 ㅣ b형 자비용 심발 부뚜막 사용흔

하는 것은 높이가 17cm 이상인 Ⅰb·Ⅱb형 심발이다. 특히, 형태적인 조건을 충족시킨 Ⅰb형 심발은 토기 내·외면에서 확인되는 그을음과 화색(火色), 내부 탄착흔 여부, 토기 구연부 내면의 마모흔 등을 통해 노지보다는 부뚜막에서 사용된 취사용기인 것으로 판단된다.^{사진 1}

이에 필자는 호남지역 결합식 취사용기 세트를 네 가지 유형으로 분류하고자 한다. 즉, ①유형은 [나Ⅱb·나Ⅱc형 시루, Ⅰa·Ⅱa형 장란형토기(서부)], ②유형은 [나Ⅱb·나Ⅱc형 시루, Ⅰb·Ⅱb형 장란형토기(동부)], ③유형은 Ⅰb·Ⅱb형 심발이 포함된 [나Ⅲb·나Ⅲc형 시루, Ⅰb형 심발, Ⅱa·Ⅲa형 장란형토기(서부)], ④유형은 [나Ⅲc형 시루, Ⅳc형 장란형토기(서부)]로 설정할 수 있다.

이상에서 살펴본 네 가지 유형의 타당성 확보를 위해 개별 기종에 대한 세트 유형 판별분석[12]을 시도하였다.^{도면 7}

분석 결과 네 가지의 결합식 취사용기 세트 유형은 세 기종의 공반관계에서 뿐만 아니라 개별기종 내에서도 명확하게 구분되는 양상을 보였다. 【도면 7】에서 보이는 것처럼 시루와 장란형토기는 ①~④유형으로 분

---

[11] 분석대상 시루의 저경은 최소 6.8cm, 최대 25.6cm, 평균 11.4cm이다.
[12] 연속형 변수는 시루의 경우 구경·저경·높이·동최대경·동최대경위치·파수위치·증기공크기·증기공개수·세장도이고, 심발은, 구경·목지름·저경·높이·동최대경·동최대경높이·세장도·견고비·동비이며, 장란형토기는 구경·목지름·목길이·전체높이·동최대경·동최대경 높이·세장도·심도이다.

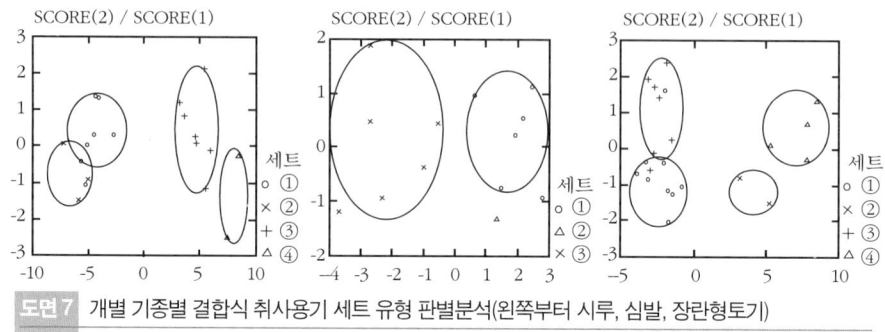

도면 7 개별 기종별 결합식 취사용기 세트 유형 판별분석(왼쪽부터 시루, 심발, 장란형토기)

명하게 구분되며, 심발은 ①~③유형[13]으로 군집을 이루고 있다. 세 기종의 형태를 결정짓는 연속형 변수들이 세트 유형이라는 범주안에서도 설정된 유형으로 군집되는 양상을 보여, 공반사례 검토를 통한 세트 유형의 분류가 타당한 것으로 판단되었다.

한편, 호남지역 취사용기는 기존의 연구성과를 통해 각 기종의 형식변화는 어느 정도 시간성을 내포하는 것으로 파악되고 있다. 시루의 경우 필자(許眞雅 2006a · 2006b · 2007)에 의해 증기공의 형태변화를 기준으로 나Ⅱb형 · 나Ⅱc형→나Ⅲb · 나Ⅲc형으로의 변화상이 제시되었고, 심발은 박순발(2001)에 의해 동비와 견고비의 비율변화를 기준으로 시간이 지남에 따라 세장도가 감소하는 것으로 연구되었다. 그리고 장란형토기는 전형민(2003)이 구연형태와 동체형태를 기준으로 시간이 지남에 따라 구경이 점점 확대되고 세장도와 심도가 감소하는 변화상을 제시한 바 있다. 이를 근거로 공반관계에 있는 개별기종의 형식변화를 조합해 본 결과 ① · ② → ③ → ④라는 발전단계를 유추할 수 있었다. 이러한 도식은 호남지역 결합식 취사용기 세트가 패턴을 가지고 발전해 갔음을 의미하는

---

[13] 자비용 심발은 ④유형[나Ⅲc형 시루, Ⅳc형 장란형토기(서부)]에서는 확인되지 않는다.

것이다.

　결과적으로 호남지역 취사용기의 패턴 변화는 시루와 장란형토기 세트를 기본으로 ①·②유형이 서부평야지역과 동부산간지역으로 구분되는 발전양상을 가지다가, 서부 영산강유역 대규모 취락을 중심으로 Ⅰb·Ⅱb형 심발이 출현하면서 시루·심발·장란형토기로 구성된 결합식 취사용기 세트 ③유형이 완성되는 것으로 추정할 수 있다. 동부산간지역에서는 뚜렷한 유형변화는 확인되지 않지만, 4세기대 4주식 방형주거지가 조사되는 점을 근거로 서부지역의 문화유입을 고려해 볼 수 있다. ④유형부터는 자비용 심발이 더 이상 확인되지 않으며, 전체적으로 구형을 이루는 Ⅳc형 장란형토기가 새롭게 출현하고 있어 기존과는 다른 문화가 전개된 것으로 판단된다.

　한편, 서부 대규모 취락을 중심으로 자비용 심발이 출현하는 현상은 대규모 취락이 조성된 서부평야지역에 부뚜막 취사가 성행한 것과 관련이 있을 것으로 추정된다. 호남지역 특유의 점토식 부뚜막과 시루, 세장한 장란형토기를 이용한 결합식 취사용기는 조리의 다양화와 발전을 가져왔을 것이며 음식물의 종류에 따라 적합한 취사용기를 제작·사용하고자 하였을 것이다.[14] 음식물과 조리법의 변화는 취사용기와 밀접한 관련을 가질 것으로 추정되는 바, 자비용 심발이 제작된 의도는 이러한 관점에서 살펴볼 수 있을 것이다. 또한 ④유형부터 자비용 심발이 확인되지 않는 이유에 대해서도 음식물이나 조리법의 변화 등을 고려해 볼 수 있겠으나, 외부로부터 문화유입이 이루어지는 당시 사회 정황과도 무관하지 않을 것으로 추정된다.

---

[14] 보다 구체적인 내용을 살펴보기 위해서는 결합식 취사용기와 부뚜막을 이용한 실험분석이 요구된다. 그러나 아직 이와 관련한 실험분석이 이루어진 바 없어, 상세한 내용을 다룰 수 없으므로 여기에서는 추정하는 수준으로만 언급하겠다.

IV. 호남지역 3~5세기
취사용기의 시공간적 변천양상

이상에서 살펴본 바와 같이, 3~5세기대 호남지역 취사용기는 네 가지 유형의 결합식 취사용기 세트 관계를 형성하면서 패턴의 변화를 통해 시공간적인 발전과정을 가진 것으로 판단된다. 따라서 본장에서는 결합식 취사용기의 패턴 변화를 추적하여 발전단계를 상정하고, 단계별 시공간적 전개양상에 대해 논하고자 한다.

호남지역 취사문화는 동서로 양분되는 취락구조와 형태, 개별 취사용기의 형식변화와 공반관계, 결합식 취사용기 세트의 발전과정에 근거하여 크게 세 단계로 나누어질 수 있다.^{도면 8} I 단계에 속하는 결합식 취사용기 세트는 ①유형 [나IIb · 나IIc형 시루, I a · IIa형 장란형토기(서부)], ② 유형 [나IIb · 나IIc형 시루, I b · IIb형 장란형토기(동부)]으로 동서로 양분되는 지역성이 주목된다. 증기공형태가 불규칙한 나IIb · 나IIc형 시루를 공통으로 서부평야지역은 첨저형의 I a · IIa형 장란형토기, 동부산간지역은 동체 중앙부가 볼록한 I b · IIb형 장란형토기가 확인되고 있다. 지형적인 특징으로 인해 다른 토기제작기술을 보유한 것으로 추정된다.

취락구조나 형태에 있어서도 서부평야지역은 방형계 무공식 · 4주식 · 6주식 주거지에서 벽구 · 외구 등이 시설되고, 9~50m²의 다양한 면적분포를 보이는 주거지가 100기 이상 존재하는 대규모 취락이 형성된다. 반면, 동부산간지역은 타원형 또는 방형계로 대부분 무공식이며 벽구 · 외구 등의 시설은 확인되지 않고, 서부보다 적은 9~30m²의 면적분포를 보인다. 화순 · 순천(승주) · 보성을 아우르며 보성강을 따라 30~50여기가 일정한 간격을 두고 인접하여 분포하는 취락구조를 보인다.

I 단계에는 서부평야지역과 동부산간지역에서 3~4세기로 편년되는 개별 취사용기가 확인되며, 이 가운데 시루와 장란형토기가 부뚜막에서

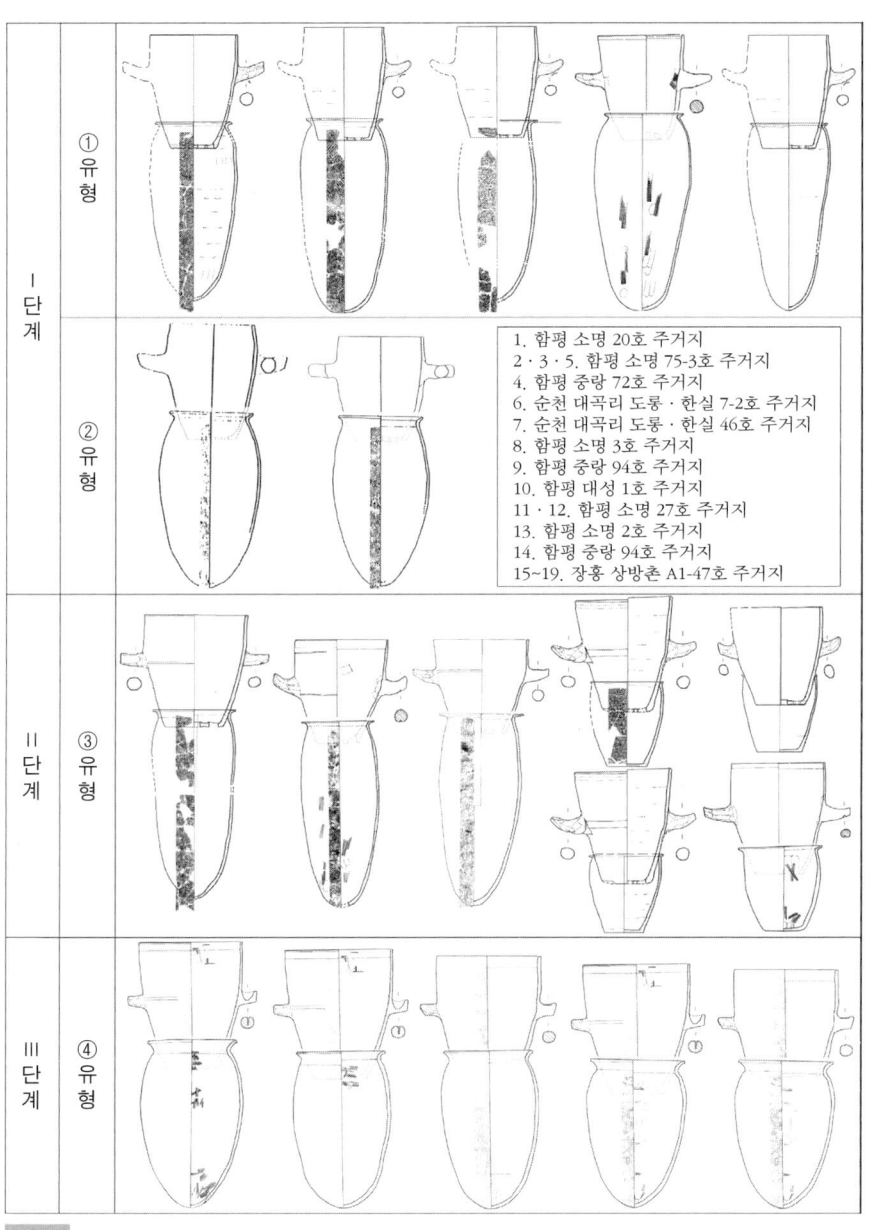

도면 8 결합식 취사용기 세트의 패턴 변화

사용되는 결합식 취사용기 세트로 전용화되는 변화를 보인다. 이 시기부터 대규모 취락이 서부평야지역에 형성되는 것으로 추정할 수 있다.

Ⅱ단계의 결합식 취사용기 세트는 ③유형 [나Ⅲb·나Ⅲc형 시루, Ⅰb형 심발, Ⅱa·Ⅲa형 장란형토기(서부)]로 서부평야지역에서만 확인된다. 이 단계에는 중기공형태가 정형화된 나Ⅲb·나Ⅲc형 시루가 등장하면서 결합식 취사용기 세트에 Ⅰb형 심발이 추가되고, 장란형토기가 가장 세장한 형태로 변화하는 양상을 보인다. 자비용기 Ⅰb형 심발이 새롭게 추가되는 것은 대규모 취락이 조성된 서부평야지역에 부뚜막 취사가 성행하는 것과 관련이 있는 것으로 추정된다. 장란형토기 외에 심발이라는 새로운 자비용기가 출현하는 것은 결합식 취사용기로 인해 조리의 다양화와 발전을 가져 음식물의 종류에 따라 적합한 취사용기를 제작·사용하고자 하는 의도가 반영된 것이라 사료된다.

전반적으로 Ⅱ단계의 취사문화 양상은 함평 소명유적이나 함평 중랑유적 같이 서부평야지역 영산강유역을 중심으로 대규모 취락이 완성되고, 주변에 중소형 취락이 조성되는 사회정황과 무관하지 않는 것으로 보인다. 다만, 아직 동부산간지역에 대한 자료가 충분치 않아 호남지역 취사문화가 서부평야지역을 중심으로 발달하였다고 단언하기는 어렵다. 그러나 4세기 중엽~5세기 전엽으로 비정되는 여수 화장동유적에서 서부지역의 4주식 방형주거지가 다수를 차지하는 점(鄭— 2006)을 통해 Ⅱ단계에 오면 동부지역에는 서부지역으로부터의 문화유입이 이루어진 것으로 추정해 볼 수 있다.

Ⅱ단계의 개별 취사용기는 3~4세기로 편년되고 있지만, 토기류의 기종이 다양화되고 용량이 커지면서 연질토기와 함께 새로운 경질토기가 등장한다는 점(鄭— 2006)과 초기형 유공광구소호·완·개배 등이 새롭게 출현하는 점(徐賢珠 2006)을 근거로 Ⅰ단계보다 토기제작기술의 진보가 이루어진 것으로 판단되는 바, 4세기 전엽을 상한으로 보고자 한다. 주지

하듯이, II단계에 이르면 호남지역의 취사문화가 특유의 지역색을 보이는데 이는 4세기 후엽부터 영산강 하류지역을 중심으로 대형화된 고분, 대형 옹관묘 등 영산강유역 고분의 특색이 분명하게 드러나기 시작하는 정황(徐賢珠 2006)과도 연관지어 볼 수 있을 것이다.

III단계의 결합식 취사용기 세트는 ④유형 [나IIIc형 시루, IVc형 장란형토기(서부)]이다. 나IIIc형 시루와 구순에 홈이 돌아가고 둥근 경부와 장동화된 기형을 가지는 IVc형 장란형토기는 가장 늦은 시기로 편년되고 있다(全炯玟 2003; 許眞雅 2006a · 2006b · 2007). 특히, 기존의 연구에서 IVc형 장란형토기는 5세기대에 접어들어 백제계 승문 장란형토기의 영향을 받아 세장도가 감소한 결과로 보고, 호남지역에 점차적으로 백제문화가 유입된 것으로 추정된 바(全炯玟 2003) 있어, 이를 근거로 5세기 전엽을 상한으로 보고자 한다.

자비용기 Ib형 심발은 더 이상 확인되지 않고, 구연이 둥글게 외반하고 전체적인 기형이 구형에 가까운 IIa형 심발이 공반되고 있다. 기존의 심발 형식에 비해 지속기간과 사용 예가 많지 않다. 주지하듯이, IIa형 심발은 취사용기에 적합한 형태가 아니다. 그렇다면 심발을 자비용기로 사용했던 취사패턴이 II단계에서만 나타나는 이유는 무엇일까. 이에 관해 필자는 심발을 포함한 발형토기류의 출토비율이 감소하는 것과 연관지어 보고자한다. 재지계 전통이 강한 세장한 심발이 더 이상 발전하지 못했던 이유는, 완과 같이 발형토기류를 대체하는 기종이 보편화되었기 때문인 것으로 추정된다. 그리고 이러한 변화는 후술할 사회정황에 그 배경을 두는 것으로 보이는 바, 다양한 기종의 토기가 제작될 수 있었던 호남지역의 문화양상을 주목하고자 한다.

IVc형 장란형토기의 출현으로 인해 III단계에는 호남지역 취사문화 전개에 있어 백제문화의 영향을 배제할 수 없는 것으로 판단된다. 그리고 5세기대 일본열도에 양이부호 · 개 · 통형토제품 · 완 · 조족수직집선문을 비롯한 타날문토기·아궁이문틀과 같은 영산강유역을 포함한 백제지역 토기 자료들이 증가하고 다양화되기 시작한다는 점(徐賢珠 2006) 또한 당시 사회상을 반영하는 것이라 사료된다. 이러한 백제의 영향 외에도 가야나 일본과의 교류를 통한 사회발전을 가졌던 것으로 보이는데, 해남·장흥·고창 등 서남해안 일대의 생활유적에서 출토된 가야(계) 고배, 일본 大阪지역에서 출토되는 영산강양식의 토기들을 그 근거로 볼 수 있겠다. 이와 같이 5세기대 호남지역 특히, 영산강유역을 중심으로 하는 주변지역과의 교류활동은 개별 취사용기의 형식변화와 조합관계에 영향을 미쳐 취사 패턴의 변화를 가지게 한 것으로 추정할 수 있다.

V. 결론

호남지역은 지형적인 특징으로 인해 '호남형'으로 구분되며, 세부적으로 서부평야지역과 동부산간지역으로 나뉘는 문화상을 보인다. 본고는 이러한 지역성을 주지하면서 호남지역 3~5세기 주거지에서 출토되는 취사용기를 대상으로 취사용기의 시공간적 변천양상에 대해 논하였다. 필자는 개별 취사용기에 대한 형식분류와 공반사례 검토를 통해 부뚜막에서 사용되었을 것으로 추정되는 네 가지의 결합식 취사용기 유형을 설정하였으며, 패턴의 시공간적인 변화양상에 근거하여 크게 세 단계로 나누어 살펴보았다. 이상에서 논의된 내용을 요약정리하는 것으로 결론을 대신하고자 한다.

호남지역 3~5세기 취사용기는 시루·심발·장란형토기로 이루어진 결합식 취사용기 세트의 조합관계를 통해 크게 세 단계의 시공간적인 발전과정을 가진다. I 단계에 속하는 결합식 취사용기 세트는 ①유형과 ②

유형으로 동서로 양분되는 지역성이 주목된다. 본격적으로 부뚜막이 사용되면서 호남지역 취사문화의 특색이 형성되는 시점에 해당된다. Ⅱ단계의 결합식 취사용기 세트는 ③유형으로 4세기를 중심으로 서부평야지역에서만 확인된다. 전용의 자비용 심발이 새롭게 출현하여 Ⅰ단계보다 다양해진 결합식 취사용기 세트를 구성하며, 서부평야지역 영산강유역을 중심으로 대규모 취락의 발달이 이루어진다. Ⅲ단계에 속하는 결합식 취사용기 세트는 ④유형으로 자비용 심발은 더 이상 확인되지 않는다. Ⅳc형 장란형토기의 출현으로 백제문화가 점차적으로 유입된 것으로 추정할 수 있다. 또한 공반유물 양상을 통해 5세기대 호남지역 특히, 영산강유역에서는 백제·가야·일본 등 주변지역과의 교류가 빈번하였던 것으로 추정된다.

참고문헌

김건수, 1997, 「주거지출토 토기의 기능에 대한 시론」, 『湖南考古學報』5, 湖南考古學會.
김건수·노미선·양해웅, 2003, 『高敞 鳳德遺蹟』II, (財)湖南文化財研究院·全羅北道.
金建洙·李昇龍, 2004, 『潭陽 大峙里 遺蹟-羅山里·月本里遺蹟』, (財)湖南文化財研究院.
金建洙·李暎撤·李恩政, 2004, 『光州 香嶝遺蹟』, (財)湖南文化財研究院·光州廣域市 都市公社.
金建洙·李永熙, 2004, 『潭陽 城山里遺蹟』, (財)湖南文化財研究院.
金東勳, 2005, 「韓國 터널식 爐施設에 관한 試論 - 鐵器時代와 三國時代를 中心으로」, 成均館大學校大學院 碩士學位論文.
金承玉, 2000, 「湖南地域 馬韓 住居址의 編年」, 『湖南考古學報』11, 湖南考古學會.
김승옥·이민석, 2003, 『南原 大谷里遺蹟』, 全北大學校博物館·南原市.
김승옥·김은정, 2004, 『全州 松川洞遺蹟-B地區』, 全北大學校博物館·全州市.
金春英, 2001, 「調理用 無文土器 研究」, 慶南大學校大學院 碩士學位論文.
柳基正, 2003, 「泗沘期 구들시설 建物址에 대한 一考」, 『國立公州博物館紀要』3, 국립공주박물관.
朴淳發, 2001, 「深鉢形土器考」, 『湖西考古學』4·5合輯, 湖西考古學會.
朴剛民, 2004, 「三韓時代 住居址內 부뚜막과 구들시설에 대한 研究」, 東亞大學校大學院 碩士學位論文.
朴敬信, 2003, 「한반도 중부이남지방 토기 시루의 성립과 전개」, 崇實大學校大學院 碩士學位論文.
_____, 2005, 「韓半島 先史 및 古代 炊事道具의 構成과 變化」, 『선사·고대의 생업경제』, 제9회 복천박물관 학술발표회.
_____, 2007, 「高句麗의 炊事施設 및 炊事容器에 대한 一研究」, 『崇實史學』第19輯, 崇實大學校 史學會.

참고문헌

박홍기, 2003,『구들의 생활문화에 관한 연구』, 연세대학교생활환경대학원 석사학위논문.
徐聲勳·成洛俊, 1989,「대곡리 도롱·한실 주거지」,『住岩댐水沒地域文化遺蹟 發掘調査報告書』Ⅵ, 全南大學校博物館·全羅南道.
徐賢珠, 2006,『榮山江 流域 古墳 土器 研究』, 學研文化社.
宋滿榮, 1999,「中部地方 原三國 文化의 編年的 基礎 - 주거지의 상대편년을 중심으로」,『韓國考古學報』41, 韓國考古學會.
安承模·俞炳夏·尹邰映, 1996,『完州 般敎里 遺蹟』, 國立全州博物館.
吳厚培, 2002,「우리나라 시루의 고고학적 연구」, 단국대학교사학과 석사학위논문.
_____, 2006,「炊事形態의 考古學的 研究 - 부뚜막의 炊事方式 및 炊事空間」,『계층 사회와 지배자의 출현』, 한국고고학회 창립 30주년 기념 한국고고학전국대회.
이기길·김선주·최미노, 2003,『영광 마전·군동·원당·수동유적 - 구석기, 청동기, 철기시대의 문화』, 조선대학교박물관·한국도로공사.
李根旭, 1993,「보성강 유역 집자리 유적의 성격과 변천」,『韓國上古史學報』第14號.
李命熹·成洛俊·孫明助, 1990,「大谷里 한실 住居地」,『住岩댐 水沒地域 文化遺蹟 發掘調査報告書』Ⅶ, 全南大學校博物館·全羅南道.
이상균·박현수·윤성준·김선영, 2004,『全州 松川洞 遺蹟 -A지구-』, 全州大學校博物館·全州市.
李榮文·曺根佑, 鄭基鎭, 1996,『光州 日谷洞 遺蹟』, 木浦大學校博物館·光州市立民俗博物館·韓國土地公社.
李榮文·李正鎬·李暎澈, 1997,『務安 良將里 遺蹟』, 木浦大學校博物館·務安郡·韓國道路公社.
李暎澈·金美蓮·張明燁, 2005,『海南 新今遺蹟』, (財)湖南文化財研究院·益山地方國土管理廳.

참고문헌

李暎澈・趙希鎭, 2005,『高敞 石橋里遺蹟』, (財)湖南文化財硏究院・益山地方國土管理廳.
李海蓮, 1993,「영남지역의 시루에 대하여 -三國時代를 중심으로-」,『博物館硏究論文集』 11, 釜山直轄市立博物館.
李弘鍾, 1993,「부뚜막施設의 登場과 地域相」,『嶺南考古學報』12, 嶺南考古學會.
李炯周, 2001,「韓國 古代 부뚜막施設 硏究」, 忠南大學校大學院 碩士學位論文.
李民錫, 2003,「韓國 上古時代의 爐施設 硏究-湖南地域을 中心으로」, 全北大學校大學院 碩士學位論文.
李賢淑, 2006,「炊事形態의 考古學的 硏究 - 부뚜막의 炊事方式 및 炊事空間(주거지 내부 취사공간-서천 지산리유적을 중심으로)」,『계층 사회와 지배자의 출현』, 한국고고학회 창립 30주년 기념 한국고고학전국대회.
林永珍・徐賢珠, 1999,『光州 雙村洞 住居址』, 全南大學校博物館.
林永珍, 2002,「榮山江流域圈의 墳丘墓와 그 展開」,『湖南考古學報』16, 湖南考古學會.
林永珍・李昇龍・全炯玟, 2003,『咸平 昭明 住居址』, 全南大學校博物館・韓國道路公社.
윤덕향・강원종・이민석, 2003,「扶安 新里Ⅳ遺蹟」,『扶安 新里遺蹟』, 全北大學校博物館・韓國道路公社.
윤덕향・장지현・고금님, 2003,「金堤 大木里遺蹟」,『金堤 大木里・長山里・莊山里遺蹟』, 全北大學校博物館・韓國道路公社.
윤덕향・노미선, 2003,「扶安 壯谷里遺蹟」,『扶安 壯東里・富谷里遺蹟』, 全北大學校博物館・韓國道路公社.
庄田愼矢, 2006,「炊事形態의 考古學的 硏究 - 炊事容器의 使用痕 分析(청동기시대)」,『계층 사회와 지배자의 출현』, 한국고고학회 창립 30주년 기념 한국고고학전국대회.
鄭 一, 2006,「全南地域 四柱式住居址의 構造的인 變遷 및 展開過程」,『韓國上古史學

참고문헌

報』54, 韓國上古史學會.

鄭修鈺, 2006, 「風納土城 炊事用土器 硏究」, 高麗大學校大學院 碩士學位論文.

鄭鍾兌, 2003, 「湖西地方 長卵形土器의 變遷樣相 및 編年」, 『웅진·사비기의 백제토기』, 제7회 호서고고학회 학술대회 발표집, 호서고고학회.

_____, 2005, 「三國~高麗時代 솥(釜)의 展開樣相」, 『錦江考古』2, 忠南文化財硏究院.

_____, 2006, 「百濟 炊事容器의 類型과 展開樣相-中西部地方 出土資料를 中心으로」, 忠南大學校大學院 碩士學位論文.

全炯玟, 2003, 『湖南地域 長卵形土器의 變遷背景』, 全南大學校大學院 碩士學位論文.

崔夢龍·權五榮·金承玉, 1989, 『主岩댐 水沒地域 文化遺蹟 發掘調査報告書』Ⅵ, 全南大學校博物館·全羅南道.

崔夢龍·李盛周·李根旭, 1989, 『住岩댐水沒地域文化遺蹟發掘調査報告書』Ⅵ, 全南大學校博物館·全羅南道.

崔夢龍·李根旭·金庚澤, 1990, 『住岩댐 水沒地域 文化遺蹟 發掘調査報告書』Ⅶ, 全南大學校博物館·全羅南道.

최성락·박철원·최미숙, 2000, 『장흥 지천리유적』, 목포대학교박물관·한국수자원공사.

최성락·고용규·이영철·최미숙·김미연·한미진, 2003, 『함평 중랑유적』Ⅰ -주거지-, 목포대학교박물관·한국도로공사.

최성락·고용규·최미숙, 2004, 『영암 선황리유적』, 목포대학교박물관·영암군.

최성락·정영희·최미숙·김영훈·이미란, 2005, 『장흥 상방촌A유적』Ⅰ, 목포대학교박물관·한국수자원공사.

崔盛洛·金京七·金珍英, 2006, 『光州 細洞遺蹟』, (財)全南文化財硏究院·光州廣域市建設管理本部.

崔仁善·朴泰洪·宋美珍, 2004, 『麗水 鼓樂山城』Ⅱ, 麗水市·順天大學校博物館.

참고문헌

崔仁善·李東熙·朴泰洪·宋美珍, 2003,『寶城 鳥城里 遺蹟』, 寶城郡·順天大學校博物館.
洪潽植, 2001,「연질옹과 시루에 의한 지역권 설정-3세기대 한강 이남지역을 대상으로-」,
　　　『韓國 古代史와 考古學-鶴山 金廷鶴博士 頌壽記念論叢』, 學研文化社
홍은경, 2005,『신석기시대 야외노지에 대하여』, 서울大學校大學院 碩士學位論文.
韓志仙, 2006,「炊事形態의 考古學的 研究 - 炊事容器의 使用痕 分析(삼국시대)」,『계층
　　　사회와 지배자의 출현』, 한국고고학회 창립 30주년 기념 한국고고학전국대회.
許眞雅, 2006a,『韓國 西南部地域 시루의 變遷』, 全南大學校大學院 碩士學位論文.
＿＿＿, 2006b,「炊事形態의 考古學的 研究 - 複合式 炊事容器에 대한 接近(구조적 접
　　　근-한국 서남부지역을 중심으로)」,『계층 사회와 지배자의 출현』, 한국고고학회
　　　창립 30주년 기념 한국고고학전국대회.
＿＿＿, 2007,「韓國 西南部地域 시루의 變遷」,『次世代 人文社會研究』第3號, 東西大學
　　　校 JapanCenter 韓日次世代學術FORUM.
(財)湖南文化財研究院, 2002,『高敞 校雲里 遺蹟-金提 莊山里 遺蹟-』, (財)湖南文化財研
　　　究院·圓光大學校馬韓·百濟文化研究所·韓國道路公社.
(財)湖南文化財研究院·익산지방국토관리청, 2003,『咸平 倉西遺蹟』.
(財)湖南文化財研究院·益山地方國土管理廳, 2006,『羅州 防築·上仍遺蹟』.
(財)湖南文化財研究院·益山地方國土管理廳, 2006,『高興 訪士遺蹟』.
(財)湖南文化財研究院·益山地方國土管理廳, 2006,『高興 寒東遺蹟』.
(財)湖南文化財研究院·全羅北道, 2006,『井邑 官清里遺蹟』.
Stephen Shennan, 1997,『Quantifying ARCHAEOLOGY - second edition』, University
　　　of Iowa Press, Iowa city.

식문화탐구회학술총서 1집 취사의 고고학

부뚜막의 구조와 이용
- 서울·경기지역을 중심으로 -

오승환 _ 한강문화재연구원

I. 머리말

　부뚜막은 爐와 달리 아궁이에 고정된 솥걸이를 설치하여 구조적으로 안정적이고 효율적인 취사를 할 수 있도록 만든 시설이다. 특히 솥걸이에 용기를 거치시켜 이루어지는 취사방식은 가장 핵심적인 기능이다.
　또한 연소된 연기가 주위로 퍼지지 않는 배연구조는 주거 공간 내에서의 취사활동을 더욱 편리하게 만들었다. 특히 爐를 이용한 취사에 비해 화력을 집중시킬 수 있어 고화도가 가능해졌으며, 이를 통해 취사방식은 물론 식문화의 다양한 변화·발전을 가져올 수 있었다.
　최근 들어 부뚜막은 고고학적 발굴사례의 급증으로 다각적인 연구가 이루어지고 있어 그 어느 때보다 많은 관심과 주목을 받고 있다. 그러나 연구경향은 대체로 기원과 발전과정, 지역적 특성, 유형분류와 같은 논의를 중심으로 이루어지고 있다. 이에 반해 부뚜막의 구조나 용어의 정립, 취사방식과 같은 기능적인 연구는 아직 많은 관심을 보이지 않고 있다. 따라서 부뚜막의 기원, 지역·시대적 특징, 외형에 따른 형식분류 등이 그간 어느 정도 검토된 만큼 이제 좀 더 실제적인 구조와 이용형태, 공간활용 등에 관한 논의가 이루어져야 할 필요성이 제기된다. 그리고 취사시설과 이용 형태에 대한 구조적 접근은 이제 부뚜막에 대한 해석의 차원을 넘어 식문화에 대한 고고학적 연구시점을 넓히는 계기가 되어야 할 것이다.

한편 기존의 연구에서는 구들과 부뚜막의 구분에 대한 명확한 기준이 없어 의미전달이 막연하고 불분명한 용어들을 남발하는 경우가 많았다. 게다가 연구자 마다 기본개념에 대한 이해 차가 커 각 유형의 분류기준 마저 확연한 차이를 보이고 있다. 또한 일부 유형은 각 유형간의 구분 기준조차 애매하여 분류를 위한 분류가 이루어지는 경우도 있었다. 이는 부뚜막의 구조변화에 대한 명확한 이해보다 오히려 지역권이나 편년의 설정에 관점을 두고 유형을 분류하는데서 야기되는 문제라 할 수 있다.

따라서 이 글은 부뚜막의 축조재료와 각 부분의 구조 및 기능에 대한 올바른 이해를 목적으로 삼았다. 이를 위해 부뚜막 각 부분의 특징과 축조, 사용방법 등에 대해 조사사례와 현재의 자료를 다각도로 비교·검토하여 그 기능을 밝혀보고자 한다.

특히 부뚜막의 사용에 대해서는 솥걸이의 다양한 형태와 배치구성에서 나타나는 기능적인 차이와 변화과정을 고고학 자료와 민속·민족지적 사례들을 비교·검토해보고자 한다. 이를 통해 부뚜막이 단순한 취사시설이 아닌 하나의 유기체로서 각 부분이 기능하고 있음을 밝혀낼 수 있을 것이다.

II. 부뚜막의 구조

이 장에서는 부뚜막 각 부분의 구조 및 기능에 대해 살펴보고 이를 통해 각 부분이 어떠한 재료를 이용하여 축조되고 기능하는지를 밝혀보고자 한다. 부뚜막에 관한 검토에서 각각의 구조에 대한 이해 없이 막연히 형식 속성을 중심으로 살펴보게 된다면 제대로 그 기능을 이해하기 어려울 것이다. 따라서 외형적 속성을 중심으로 이루어지는 형식분류 대신 각각의 기능과 성격에 따라 부뚜막과 구들이 정의되고 이를통해 구분 기준이 마련되어야 할 것이다. 이러한 기준안이 선행되지 않게 되면 구들과 부뚜막의 구분이 모호하게 적용되는 한편 이후에 명확한 형식으로 분류하는 것조차 불분명해지기 때문이다.

이에 따라 부뚜막의 구조와 기능에 대한 올바른 이해를 위해 고고학적 자료와 현재의 이용형태를 비교·검토하여 그 기능을 밝혀보고자 한다. 이를 위해 우선적으로 부뚜막과 구들을 각 특징에 따라 구분한 다음 부뚜막의 축조재료와 각 부분의 세부구조를 살펴보도록 하겠다.

1. 부뚜막과 구들의 구분

(1) 부뚜막 표 1-①

부뚜막은 흙과 돌 등을 이용하여 벽체와 천정을 쌓아 올리고 앞과 천정에는 불을 지피는 구멍과 솥을 거는 구멍을 내어 아궁이를 만든 다음, 뒷쪽으로 고래와 굴뚝을 설치하여 연기가 빠져나가도록 만든 구조물이다. 부뚜막의 천정 상면과 벽체는 취사용기와 도구를 올려놓거나 거치할 수 있도록 편평하게 만든다.

부뚜막은 구들과 달리 난방보다는 취사기능을 염두에 두고 제작한 시설이다. 따라서 아궁이에서 굴뚝으로 이어지는 고래부분이 무척 짧은 편이다.[1] 외형적인 특징은 쪽구들과 달리 아궁이에서 굴뚝까지 굴곡 없이 "一"字 방향을 이룬다는 점이다. 고래의 내부 바닥은 아궁이에서 굴뚝부분으로 가면서 점차 높아지도록 만들어 연기가 쉽게 배출되도록 하였다.

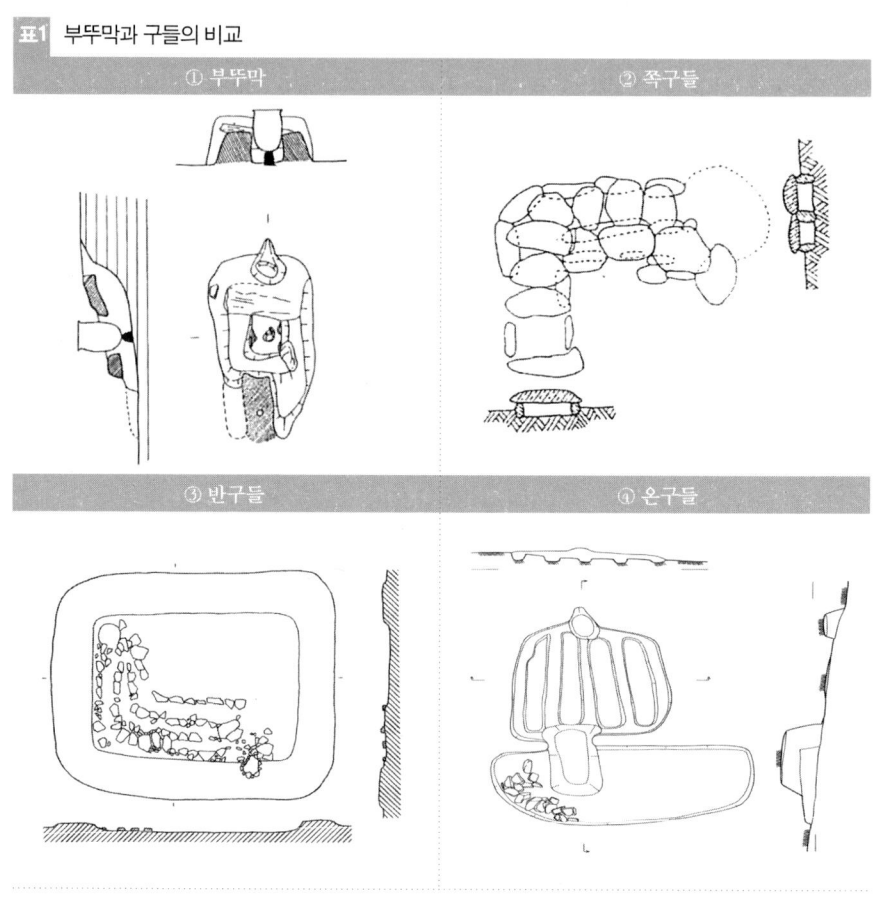

표1 부뚜막과 구들의 비교
① 부뚜막
② 쪽구들
③ 반구들
④ 온구들

---

1) 경기 북부지역의 '몸' 字形 주거지에서 확인되는 일부 부뚜막(포천 자작리, 파주 주월리 등)에는 고래 부분이 비교적 길어 난방기능도 염두에 두었을 가능성이 높은 편이다. 그러나 이미 이 시기에는 쪽구들이 주변지역에서 널리 채용되었던 것으로 보아 난방효과를 주요목적으로 하는 시설은 아니었을 것으로 판단된다.

(2) **구들** 표 1-②~④

구들은 아궁이에서 굴뚝사이에 한줄 또는 여러 줄의 고래를 길게 설치한 뒤, 뜨거운 연기가 고래를 지나면서 상면에 덮여있는 구들장을 뜨겁게 덥혀 난방하는 시설이다. 구들은 난방효과를 염두에 두고 제작한 시설이기 때문에 형태와 기능면에서 부뚜막과 구분된다.

구들은 고래가 1줄만 설치되는 쪽부터 방바닥의 절반가량만 설치되는 반구들, 방바닥 全面에 설치되는 온구들까지 다양하다. 특히 쪽구들의 외형적인 특징은 아궁이와 고래의 진행방향이 일치하지 않기 때문에 'ㄱ'자형, 'ㄷ'자형, 'T'자형, 등 다양한 형태의 굴곡을 이루게 된다. 구들을 고래의 수와 평면 형태에 따라 구분하면 다음과 같다.

① **쪽구들**[2] : 주거공간 내부의 일부 바닥면[3]에 고래를 1~2줄만 설치하는 부분난방 형태이다. 대체적으로 벽체를 따라 좁고 길게 설치하는 소위 "캉" 또는 "炕"과 같은 형태이다. 초기철기~통일신라시대까지 나타난다. 표 1-②

② **반구들**[4] : 주거공간 내부의 바닥면에 고래를 3~4줄 가량 설치하는 부분난방 형태이다. 쪽구들처럼 벽체를 따라 일부 면에만 설치하는 것이

---

[2] 쪽구들이란 방 한쪽에만 부분 난방을 설치하는 형태를 의미하며 신영훈이 제안한 용어이다. 이를 다시 송기호 등이 사용하게 되면서 널리 쓰이게 되었다. 전면구들과 달리 방의 일부에만 시설되는 구들형태이므로 다른 용어보다 그 의미가 잘 전달된다고 생각되어 본고에서도 이를 그대로 받아들이고자 한다.
신영훈, 1997, 『우리문화 이웃문화』, 문학수첩, 52쪽.
송기호, 2006, 『한국 고대의 온돌 - 북옥저, 고구려, 발해』, 서울대학교출판부, 5~7쪽.
[3] 주거공간 외부에도 구들이 설치된 것으로 보고된 사례가 일부 있지만, 야외 부뚜막도 아닌 난방용 구들을 야외에 설치하였다고 보기는 어렵다. 따라서 야외에 위치하는 구들도 원래는 건물 내부에 설치되었던 것으로 간주하고자 한다.

아니라 방의 절반 또는 상당 부분에 설치되므로 비전면적인 난방형태이다. 대체적으로 삼국(고구려)~조선시대까지 나타난다.^{표 1-③}

③ **온구들**[5] : 주거바닥 전면에 고래를 설치하는 난방형태이다. 고려시대부터 쓰이기 시작하며, 조선시대에는 전국적으로 확산되어 나타난다.^{표 1-④}

고래의 축조재료는 지역적인 차이가 어느 정도 반영되어 나타나는데, 천석이나 판석골조에 점토가 많이 이용되지만 일부 지역에서는 점토만 이용하여 축조하는 경우도 있다. 아궁이와 굴뚝사이의 고래부분은 부뚜막에 비해 길고 비교적 완만한 경사나 수평구조를 이룬다.

온구들의 아궁이부분은 일반적으로 부엌공간에 설치되며 고래부분은 방에 해당된다.[6] 따라서 난방기능의 유무를 중심으로 구분한다면 구들로 분류할 수 있지만, 취사기능을 중심으로 본다면 부뚜막으로도 구분하여 살펴볼 수 있다. 그 이유는 구들이 난방만을 목적으로 축조된 것처럼 이해되지만 실제로는 취사와 난방기능이 결합되어 일상적으로는 취사용도로 쓰이고, 난방기능은 오히려 일부 계절에만 국한되기 때문이다.[7] 이처럼 구들과 부뚜막이 결합된 형태에서 가장 일상적으로 가장 많이 수행

---

[4] 상용되는 명칭은 아니지만 쪽구들로 보기에는 주거 내의 설치공간이 넓으며 한쪽에 치우쳐 있지도 않은 형태를 의미한다. 따라서 전면에 설치된 온구들 형태와 구분을 명확히 하기 위해 제안하는 용어이다.

[5] 신영훈은 전면구들을 '구들'로 송기호는 '온돌', '구들' 또는 '전면온돌'로 부르고 있다. 그러나 쪽구들에 상응되도록 일관성 있게 순 우리말로 표현한다면 바닥전면에 시설된 구들은 '온구들'이라 부르는 것이 알맞다고 생각된다. 여기에서 '온'이란 '전부' 또는 '모두'를 의미한다.
송기호, 2006 위의 책 ; 신영훈 1997, 위의 책 참조.

[6] 부뚜막 없이 아궁이만 설치되어 난방용으로 쓰이는 함실아궁이도 있지만 온구들의 등장 이전에는 나타나지 않는 형태이다.

[7] 물론 두 가지 기능이 분리되어 쓰일 수는 없으나 필요에 따라 여름에는 야외 부뚜막을 이용하고 겨울에는 난방을 위해 불을 더 피우는 방식으로 각 기능을 확장·축소하여 이용할 수 있다. 이러한 방식은 현재까지도 이용되고 있기 때문에 충분히 가능한 형태이다.

되는 역할은 취사기능이라 할 수 있다. 이에 따라 본고에서는 구들시설에서 난방과 관련된 시설부분(고래)을 제외한 아궁이 부분에 대해서도 부뚜막의 취사와 관련하여 함께 검토하고자 한다.

이상에서 살펴본 부뚜막과 쪽구들의 성격을 정리한 것이 아래의【표2】다.

표2 부뚜막과 쪽구들의 특징

성격	부뚜막	쪽구들
주요기능	취사	난방+취사
외형특징	전체적으로 '一'자 형태	전체적으로 굴절형태
아궁이와 고래의 방향	동일방향	90° 가량 꺾임
고래길이	아궁이보다 짧거나 약간 긴 형태 (아궁이 크기의 3배 이내)	아궁이보다 훨씬 긴 형태 (아궁이 크기의 3배 이상)
아궁이와 굴뚝의 높이	아궁이에서 굴뚝 쪽으로 높아짐	아궁이에서 굴뚝까지 완만하게 높아지거나 수평을 이룸
주거벽체와 고래의 방향	고래가 벽체와 직각방향	고래가 벽체와 동일방향

2. 부뚜막의 축조재료

부뚜막은 축조재료에 따라 土造, 石造, 混築造의 3가지로 구분할 수 있으며, 이중 혼축조는 다시 土·石混築과 土·陶混築으로 세분된다.

부뚜막의 축조에는 주로 점토가 많이 쓰이지만 점토 외에 돌, 토기, 기와 등이 주요 골조재료로 이용되며 축조재료를 통해 지역적, 시대적 특징이 반영되기도 한다.

(1) **土造**

거의 순수하게 점토만을 이용하여 축조하는 부뚜막 형태이다. 물론

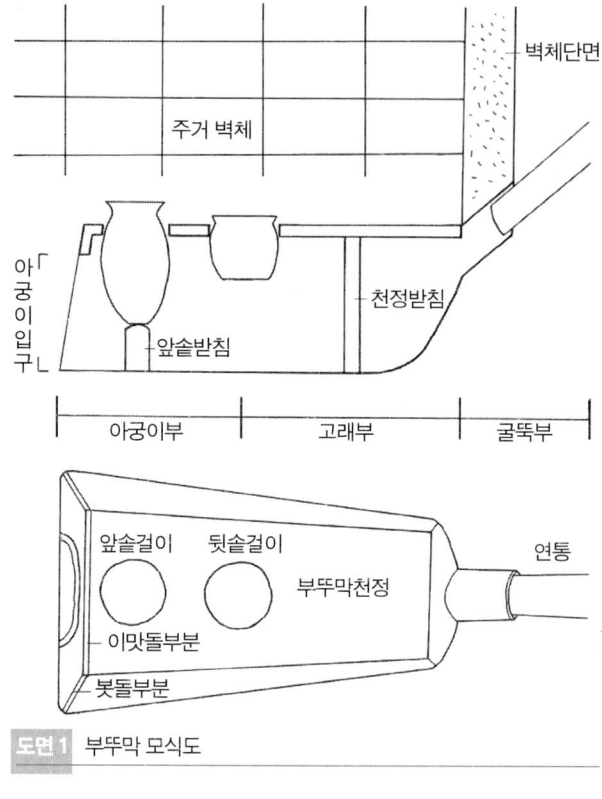

도면 1 부뚜막 모식도

돌이 일부 불가피한 부분에 몇 개 가량 사용되기도 하지만 대체로 아궁이와 고래의 골조부분은 점토를 이용하여 축조하게 된다. 축조방식은 점토를 말려가며 쌓는 방식, 썰은 갈대나 볏짚 등을 점토에 섞어 쌓는 방식, 뭉친 흙덩이를 계속 붙여가며 쌓는 방식, 판재 등의 틀을 이용하여 쌓는 방식 등 다양하다.

부뚜막은 하남 미사리(숭실대 구간) B2호 주거지,표 1-①, 사진 21 토조 쪽구들은 함양 화산리 9호 주거지 등에서 나타난다.

(2) 石造

기본골조는 판석이나 천석을 이용하고 점토로 외면을 마감하는 형태이며, 일부 판석조 구들의 아궁이 부분에서도 나타난다.

부뚜막은 龍仁 寶亭里 소실 7호 주거지, 牙山 葛梅里 KC 001호 주거지 등이, 쪽구들은 사천 늑도 동아대 CⅠ-가지구 6호 주거지, 화성 발안리

유적 17호 주거지 등이 있다.

  (3) 混築造

  점토에 돌 또는 토기·기와 등을 이용하여 축조하는 방식으로 가장 보편적인 형태이다.
  ① 土·石混築 : 전형적인 부뚜막의 축조형태로 돌을 이용하여 아궁이나 고래의 골조로 이용하거나, 점토에 일부 석재를 혼합하여 축조하는 방식으로 가장 많이 이용되는 형태이다. 이러한 형태의 부뚜막은 하남 미사리(서울대 구간) B-2호 주거지, 쪽구들은 서천 지산리 II-6호 주거지 등이 대표적이다.
  ② 土·陶混築 : 점토에 토기·기와·토제품 등을 혼합하여 골조한 뒤 점토를 발라 축조하는 형태[8]이다. 토기는 고창 교운리·부곡리·신리 유적과 광주 향등유적, 토관은 광주 향등 18·26호 주거지, 군산 관원리 II-가유적 05-2호 주거지[사진 19] 등 호남지역에서 많이 나타나며, 기와는 대전 월평동(국립공주박물관) 5호 주거지 등에서 나타난다.

3. 부뚜막의 구조[도면 1]

  부뚜막의 세부명칭은 기존의 부뚜막·구들 연구에서 제시되거나 검토되었던 용어들을 살펴보고 그 의미와 내용을 잘 담아내면서 가급적 쉬운 우리말로 대체하고자 한다. 부뚜막은 기본적으로 아궁이, 고래, 굴뚝의

---

[8] 솥받침으로 토기가 사용된 것은 부뚜막 축조의 기본골조가 아니므로 제외하였다.

3부분으로 구분하였으며, 세부구조는 다음과 같이 9가지로 나누어 살펴볼 수 있다.

- 외형구조 : 아궁이, 고래, 굴뚝
- 세부구조 : 봇돌, 이맛돌, 솥받침, 천정받침, 굴뚝, 아궁이 문틀,[9] 천정, 측벽
- 내면구조 : 아궁이~굴뚝의 내면 및 바닥시설
- 부대시설 : 불씨(화투)·숯·땔감보관, 토기(취사·생활용기)수납

부뚜막 各部의 구조와 기능을 살펴보면 외형구조는 앞서 살펴보듯 아궁이, 고래, 굴뚝의 3부분으로 구분된다. 아궁이부는 세부골조에 따라 봇돌, 이맛돌, 벽체, 천정으로 구성되며 앞면에는 아궁이 문틀, 천정에는 솥걸이, 바닥에는 솥받침이 설치된다.

아궁이와 굴뚝사이를 연결하는 고래부에는 천정, 양 측벽, 천정받침이 설치되며, 고래에서 주거외부로 이어지는 굴뚝부에는 굴뚝이 설치된다.

(1) 아궁이部^{도면 1}

아궁이부는 부뚜막의 가장 앞부분에 해당하는 구조로 연소와 취사가 동시에 이루어지는 장소이다. 부뚜막의 취사방식에서 가장 중요한 특징은 열린 형태의 爐와 달리 아궁이라는 폐쇄된 공간에서 취사가 이루어진다는 점이다. 이러한 폐쇄된 형태의 취사방식은 爐를 이용한 취사에 비해 화력의 집중과 열효율이 높아 연료에 따라 고화도를 낼 수가 있다.[10]

또한 솥걸이를 통해 취사용기를 안정적으로 거치할 수가 있는데다 상면이 편평하므로 조리도구나 용기를 편리하게 올려놓고 사용할 수 있다.

---

[9] 후술할 '아궁이부'의 '아궁이 문틀' 편을 참조 바람.

더욱이 연기가 밖으로 퍼지지 않고 고래와 굴뚝을 따라 배출되는 폐쇄구조이기 때문에 동시에 다른 작업도 충분히 가능하다. 이처럼 부뚜막 시설의 가장 중요한 역할이 이루어지는 공간이 바로 아궁이다.

아궁이란 불을 피우기 위해 만든 공간이기 때문에 천정에는 솥걸이가 설치되고 뒤로는 고래가 연결된다. 아궁이부는 다시 연소실, 배연실과 같이 인위적으로 구분하기도 하는데 이 보다는 실제로 쓰이고 있는 원래의 명칭들을 그대로 부르고자 한다.

아궁이에 대한 올바른 정의를 위해서는 무엇보다 공간적 위치설정이 선행되어야 할 것이다. 아궁이의 공간범위에 대해서는 그간 다양한 의견들이 제시된 바 있는데, 먼저 火口에서 앞 솥받침까지(이홍종 1993)라는 견해와 화구 앞부분에서 화구 입구까지(이형주 2000; 이민석 2003; 김동훈 2005)로 한정하는 견해가 있다.

사진 1 봇돌세부

사진 2 아궁이 문틀

---

10) 이에 대한 반론으로 일본에서 爐와 부뚜막을 제작·실험해본 결과, 거의 차이가 없다는 아래의 연구가 있다. 그러나 삼국시대의 부뚜막을 그대로 복원하여 취사실험을 실시한다면 이와 다른 결과가 도출될 가능성도 충분하다고 본다. 따라서 이 결과만을 그대로 받아들여 결정내리기보다는 좀 더 다양한 실험과 연구 축적이 필요하다.
內田眞澄, 2005, 「造り附けカマドの復元と使用-製作使用實驗の結果より-」, 『群馬考古學手帳』15, 群馬土器觀會.

이를 살펴보면 "아궁이에 군불을 땐다"는 표현처럼 아궁이는 불이 지펴지는 공간인 동시에 취사용기에 불길이 닿는 범위까지를 의미하는 것이다. 그리고 아궁이에서 발생한 연기는 고래를 통해 굴뚝으로 빠져 나가게 된다. 즉 아궁이의 범위는 화구에서 마지막 솥걸이가 위치하는 곳까지 해당하는 것이다.[11] 따라서 솥걸이가 2~3개 이상 설치되는 부뚜막이라 하더라도 아궁이의 범위는 맨 뒤에 위치하는 솥걸이까지로 보아야 할 것이다.

① 봇돌^{사진 1} · 이맛돌

부뚜막 前面의 양측에 봇돌을 세우고 그 위를 가로질러 이맛돌을 올려놓아 아궁이의 외형구조를 형성하게 된다. 봇돌과 이맛돌에는 견고한 구조를 유지하기 위해 돌, 토관, 기와, 토기 등 다양한 재료가 이용된다. 그 이유는 상부의 천정과 취사용기의 지탱은 물론 비바람, 장작 등 연료에 의한 물리적 충돌과 고열에 갈라지는 현상 등을 모두 견뎌야 하기 때문이다. 한편 기와, 토관, 토기 등의 燒成品은 고열에도 쉽게 변형되거나 파손될 우려가 적은 안정적인 재료이기 때문에 돌과 함께 많이 이용된다.

② 아궁이 문틀^{사진 2 · 22}

외형이 'U'字 또는 'ㄷ'字 모양을 이루며 아궁이 입구 외면에 마치 문틀과 같은 모양으로 설치되어 외관을 보호·장식하는 토·철제품이다. 이에 대한 명칭으로 '노지용 토제품'(국립 문화재연구소 2001), '아궁이틀'(서현주 2003), '아궁이 장식'(권도희·송만영 2003) 등이 있다. 이들 명칭을 살펴보면 '노지용 토제품'은 부뚜막과 관련된 성격을 제대로 담아내지 못하며, '아궁이틀'은 아궁이의 구조상 골조로 이해되기 쉽다. 또한

---

[11] 김왕직, 2002, 『그림으로 보는 한국 건축용어』, 발언, 166쪽.

'아궁이장식'은 기능보다 장식적 효과만 부각된다는 한계를 가진다. 따라서 필자는 이를 '아궁이 문틀'로 부르고자 한다. '아궁이 문틀'은 아궁이 입구 외면에 문틀과 같은 형태로 부착하여 외관을 보호하므로 기능과 외형적 특징을 잘 나타내주기 때문이다. 우리나라에서는 아궁이 문틀의 분포범위가 대체로 고구려와 백제 유적에서만 출토되고 있다.

③ 벽체^{사진 3}

봇돌 뒤로 연결되어 아궁이의 양 측벽을 이루며 천정과 솥걸이를 지탱하는 부분이다. 아궁이 벽체는 솥걸이에 거치되는 취사용기의 무게하중이 전달되므로 돌과 흙을 이용하여 견고히 축조하게 된다.

벽체의 범위는 아궁이 입구의 봇돌에서 고래로 이어져 굴뚝부까지 연결되는 부분이다. 따라서 아궁이와 고래를 연결해 주는 동시에 천정까지 지탱해야 하므로 안정적인 구조를 이루기 위해 주로 돌을 사용하여 축조하기도 한다. 부뚜막의 구조 가운데 벽체는 아궁이에 해당하는 봇돌·이맛돌과 함께 잔존상태가 비교적 양호한 편이다. 그 이유는 아궁이에서 시작된 불길이 벽체를 지나가면서 단단하게 소결시켜 주는데다 구조 역시 안정적이고 튼튼하게 쌓기 때문이다.

④ 솥걸이^{사진 4}

솥걸이는 솥이나 여러 종류의 취사용기를 걸친 다음 취사행위를 할 수 있도록 부뚜막 천정에 둥근 구멍형태로 만든 시설이다. 대부분의 유적에서 형태를 그대로 유지하고 있으며, 잔존하는 경우가 거의 없어 정확한 규모와 솥의 결합도를 파악하기 어렵다. 따라서 솥걸이의 폭은 여기에 거치하였던 취사용기의 동 최대경을 통해 추정해 볼 수 있을 것이다. 특히 장란형 토기는 비교적 폭이 좁고 긴 형태이므로 솥걸이 폭도 현재보다 좁은 것을 알 수 있다. 다만 하나의 솥걸이에 2개 이상의 취사용기를 거치하는 사례도 확인되기 때문에 크기와 형태에 대해서는 검토에 신중을 기해야 한다. 이에 대해서는 후술할(Ⅲ. 부뚜막의 사용) 편에서 자세히 검토하고자 한다.

　부뚜막의 솥걸이 부분은 취사용기가 거치되므로 무게 하중에 잘 견디도록 축조해야 한다. 따라서 아궁이의 천정에 석재나 토기편을 이용하여 덧대는 등의 보강시설을 하게 된다. 하지만 보강구조가 설치되어도 솥걸이만으로는 음식물을 채운 솥을 지탱하기 어려우므로 다른 보강시설이 필요하게 된다. 따라서 솥걸이 부분이 취사용기의 무게하중에 쉽게 무너지지 않고 지탱될 수 있는 것은 그 하중을 대신 받아주는 '솥받침'을 설치하기 때문이다.

　솥걸이에서 검토되어야 할 또 하나의 주요기능이 바로 취사용기와 솥걸이의 밀착도 관계이다. 장란형 토기는 솥과 달리 전이 없기 때문에 솥걸이와 장란형 토기 사이에는 어느 정도의 이격거리(빈공간)가 발생하게 된다. 그러나 점토 등을 이용하여 이 부분을 메우지 않으면 연기와 불길이 새어나오기 때문에 장란형 토기를 걸쳐만 놓은 채 사용하기는 어렵다. 따라서 솥걸이에 취사용기를 거치한 다음 발생하는 빈공간에는 점토 등을 이용하여 접합한 다음 지속적으로 부뚜막에 고정한 채 사용하였을 가능성

사진 3　아궁이 벽체(춘천 율문리유적)

사진 4　솥걸이(춘천 율문리유적)

이 크다. 이처럼 고정하여 사용하게 되면 장란형 토기의 동체 외면에는 소토화 된 점토부착흔이 잔존하게 된다.[12]

⑤ **솥받침**사진 5·6

솥받침은 솥걸이의 하단에 위치하여 솥을 떠받치는 돌이나 토기 등의 시설물로 삼국시대까지는 대부분의 부뚜막에서 확인되고 있다. 솥받침은 솥의 무게하중을 받쳐야 하므로 비교적 견고하게 설치된다. 따라서 부뚜막 조사 시 벽체나 아궁이구조는 모두 사라져도 소결된 바닥면에 솥받침만 잔존하여 부뚜막시설이 있었던 것을 확인시켜 주기도 한다.

솥받침은 재료에 따라 頂部가 편평하고 긴 돌을 세워 고정하거나 鉢, 深鉢 등의 토기에 흙을 채우거나 돌을 세운 뒤 토기를 뒤집어 엎은 상태로 사용하게 된다.

솥받침의 기능은 내용물이 채워진 취사용기를 받쳐주어 그 무게의 하중을 지탱하는 것이다. 따라서 솥받침이 없다면 솥걸이와 벽체 등 아궁이 구조가 충분히 지탱할 수 있을 정도로 튼튼해야 한다. 그러나 앞서 '솥

사진 5 솥받침(돌 이용)

사진 6 솥받침(토기 이용)

---

[12] 이에 대해서는 후술할(Ⅲ - 3. 고정식 취사) 편에서 자세히 다루고 있다.

걸이' 편에서 살펴보았듯 삼국시대까지의 부뚜막에 나타나는 솥걸이는 취사용기의 하중을 지탱하기에는 비교적 약한 편이다. 따라서 취사용기의 무게를 천정부가 버텨내지 못하면 아궁이가 무너지게 진다. 이를 방지하기 위한 시설이 바로 솥받침이므로 그 역할은 무척 중요하다. 또한 솥받침의 형태는 불길을 가로막지 않을 정도로 넓지 않아야 하며 견고하게 고정시켜 취사 도중에 넘어지지 않도록 설치해야 한다.

한편 돌을 이용하여 축조된 솥받침의 경우에도 실제 사용할 때는 점토 등으로 외면을 마감하였을 가능성이 높다. 그 이유는 일부 솥받침의 경우 상면이 약간 뾰족하거나 둥글게 튀어나온 경우가 있어 이를 그대로 사용하였을 경우 취사용기의 바닥이 파손될 가능성이 크기 때문이다.

또한 이러한 생각의 근원적인 문제가 바로 외면의 그을음이다. 솥받침으로 사용되는 돌은 대부분 붉게 불에 닿은 흔적인 피열흔이 나타나지만 그을음이 잔존하는 경우는 많지 않기 때문이다. 따라서 점토로 솥받침을 바르게 되면 돌에 불이 닿은 흔적은 남게 되지만 외면의 그을음은 폐기된 뒤에 내부 퇴적토에 묻혀 함께 토양화가 이루어지므로 이를 구분하거나 찾기가 쉽지 않게 된다. 물론 아궁이의 정면에서 불을 받게 되면 그을음이 발생하지 않을 수도 있기 때문에 좀 더 면밀한 검토가 필요하다.

이와 함께 솥받침이 취사용기를 지탱하여 무게하중을 받쳐주는 용도 외에 또 다른 기능도 생각해 볼 수 있다. 만약 솥받침이 취사용기의 하중만을 지탱하는 목적으로 설치되었다면 굳이 솥받침 없이 취사용기의 저부를 아궁이 바닥에 직접 닿도록 하는 것이 더 편리할 것이다.

그러나 아궁이 바닥에 취사용기를 세운 채 취사를 하게 되면 열효율이 훨씬 떨어지게 된다. 그 이유는 아궁이의 불길이 지면보다 약 10~20cm 가량 위쪽에서부터 취사용기에 전달되기 때문이다. 즉 아랫부분의 내용물에는 열이 제대로 전달되지 않고 동체 중 상부 쪽으로만 전달되는 것이다. 따라서 솥 받침을 굳이 설치하는 이유는 다음과 같이 생각해 볼 수 있다.

첫째, 솥받침에 받쳐 취사용기가 아궁이 바닥에서 약 10~20cm 가량 공중에 떠있게 되면 불길이 용기의 밑바닥부터 위쪽까지 전체적으로 닿게 되어 열이 고르게 전달된다.

둘째, 취사 시 아궁이 안에 장작이나 부지깽이 등 거친 연료나 도구를 아궁이 안에 집어 넣을 때 발생할 수 있는 파손 등의 위험요소로부터 취사용기를 보호하는 효과가 있다.

한편 아궁이의 솥걸이와 벽체의 구분에 대해 이민석은 아궁이 내부에 설치된 돌이나 토기의 폭이 50cm 이상이면 벽체시설(실제로는 봇돌로 추정됨), 그 이내면 솥받침으로 구분하였다(이민석 2002). 그러나 (추정) 솥받침의 수만으로 솥걸이를 판단하는 것에는 무리가 따른다. 만약 내부에 잔존하는 솥받침 숫자만으로 솥받침을 추정하게 되면 실제 부뚜막의 규모와 형태를 제대로 파악하는 것이 어려워지기 때문이다. 이에 대해서는 후술할(Ⅲ-2, 솥걸이의 배치) 편에서 살펴보고자 한다.

(2) **고래** 部^{사진 7 · 8 · 14}

고래는 아궁이에서 지펴진 불길과 연기가 굴뚝으로 전달되도록 만든 중간통로를 의미한다. '고래' 라는 용어는 원래 구들의 한 부분으로 아궁이와 굴뚝사이에 위치하여 연기가 지나가는 길을 의미한다. 따라서 부뚜막에서도 동일 위치와 기능을 가지므로 '煙道' 라는 막연한 명칭보다 기능에 알맞은 이름인 '고래' 로 부르고자 한다. 연도는 부뚜막에서 실제 그 위치를 명확하게 구분하기 어려운 데다 명칭대로 연기가 나가는 굴뚝까지 모두 포함하게 된다. 부뚜막의 고래는 구들과 비교하면 양 측벽이 고래둑, 천정이 구들장의 역할을 하게 된다.

그러나 고래부는 대부분의 부뚜막에서 모두 확인되는 것은 아니며 주로 규모가 크고 길이가 긴 부뚜막에서 나타나는 구조이다. 따라서 부뚜막의 길이가 긴 경기도 일대에서 주로 확인되는 반면, 규모가 작거나 길이가 짧은 충청·호남지역에서는 고래가 매우 짧거나 없이 곧바로 굴뚝으로 이어지는 형태가 많다.

고래부는 천정, 천정받침, 벽체로 구성되며 이를 살펴보면 다음과 같다.

① 천정^{사진 14}과 천정받침^{사진 7·8}

부뚜막의 천정은 아궁이에서 고래까지 연결되는 구조이며 상면은 비교적 편평하게 만들어 취사도구나 조왕신관련 器物, 취사도구 등을 놓을 수 있도록 하였다.

천정받침은 고래 중간부분에 돌이나 점토 둑을 세워 고래천정을 지탱하도록 만든 시설로 고래의 길이에 따라 7개까지 사용되기도 한다. 천정받침은 주로 고래가 짧거나 없는 중부 이남 지역에 비해 경기도지역의 긴 부뚜막에서 많이 나타난다. 그러나 고래가 짧거나 없으면 아궁이에서 바로 주거벽체의 굴뚝부에 연결되므로 천정길이도 짧아지고 양 측벽만으로도 충분히 지탱이 가능하므로 필요가 없게 된다.

파주 주월리, 포천 자작리주거지의 부뚜막과 같이 고래 부분에 여러 개의 천정받침이 잔존하는 경우, 잔존형태를 통해 고래천정의 높이를 추정할 수 있다. 그러나 천정받침을 솥받침으로 잘못 이해하여 구분하는 경우도 있는데 이는 반드시 명확한 구분이 필요하다.[13]

한편 고래부의 천정이 잔존하는 사례가 그리 많지 않은데 그 이유는 대부분 점토로 축조되기 때문인 것으로 판단된다. 고래가 길고 천정받침

---

[13] 이를 구분하는 방법은 『수혈건물지 조사방법론』을 참조하였으며 후술할 '솥걸이의 배치와 이용' 편에서 자세히 검토하고 있다. 다만 여기에 쓰인 명칭 가운데 '지각석'은 '솥받침'으로, '천정 받침돌'은 '천정받침'으로 수정하고자 한다.
오승환, 2006, 「14. 취사도구와 시설」, 『수혈건물지 조사방법론』, 춘추각, 120쪽.

이 잔존하는 파주 주월리 96-7호 주거지^{사진 7}와 포천 자작리 2호 주거지의 부뚜막^{사진 8}에는 고래중간에 종방향으로 천정받침이 여러 개 설치되어 있다. 그러나 천정을 덮었을 것으로 추정되는 개석은 전혀 확인되지 않았다. 따라서 이들 부뚜막의 고래천정은 점토만을 이용하여 축조하였을 가능성이 높다. 그러나 고래천정을 점토로 올리는 것은 무척 어려운 일이다. 따라서 벽체와 천정받침을 먼저 세우고 그 위에 나무받침대를 설치하여 고정한 뒤 그 위에 점토천정을 덮는 방식으로 고래를 축조하였을 것으로 추정된다. 이러한 방식은 최근까지도 이용되는 부뚜막의 축조방법 중 하나이다.

(3) **굴뚝 部**^{사진 9~12}

사진 7 천정받침(파주 주월리 96-7호 주거지 부뚜막)

사진 8 천정받침(포천 자작리 2호 주거지 부뚜막)

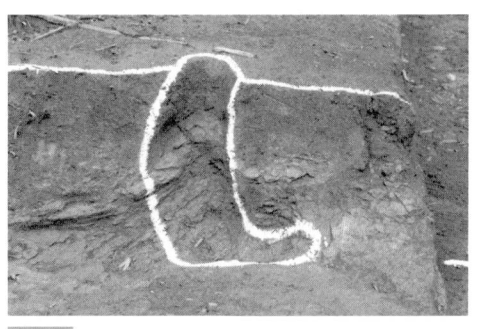

사진 9 벽체의 배연홈(파주 갈현리유적 주거지)

굴뚝부는 아궁이에서 발생된 연기가 고래를 지나 외부로 빠져 나가도록 만든 시설이다. 굴뚝은 고래의 끝부분에 주거외부와 연결되는 홈이

나 시설을 만들어 외부로 배연하게 된다. 주로 부뚜막의 끝부분에서 수혈 외부로 연결하게 되는데 축조재료에 따라 서천 지산리 II-57호 주거지, 미사리(숭실대 구간)B2호 주거지, 춘천 율문리주거지^{사진 10}처럼 목통, 서울 아차산 유적처럼 토제연통^{사진 12}이나 순천 덕암동유적처럼 토관, 포천 자작리 2호 주거지,^{사진 11} 부여 정동리 주거지처럼 돌을 돌려쌓아 이용하게 된다. 아궁이부와 고래부가 수평방향으로 진행되는 반면, 굴뚝부는 수직방향으로 설치된다는 점에서 차이를 보인다.

 굴뚝부는 부뚜막의 끝부분이 주거지 벽체와 연결되는데 외부와의 연결을 위해 벽체에 구멍을 뚫거나, 홈을 내어 연기를 배출하도록 만든다. 이와 달리 벽체를 이용하지 않는 경우에는 수혈건물 내부의 굴뚝부에 점토나 돌을 돌리고, 외부에 연통이나 토제품을 설치하기도 한다. 따라서 벽체에 시설된 외부연결 구멍이나 반원형의 홈, 벽체를 따라 돌이나 점토로 돌려진 구멍 내부에 그을음이 나타난다면 외부로 이어지는 굴뚝시설로 판단할 수 있을 것이다.

사진 10   목통 굴뚝(춘천 율문리유적)

 건물외부에 설치되는 굴뚝은 속이 빈 통나무, 토관·토기 등의 토제품, 돌이나 점토를 이용해 쌓는 방법 등 다양하다.

사진 11   돌돌림 굴뚝(포천자작리 2호 주거지)

 한편 부뚜막이 설치된 주거지에서 굴뚝이 확인되는 경

우는 많지 않은데 이를 근거로 원래 굴뚝이 설치되지 않았다고 판단할 수는 없다. 비록 주거지 외부에 굴뚝이 돌출되지 않더라도 반드시 외부로 연기는 배출해야 하기 때문이다. 주거외부에 굴뚝이 설치되지 않으면 바람에 연기가 제대로 배출되지 않게 된다. 또한 지면에 노출된 연기 배출부분을 따라 빗물이 흘러 들어가거나 아궁이에서 타다 남은 재의 불티가 외부로 빠져나가면서 지붕에 부착되어 화재를 일으킬 수도 있기 때문이다.

사진 12 토제 연통(서울 아차산 유적)

　부뚜막의 조사에서 굴뚝이 잔존하지 않는 이유는 여러 가지 가능성을 생각해 볼 수 있다. 먼저 속이 빈 통나무는 부식이 잘되는데다 용도가 폐기되면 곧바로 연료로 이용할 수 있다. 또한 화재시에는 외부에 돌출되어 나와 있는데다 속이 비어있어 산소와의 접촉이 용이해 완전 연소가 이루어지기 쉽다. 더욱이 수혈외부에 위치하므로 주거지가 거의 완벽하게 외벽까지 남아있지 않으면 잔존하기 어렵다. 토제관의 경우 익산 원수리 유적의 陶管처럼 주거지 폐기 이후 다른 용도로 재활용될 가능성이 높은 점도 생각해 볼 수 있다.

III. 부뚜막의 사용

　이 장에서는 솥걸이의 배치관계와 이를 통해 나타나는 취사방식에 대해 살펴보고자 한다.[14] 지금까지 부뚜막에 관한 연구는 대체로 솥걸이 부분의 잔존사례가 거의 없다보니 주로 솥받침으로 판단되는 돌이나 토기를 통해 그 수를 추정하였다. 물론 이를 명확히 밝혀줄 수 있을 만큼 잔존 상태가 양호하지 않은 상황에서 솥받침의 수를 이용한 추정은 불가피한 측면도 없지 않았다. 그러나 이러한 방식으로 솥걸이의 수를 판단하는 데에는 적지 않은 문제가 따르게 된다(이민석 2003). 이처럼 막연한 유사성에 기대어 검토하기보다 이제 좀 더 명확한 판단기준을 제시할 필요가 있다.

따라서 솥받침의 기능과 형태에 대한 검토에 앞서 이와 유사한 형태로 잔존하지만 구분기준이 모호한 천정받침의 개념부터 구분해보고자 한다. 그리고 솥걸이의 조사자료 가운데 비교적 잔존형태가 양호한 사례의 검토를 통해 구조, 형태, 배치 등에 대해 살펴보도록 하자.

우선 솥걸이의 배치에 대해서는 옆으로 나란한 형태와 앞뒤로 나란한 형태의 취사에 대해 살펴보고자 한다. 이를 토대로 솥걸이의 수와 배치 형태를 통한 부뚜막의 구조 및 기능변화에 대해서도 어느 정도 밝혀질 수 있을 것이다.

마지막으로 취사용기와 솥걸이의 거치형태에 따른 고정식 취사와 교체식 취사의 가능성을 부뚜막의 구조와 취사용기의 사용흔을 통해 밝혀보고자 한다.

1. 솥걸이의 구분과 사례검토

삼국시대 부뚜막의 복원도를 살펴보면 대체로 본고의 모식도^{도면 1}와

---

[14] 본고에서는 '솥걸이' 부분에 대해 중점적으로 검토하고 '배연기능'에 대해서는 추후 별고를 통해 정리해보고자 한다.

같이 솥걸이가 앞뒤로 나란하게 배치되는 종렬 형태가 주로 알려져 있다. 그러나 현재 사용되는 부뚜막을 살펴보면 여러 개의 아궁이를 옆으로 나란하게 연결하는 횡렬 형태이다. 즉 삼국시대와 현재의 부뚜막은 외형과 구조에서 서로 차이가 있다는 것을 알 수 있다. 따라서 삼국시대 부뚜막의 검토를 통해 솥걸이의 배치형태와 이에 따른 구조적 특징과 이용방식에 대해 살펴볼 필요가 있다.

하지만 관찰대상이 되는 삼국시대의 부뚜막에서 아궁이 천정의 솥걸이와 여기에 거치된 취사용기가 잔존하는 사례는 매우 적은 편이다. 따라서 솥걸이의 수는 대체로 바닥에 잔존하는 솥받침의 수를 통해 추정되고 있다. 그러나 솥받침을 이용하여 솥걸이의 수를 판단하다보면 실제와 전혀 다른 결과가 도출되는 경우가 발생하게 된다. 이를 구분하기 위해서는 다음과 같은 몇 가지 검토가 필요하다.

첫째, 솥받침으로 알려진 시설이 실제 솥받침으로 기능하였는지의 검토. 둘째, 실제 솥받침으로 판정되었다 하더라도 3개 이상인 경우 솥걸이 역시 3개 이상으로 판단할 수 있는지의 검토. 셋째, 솥받침이 없는 경우 유실된 것인지 아니면 원래 설치되지 않았는지의 검토. 넷째, 2개 이상의 솥받침을 이용하여 1개의 취사용기를 지지하는 형태의 검토이다.

이상에서 제시한 검토에 대해 살펴보면 먼저, 솥받침은 아궁이의 천정이 비어있는 솥걸이 중앙에 위치하지만 천정받침돌은 부뚜막의 천정부분을 떠받치기 위해 고래 중앙에 설치된다. 그러나 부뚜막을 조사하는 과정에서는 대부분 천정은 함몰되어 천정받침돌과

사진 13 솥받침과 천정받침의 비교-맨 앞의 낮은 돌이 솥받침이다(풍납토성 가-7호 주거지 부뚜막).

솥받침의 구분이 명확하지 않게 된다. 이때 천정받침돌과 솥받침을 구분하는 방법은 다음과 같다.

- 부뚜막의 측벽높이와 비교할 수 있는데 이는 솥받침과 천정받침돌이 대체로 높이차를 보이기 때문이다.
  천정받침돌은 아궁이보다 뒷쪽에 위치하며 솥받침보다 높게 설치되어 천정을 받치게 된다. 이에 반해 솥받침은 취사용기를 받쳐야 하므로 높이가 측벽이나 뒤에 위치하는 천정받침돌보다 낮아야 한다. 풍납토성 가-7호 주거지의 부뚜막을 보면 솥받침은 낮고 상면이 넓은 장방형 석재를 이용하였으나 천정받침은 높고 긴 할석을 이용하고 있다. 사진 13
- 솥받침과 천정받침돌 간의 거리를 통해 비교할 수 있다. 천정받침돌은 대체로 일정한 간격을 보이며 설치되는 반면, 솥받침은 이러한 간격과 일치하지 않고 약간 떨어져 나타난다. 이러한 형태는 포천 자작리 2호 주거지 등 대다수의 부뚜막에서 솥받침과 천정받침의 위치와 간격차이를 보이고 있다. 사진 8
- 솥받침과 천정받침돌의 형태와 크기의 비교이다. 대부분의 솥받침은 상면이 대체로 편평하거나 약간 둥근 형태이다. 이에 반해 천정받침돌은 대체로 상면이 거칠거나 약간 뾰족한 돌도 사용되며 솥받침에 비해 길고 높은 편이다. 파주 주월리 96-7호 주거지의 부뚜막을 살펴보면 솥받침의 상면이 낮고 편평한 반면, 천정받침돌은 상면이 둥글고 뾰족한 형태를 이룬다. 사진 7

다음으로 솥받침과 벽체시설에 대해 비교해 보자. 돌이나 토기는 솥받침 뿐 아니라 벽체에도 이용되므로 이것만 잔존한다면 명확한 구분이 어렵다.

이민석은 토기를 이용하여 솥받침으로 사용한다면 토기 사이의 거리가 50cm 이상인 경우에는 벽체(벽지주)로 판단하였다. 따라서 4개의 토기가 사각형으로 배치된 경우 전열은 벽지주, 후열은 솥받침으로 구분하였다(이민석 2003; 19·20쪽). 그러나 이처럼 간격을 이용한 방법이 일견 타당하기는 하지만 포천 자작리 2호 주거지처럼 대형인 경우에는 맞지 않기 때문에 단순히 넓이만으로 일반화하기는 어렵다. 따라서 잔존 부뚜막의 뒷

돌이나 벽체의 폭 또는, 바닥의 소토범위 등 다양한 가능성을 통해 벽체와 솥받침을 구별해야 할 것이다. 대체로 부뚜막의 벽체와 고래폭은 일정하게 진행되거나 뒤로 가면서 약간 좁아드는 경향을 보이므로 잔존(또는 추정) 폭을 통해 벽체의 위치를 판단한다면 어느 정도 구분이 가능할 것이다(또는 소토·재의 분포범위).

특히 벽체에 이용되는 토기와 돌은 충분히 솥받침과 구분되는 특징이 있으며, 높이와 크기에서도 차이를 보이게 된다. 또한 소토 범위나 아궁이 중간부분에 솥걸이가 위치하는데 반해 벽체의 토기나 돌은 외부에 접하는 가장자리에서 나타난다. 따라서 봇돌 또는 벽체에 이용된 토기나 돌을 솥받침과 동일한 형태와 범위로 구분할 것이 아니라 위치와 양상을 통해 살펴볼 필요가 있다.

다음으로 솥걸이가 잔존하는 유구를 살펴보고 여기에서 간취되는 주요 특징에 대해 살펴보도록 하자.

춘천 율문리유적(예맥문화재연구원 2006)에서는 쪽구들의 아궁이에서 솥걸이 부분이 거의 온전하게 확인되었다.[사진 14] 여기에는 봇돌 2개가 아궁이 전면에서 이맛돌을 떠받치고 있으며[사진 3] 아궁이의 남쪽은 측벽이, 북쪽은 고래천정이, 동쪽은 벽체가 솥걸이 부분을 지탱하고 있다.[15] 솥걸이 아래에는 솥받침으로 이용된 돌 2개가 남북으로 설치되어 옆으로 나란히 취사용기가 거치되었을 것으로 추정된다. 그러나 솥걸이의 잔존형태를 살펴보면 솥걸이 구멍이 과연 2개였는지는 명확치 않다. 그 이유는 솥걸이와 내부시설의 잔존양상만으로 볼 때 중앙에 솥걸이를 2개로 나누어 사용하였는지 알 수 없기 때문이다. 그리고 솥받침으로 판단되는 돌

---

[15] 현재 보고서가 미간되어 도면을 통한 검토나 제시를 할 수 없기 때문에 자세한 검토는 다음으로 미루고자 한다.

들은 적당한 거리를 두고 떨어져 위치하므로 2개를 이용하여 취사용기 1개를 지탱하였다고 보기는 어렵다. 따라서 2개의 취사용기를 나란하게 거치하여 사용한 것으로 판단된다.

그러나 아궁이에는 2개의 솥받침에 하나의 솥걸이를 이용한 것인지 2개의 솥걸이를 이용하였는지 불분명하다. 이에 대해서는 다음 장에서 다시 살펴보고자 한다.

서울 구의동유적(구의동보고서 간행위원회 1997)에서는 쪽구들의 아궁이에서 실제 취사에 이용된 것으로 보이는 철솥 2점이 솥걸이에 거치된 채 출토되었다.^{사진 15} 출토상태를 살펴보면 우측에는 큰솥(鐵釜)을 좌측에 작은 솥(鐵壺)을 아궁이에 거치하였다. 구의동유적의 쪽구들 아궁이는 판석으로 축조되어 비교적 견고하기 때문에 이처럼 거치된 상태로 잔존할 수 있었던 것으로 생각된다.

사진 14 춘천 율문리유적 쪽구들의 아궁이와 고래

사진 15 서울 구의동 보루의 쪽구들 아궁이

    솥의 배치상태를 보면 아궁이 우측의 큰솥은 전면의 이맛돌과 우측의 고래개석에, 작은 솥은 3면이 아궁이 모서리에 1면은 큰솥의 전 위에 걸쳐 거치하였다. 특이한 점은 작은 솥을 큰솥의 전 위에 일부 겹치도록 걸쳐서 지탱시키는 반면, 솥받침은 확인되지 않았다는 점이다.[16] 이점은 아마도 솥받침이 필요 없을 정도로 견고하게 판석으로 축조된데다, 토기와 달리 솥 외면에 전이 부착되어있기 때문에 가능하였던 것으로 판단된다.[17] 한편 철제 솥이지만 뚜껑이 발견되지 않는 것으로 보아 덮개는 목판 등을 이용하였으나 모두 부식된 것으로 보인다.

    군산 관원리 II-가유적(원광대학교 마한백제문화연구소 2005)의 05-

---

[16] 보고된 자료 외에 더 자세한 조사사진을 확인하지 못하여 보고서상의 자료에 근거하였다. 다만 큰 솥의 우측 하단에 돌출된 돌의 기능이 솥받침이 넘어진 것인지, 솥을 지탱하기 위해 의도적으로 설치한 것인지는 명확치 않으나 여러 정황으로 볼 때 솥받침이 아닌 것으로 판단된다.
[17] 소형 솥에는 동체 외면에 전 대신 돌출된 고리형 파수를 통해 거치가 가능하다.

사진 16 군산 관원리Ⅱ-가 05-2호 주거지 부뚜막의 취사용기 거치상태.

2호 주거지에서도 취사용기 2개체가 부뚜막에 거치된 채 확인되었다.^{사진 16} 여기에서도 취사용기가 솥걸이에 거치된 채 노출되어 앞서 살펴본 구의동유적의 사례와 비교해 볼 수 있다. 관원리유적의 부뚜막은 아궁이에서 고래 없이 바로 굴뚝으로 이어지는 전형적인 호남지역의 특징적인 형태를 보이고 있다.

취사용기로는 장란형토기를 이용하였는데 구연부를 포함한 상부는 이미 결실되었으나 동체 중간에서 저부까지 직립한 상태로 잔존한다. 솥받침으로는 각각 발형토기를 1점씩 뒤집어 사용하였으나 모두 눌려져 깨진 상태로 노출되었다. 관원리유적의 부뚜막은 옆으로 나란한 솥걸이 형태이며 취사용기는 2점 모두 크기와 형태가 거의 동일한 기종으로 판단된다.

이외에 서천 지산리Ⅱ-57호 주거지,^{사진 20} 화성 발안리 1호 주거지의 쪽구들 아궁이에서도 솥걸이 부분이 일부 잔존한다. 그러나 발안리 1호 주거지의 아궁이는 1개의 솥걸이만 설치되었으며, 지산리 Ⅱ-57호 주거지의 아궁이는 다음 장에서 다시 검토하고자 한다.

2. 솥걸이의 배치

앞서 살펴보듯 최근의 부뚜막은 여러 개의 아궁이가 옆으로 나란하게 연결되며 아궁이 하나에 1개의 솥걸이 구멍이 설치된다. 이러한 형태는 【도면 1】의 부뚜막 모식도와 같이 여러 개의 취사용기가 앞뒤로 배치되는 것과 비교된다.

　따라서 이 장에서는 삼국시대 부뚜막의 아궁이에서 나타나는 솥걸이의 형태와 배치관계에 대해 구조적 특성과 잔존사례를 중심으로 검토해보고자 한다. 2개 이상의 취사용기가 옆으로 나란히 거치되어 출토되었거나 그 가능성이 높은 유구를 대상으로 살펴보면 다음과 같다.

　서울 구의동유적의 쪽구들에 설치된 아궁이에는 솥걸이에 철솥 2개가 옆으로 나란하게 거치되었다. 춘천 율문리유적의 쪽구들 아궁이에서는 솥걸이가 1개만 잔존하나 바닥에서 솥받침 2개가 나란히 설치되었다. 사진 14 군산 관원리유적의 부뚜막에서는 2개체의 취사용기가 하나의 솥걸이에 나란히 거치된 채 확인되었다. 사진 16

　이상의 사례들을 통해 본다면 삼국시대의 부뚜막에서도 현재와 같이 여러 개의 취사용기를 한꺼번에 나란히 설치하여 사용하였음을 알 수 있다.

　이 중 앞뒤로 나란한 취사형태는 솥걸이나 취사용기를 앞뒤로 나란하게 설치하는 방식으로 앞에 제시한 【도면 1】의 부뚜막 모식도에 잘 나타나 있다. 이처럼 솥걸이가 앞뒤로 나란하게 설치된 취사방식은 아궁이 내부의 불길이 앞 솥에만 가해지고 뒷 솥으로는 원활하게 전달되지 않아 취사에 어려움이 따를 것으로 보인다. 그러나 【도면 1】처럼 앞 솥걸이에는 장란형 토기처럼 大容器를, 뒷솥걸이에는 심발이나 호형토기 등의 小容器를 안치한다면 큰 어려움은 없을 것으로 판단된다. 그 이유는 앞 솥걸이에 큰 용기를 낮게 거치하고 뒷 솥걸이에는 작은 용기를 좀 더 높게 거치하는 방법을 이용하면 불길의 소통에는 문제가 없기 때문이다.

　즉 아궁이 초입부에서 발생한 불길은 점차 뒤로 가면서 상승하는 원리에 의해 앞 솥에 먼저 열을 전달한 다음, 나머지 불길은 좀 더 높이 오르며 뒷 솥으로 전해지는 것이다. 따라서 뒷 솥에 앞 솥보다 작은 기종을 배치한다면 충분히 취사가 가능하게 된다.

　따라서 아궁이에 앞뒤로 솥걸이를 2개 이상 설치하여도 일상적으로는 2개를 동시에 이용하기보다 내용물과 용도에 따라 필요한 용기를 선별하여 사용하였을 것이다. 즉 일상적인 취사에는 앞 솥걸이만을 이용하고, 뒷 솥걸이는 평소에 덮어 놓거나 필요시에만 가끔씩 쓰였을 가능성이 크다. 이처럼 앞뒤로 나란히 솥걸이가 2개 이상 설치된 부뚜막은 잘만 활용한다면 적은 연료로 2배 이상의 효과를 얻을 수 있는 구조인 것이다.

다음은 낙랑의 이동용 부뚜막처럼 앞에는 소형용기를 두고 뒷 솥걸이에는 대형용기를 설치하는 형태이다.

이러한 형태는 앞 솥걸이에 소형용기를 걸어 불길이 막힘없이 뒤에 거치된 대형 용기까지 쉽게 전달되도록 하는 방식이다. 무엇보다 소형용기가 앞에 설치되므로 아궁이 입구에서 뒷 솥걸이까지의 거리가 짧아지게 되어 충분히 불길이 미치게 된다. 따라서 앞 솥에서는 적은 용량의 다양한 음식물을 여러 번 만들 수 있으며 용량이 큰 취사에는 뒷 솥을 이용할 수 있다는 장점이 있다. 따라서 앞뒤로 나란한 취사방식에는 여러가지 장점이 있는 것을 알 수 있다.

이처럼 솥걸이가 앞뒤로 나란하게 설치된 부뚜막으로 추정되는 사례는 포천 영송리유적 1호 주거지,[사진 17] 미사리유적(숭실대 구간)B2호 주거지,[사진 18] 풍납토성 가-2호 주거지,[사진 19] 포천 자작리 2호 주거지,[사진 8] 파주 주월리 96-7호 주거지,[사진 7] 서천 지산리 II-57호 주거지[사진 20] 등이 있다.

이를 자세히 살펴보면 영송리 1호 주거지의 부뚜막은 잔존상태로 보아 어느 부분에 해당하는지 명확치 않은데다, 부뚜막 뒷쪽에 위치하는 토기도 함께 사용된 취사용기인지 판단하기 어려운 점이 많다.

미사리 B2호 주거지의 부뚜막은 아궁이 입구가 이미 파괴되어 잔존상태만으로는 명확히 알 수 없으나 이 부분을 추정 복원한다면 그 가능성은 충분하다. 그리고 이와 유사한 양상을 보이는 것이 풍납토성 가-2호 주거지의 부뚜막이다(국립문화재연구소 2000).

그러나 자작리와 주월리유적의 부뚜막은 솥받침이 1개만 나타나며 나머지는 모두 고래의 천정받침이다. 그리고 지산리유적에서도 아궁이에 솥받침은 1개만 나타나며 뒤쪽에서도 솥걸이라고 판단할 만한 시설은 확인할 수 없었다.

이상으로 검토한 결과 명확히 앞뒤로 솥걸이가 설치되었음을 보여주는 완전한 잔존형태의 부뚜막은 없지만 미사리 B2호 주거지와 풍납토성 가-2호 주거지 등은 그 가능성이 충분하다고 생각된다. 다만 영송리 1호 주거지의 부뚜막은 가능성이 없지는 않으나 잔존상태가 명확하지 않기 때문에 일단 제외하고자 한다.

이상의 사례로 본다면 우리나라에서는 앞뒤로 나란한 취사방식이 일본이나 중국에 비해 미미할 정도로 적은 것을 알 수 있다. 그 원인에 대해서는 다음 장에서 검토하고자 한다.

앞서 검토에서 나타나듯 솥걸이가 옆으로 나란하게 설치된 부뚜막에

사진 17 포천 영송리 1호 주거지 부뚜막

사진 18 미사리(숭실대 구간)B-2호 주거지 부뚜막

사진 19 풍납토성 가-2호 주거지 부뚜막

사진 20 서천 지산리 II-57호 주거지 쪽구들 아궁이

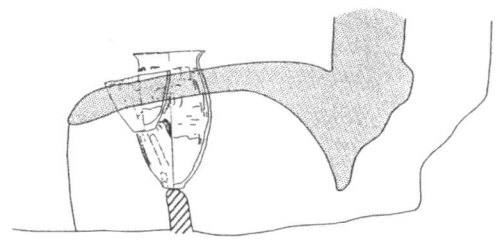

도면 2 직치형 고정(外山政子 1992 : 95쪽)

도면 3 사치형 고정(外山政子 1990 : 278쪽)

서 취사용기가 2개 이상 거치되어도 솥걸이는 거의 1개만 확인되는 것을 알 수 있다. 따라서 하나의 솥걸이에 2개 이상의 용기가 거치되었을 가능성이 충분한 것을 알 수 있다. 그러나 솥걸이 1개에 2개 이상의 취사용기를 거치하게 된다면 안정적인 취사에 어려움이 발생하게 된다. 이에 따른 취사용기의 고정방법에 대해 다음과 같이 살펴보았다.

첫째, 直置形 固定으로 2개 이상의 취사용기를 하나의 솥걸이에 수평하게 직립시키는 형태이다. 여기에는 솥걸이의 폭과 솥의 폭을 서로 일치시켜 빈 공간이 없도록 한다. 이렇게 해야 취사 중에 용기가 넘어지거나 끓어 넘치더라도 유동이 크지 않으며 안정적인 취사가 가능하게 된다. 직치형 고정에는 거의 동일한 기종과 크기의 취사용기를 고정시키는 방법사진 16과 기종이나 크기가 서로 다른 용기를 고정시키는 방법으로도면 2 구분할 수 있다. 직치형에는 장란형토기처럼 세장한 용기를 세워서 이용하므로 취사도중 넘어지지 않도록 솥받침으로 평저토기 등을 뒤집어 솥받침으로 이용하게 된다.

둘째, 斜置形 固定으로 2개 이상의 용기를 사선방향으로 배치하여 취사용기의 저부 또는 구연부를 이용하여 서로가 지탱·고정되도록 설치하는 형태이다. 사치형에서는 크기와 기종이 서로 다른 것을 배치하여 큰 용기에 작은 용기를 의지하여 지탱시키는 고정방법과, 동일한 크기의 기종을 이용하여 상호 지탱시키는 고정방법도면 3의 2가지로 구분할 수 있다.

셋째, 二重받침形으로 솥걸이와 취사용기 1개에 솥받침은 2개 이상 또는 취사용기 2개에 솥받침은 3개 이상을 사용하여 안정적으로 거치시키는 방식이다.도면 4

이상의 검토와 같이 옆으로 나란한 취사형태에서 하나의 솥걸이를 이용하여 2개 이상의 취사용기를 거치하는 방법에 대해 살펴보았다. 물론 여기에서 살펴본 것은 일부 사례에 불과할 수 있지만 상당수의 부뚜막에서 이처럼 솥걸이가 하나만 확인되는 경우가 많다. 따라서 하나의 솥걸이

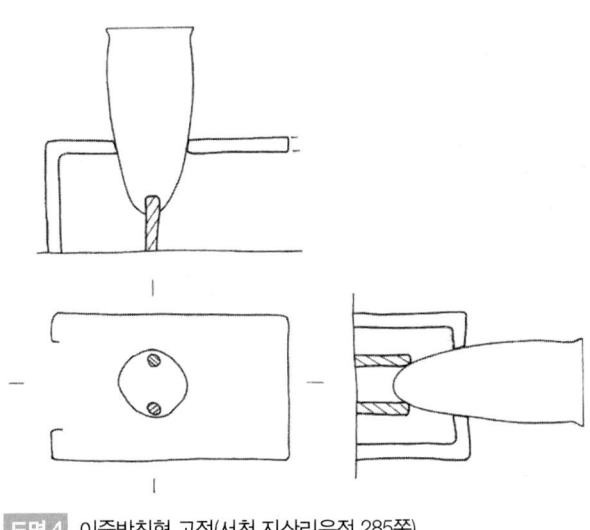

도면 4 이중받침형 고정(서천 지산리유적 285쪽)

에 2개 이상의 취사용기를 동시에 이용하였을 가능성은 매우 높은 편이다.
　　다음으로 하나의 아궁이에 앞뒤 좌우로 여러 개의 솥걸이가 설치되는 형태에 대해서도 살펴보자. 이러한 가능성을 보여주는 사례가 바로 석암리 99호분·227호분, 양동리 5호분 등 낙랑의 부뚜막형 명기(국립중앙박물관 2001)로 불리우는 이동용 부뚜막이다.^{사진 21} 이러한 낙랑의 이동용 부뚜막에서 나타나는 몇가지 특징들을 살펴보면 다음과 같다.

　　① 솥걸이와 취사용기의 크기가 일정하지 않고 다양하다.
　　② 솥걸이의 배치는 앞뒤로 1~3개 또는, 앞뒤 좌우로 여러 개가 설치된다.
　　③ 솥걸이의 수에 상관없이 아궁이 내부는 하나의 공간으로 이루어져 있다.
　　④ 솥걸이에 거치된 취사용기는 대체로 전이 부착되어 있으나 솥받침은 없다.
　　⑤ 솥걸이에 거치된 취사용기는 분리가 가능한 것과 아예 접합하여 고정시킨 것이 있다.

　　여기에서 나타나는 특징들을 검토해 보면, ①은 솥걸이의 폭을 다양하게 만들어 여러 기종의 크고 작은 취사용기를 함께 이용할 수 있도록 만든 것을 알 수 있다. 이러한 형태는 최근까지도 아궁이가 나란하게 설치된 부뚜막에 솥의 크기에 따라 대형과 중·소형 솥걸이가 함께 축조되는 것과 같다. 즉 취사할 내용물과 용도에 따라 다양한 선택을 할 수 있도록 하여 장란형토기와 소형 심발의 동시취사가 가능하도록 하였을 것이다.
　　②와 같이 3개 이상의 솥걸이가 삼각형 또는 역삼각형으로 배치되는 부뚜막은 이동용 부뚜막에서만 확인될 뿐 실제 조사를 통해 확인된 사례는 아직 없다. 다만 기존에 3개 이상의 솥걸이가 설치된 것으로 알려진 사례는 대부분 벽체나 봇돌로 설치된 석재를 솥받침으로 잘못 이해한 경우가 많았다. 이에 대해서는 앞서 솥받침의 구분방법을 통해 제시하였기 때문에 재론하지 않겠다.
　　③은 솥받침과 함께 아궁이 내부에서 여러 개의 취사용기 하중을 지

탱할만한 間壁이 확인되지 않았다. 따라서 삼국시대까지의 아궁이에는 隔壁槪念이 전혀 없었음을 알 수 있다.[18]

④는 솥마다 각각의 솥걸이가 설치된 만큼 취사용기의 모든 하중은 솥의 전을 통해 분산되는 구조임을 알 수 있다. 특히 솥받침이 없기 때문에 아궁이의 천정부분에서 모든 하중을 지탱해야 하므로 견고한 구조로 축조되었을 것이다.

⑤는 양동리 5호분 출토 이동용 부뚜막의 사례처럼 분리형과 고정형이 함께 설치된 것을 살펴볼 수 있다. 이것은 이동용 부뚜막이 당시의 일반적인 취사형태를 반영하고 있기 때문인 것으로 판단된다. 특히 장란형토기 등의 취사용기에 점토로 고정했던 흔적이 확인되는 것으로 보아 이처럼

사진 21 낙랑의 이동용 부뚜막(봉산 양동리 5호분 출토)

두 가지 형태를 모두 사용하였을 가능성도 생각해 볼 수 있다. 이에 대해서는 후술할(Ⅲ. 고정식 취사) 편에서 다시 검토하고자 한다.

이상에서 살펴보듯 낙랑의 이동용 부뚜막에서는 대체로 여러 개의

---

18) 현대의 부뚜막에서 나타나는 시설로 아궁이와 아궁이 사이에 설치되는 일종의 벽체이다. 천정 및 취사용기의 무게를 지탱하는 등 일종의 봇돌역할을 한다.

솥걸이가 나타나지만 동시기 한반도 중부이남지역의 주거지 내에 설치된 부뚜막에서는 이러한 형태를 확인할 수 없다. 그 이유에 대해서는 다음의 몇 가지 가능성을 유추해볼 수 있다.

실제 솥걸이가 분리되어 배치되었더라도 부뚜막의 폐기과정 또는 잔존양상이 불량하여 조사과정에서 확인되기 어려웠을 가능성, 이동용 부뚜막의 실제모델이 되는 부뚜막에서는 앞 열에 솥걸이를 1개만 설치하고 취사용기는 2개 이상을 거치하였으나 명기로 제작하는 과정에서 용기를 안치하기 쉽도록 의도적으로 솥걸이를 더 설치했을 가능성, 삼국시대의 부뚜막형태를 모델로 제작한 것이 아니라 중국의 부뚜막을 모방한 것이기 때문에 이처럼 이질적인 형태가 되었을 가능성이다.

이에 대해 필자는 마지막 가능성을 가장 현실적인 원인으로 생각한다. 왜냐하면 낙랑의 이동용 부뚜막은 漢代의 明器나 畵像石에 표현된 형태와 일치하는 등 전형적인 중국식 부뚜막을 표현하고 있기 때문이다. 이에 반해 고구려의 이동용 부뚜막은 천편일률적으로 쪽구들형태에 1개의 솥걸이만 설치되는 특징을 보이고 있다.

사진 22 고구려의 이동용 부뚜막(운산 용호동 1호분)

결론적으로 보면 삼국시대까지는 솥걸이를 하나 또는 여러 개 설치하여도 아궁이는 하나인 것을 알 수 있다. 그 이유는 무엇보다 부뚜막에 간벽이 설치되지 않았기 때문이다. 주거 내에 설치되는 부뚜막의 특징은 솥걸이가 나란히 배치되는 것보다 취사용기가 나란히 거치되는 형태인 것을 알 수 있다.

한편 앞뒤로 나란하게 솥걸이를 설치한 부뚜막의 취사형태에서도 앞솥걸이에는 2개 이상의 취사용기가 거치되었을 가능성은 충분하다. 특히 2개의 취사용기를 사치로 거치하게 되면 솥받침은 1개만 있거나 없어도 충분히 거치가 가능하기 때문이다.

그리고 이러한 형태로 이용되었다면 봉산 양동리유적의 이동용 부뚜막과 유사한 모습으로 추정해 볼 수 있을 것이다. 다만 이와 다른 점이 있다면 이동용 부뚜막에는 개별 솥걸이가 설치되지만 여기에서는 앞솥걸이 하나에 2개의 용기가 설치된다는 차이가 있을 뿐이다.

이상에서 보듯 앞뒤 또는 옆으로 나란한 취사형태는 솥걸이의 위치가 아닌 거치되는 취사용기의 위치에 의한 구분임을 알 수 있다. 이전에 필자가 제시하였던 안(한국고고학회 2006)에서는 이를 '옆으로 나란한 솥걸이의 취사방식' 과 '앞뒤로 나란한 솥걸이의 취사방식' 으로 표현한 바 있다. 이는 본고에서 검토한 바와 같이 옆으로 나란하게 설치된 솥걸이의 배치관계라기보다 취사용기를 옆으로 나란하게 설치하여 이용하는 방식도 나타나기 때문에 '옆으로 나란한 취사형태' 로 수정하고자 한다.

'앞뒤로 나란한 솥걸이의 취사방식' 은 비록 이러한 배치가 나타나기는 하지만 이 역시 취사용기를 앞뒤로 배치하여 사용하였을 가능성도 배제할 수 없기 때문에 '앞뒤로 나란한 취사형태' 로 수정하고자 한다.

(3) 고정식 취사

앞서 살펴 보듯이 삼국시대 부뚜막의 솥걸이에는 취사용기를 2개 이상 거치하는 형태가 나타나고 있음을 알 수 있다. 이러한 형태는 대체로 솥걸이에서 취사용기를 수시로 걸었다 떼어낼 수 있는 교체식의 착탈 분리방식이 아니라 상당기간 동안 거치시켜 놓은 채 사용하는 고정식이었을 가능성이 높다.

일반적으로 부뚜막에 취사용기를 거치하는 방식은 전달린 솥을 이용하게 되면 착탈분리가 가능하기 때문에 필요에 따라 얼마든지 솥을 바꿔가며 이용할 수 있게 된다. 그러나 전달린 솥이 쓰이기 이전의 장란형토기나 심발 등의 취사용기는 하중을 솥받침으로 지탱시키고 솥걸이 연결부위의 빈 공간에는 점토 등을 이용하여 밀봉 고정하여 거치하게 된다. 물론 이와 같이 밀봉 고정시키지 않고 솥걸이에 취사용기를 걸쳐둔 채 이용하는 방식도 함께 병행될 수 있다.[19] 그러나 이렇게 되면 연기와 재가 불길을 따라 취사용기와 솥걸이 사이의 빈공간으로 새어나오게 되어 용기 전면에 심한 그을음과 피열흔이 남게 된다. 따라서 대다수의 부뚜막에서는 솥걸이와 취사용기 사이의 빈공간을 점토 등으로 접합하는 형태가 많이 이용되었을 것으로 추정된다.^{사진 23} 이에 대해서는 솥걸이 부분이 잔존하는 사례를 통해 그 가능성을 밝혀보고자 한다.

포천 영송리유적 1호 주거지의 부뚜막은 솥걸이에 고정된 취사용기의 형태가 노출단면을 통해 잘 나타난다. 이를 살펴보면 취사용기는 단순히 거치된 것이 아니라 점토를 이용하여 솥걸이와 취사용기의 경부사이를 채워서 고정한 것을 알 수 있다.^{사진 17}

---

[19] 19 경우에는 용기외면의 피열흔이나 그을음 방향이 다양하게 나타나며 구연부까지 전면적으로 형성된다.

사진 23 고정식 취사용기 외면의 점토부착흔 (풍납토성 경당지구 9호유구 출토)   **사진 24** 삼국시대의 전달린 솥(구의동 출토)

한편 취사용기는 잔존하지 않지만 솥걸이의 잔존양상을 통해 살펴볼 수 있다. 춘천 율문리유적 쪽구들의 아궁이는 상태가 양호하지만 솥걸이 부분 일부가 깨어진 채 잔존하였다. 이러한 형태로 잔존하게 되는 원인은 솥걸이에 취사용기를 고정 접합하여 사용한 뒤 이를 분리하는 과정에서 상면 일부가 깨어졌을 가능성도 생각해 볼 수 있다.^{사진 4}

군산 관원리유적 05-가 2호 주거지의 부뚜막처럼 2개 이상의 용기가 함께 거치되는 경우에도 현재와 같은 원형의 솥걸이가 될 수 없다. 따라서 2개의 취사용기를 거치한 뒤 양쪽의 연결부분과 아궁이의 천정부분 빈 공간에 점토 등을 이용하여 메워야 한다.^{사진 16} 이처럼 2개 이상의 용기를 거치하는 경우에는 솥걸이에 빈공간이 많이 발생하게 되므로 이 부분을 밀봉해야 한다. 따라서 여기에 사용된 취사용기의 외면에 부착된 점토흔을 통해서도 이러한 밀봉·고정된 형태를 살펴볼 수 있다.

삼국시대에 전달린 솥이 장란형토기를 대체하는 것은 백제의 경우 대략 5세기 후반으로 알려져 있다(정종태 2006). 따라서 이미 삼국시대 후반에는 지금처럼 솥걸이에 전달린 솥을 거치하는 결합방식이 보급되기 시작하였을 것으로 판단된다.^{사진 24} 이와 함께 전달린 솥을 사용하기 시작하면서 솥걸이에 솥을 고정시키거나 솥받침으로 지탱하는 취사방식은 점차 사라지게 된다. 이점은 일찍이 전달린 솥을 사용하였던 낙랑의 이동용 부뚜막이나 구의동유적의 부뚜막에 솥받침이 나타나지 않는 점을 통해서도 알 수가 있다.

이처럼 솥받침이 사라지게 되면서 이를 대신하여 더욱 안정적인 구조의 솥걸이를 필요로 하게 되었다. 특히 솥의 외면에 부착된 전을 통해 모든 무게가 지탱되므로 이제는 수직보다 좌우의 균형과 하중분산이 중요하게 된 것이다. 그리고 전달린 솥을 사용하기 시작하면서부터 솥걸이 형태 역시 현재와 같은 圓形構造로 정착되었다고 생각된다.^{사진 25}

따라서 이전까지 점토와 돌을 이용하여 축조되던 아궁이 구조도 점차 板石造의 견고한 구조로 바뀌게 된다. 물론 그 배경에는 무엇보다 부뚜

사진 25 원형 솥걸이(현재의 부뚜막)

막과 쪽구들 구조에서 점차 반구들과 온구들 구조로의 변화를 들 수 있다.

IV. 맺음말

　이상과 같이 삼국시대 부뚜막의 구조와 이용에 관해 살펴보고 그동안 구분이 모호하였던 부뚜막과 구들에 대한 명확한 기준을 설정하여 이를 구분하였다.
　부뚜막의 형태적 특징은 아궁이에서 굴뚝까지 굴곡 없이 '一'字 방향을 이루며 고래를 진행한다. 구들은 주거공간 내부에 굴곡을 이루며 고래를 1~2줄 설치하는 쪽구들, 3~4줄로 주거공간의 절반가량을 차지하는 반구들, 주거바닥 전면에 설치되는 온구들로 나뉜다. 부뚜막의 구조는 축조재료에 따라 土造, 石造, 混築造 등으로 구분되며, 기능과 위치에 따라 아궁이, 고래, 굴뚝의 3부분으로 나뉘게 된다.
　아궁이부는 봇돌, 이맛돌, 벽체, 천정으로 구성되며 앞면에는 아궁이문틀, 천정에는 솥걸이, 바닥에는 솥받침이 설치된다. 아궁이와 굴뚝사이를 연결하는 고래부는 천정, 양 측벽, 천정받침으로 구성되며, 고래에서 주거외부로 연기를 배출하는 굴뚝부에는 굴뚝이 설치된다. 그리고 여러 논란이 있는 아궁이의 범위에 대해서는 아궁이 입구에서 취사용기에 불길이 전달되는 맨 뒤의 솥걸이까지 해당하는 것으로 규정하였다.
　구들에 설치되는 고래는 아궁이에서 지펴진 불길과 연기가 굴뚝으로 전달되도록 만든 중간통로의 역할을 하게 된다. 따라서 부뚜막에서도 아궁이와 굴뚝사이에 이와 유사한 기능을 가지는 부분에 대해 연도라는 막연한 명칭 대신 '고래'로 하였다.
　고래부를 가진 부뚜막은 비교적 긴편으로 난방기능도 어느 정도 가능하겠지만 대체로 길이가 짧은 충청·전라도지역의 부뚜막에서는 고래가 미약하여 아궁이에서 곧장 굴뚝으로 연결되는 경우가 많다.

부뚜막의 이용은 앞서 살펴본 구조를 바탕으로 실제 취사에 있어 가장 주요한 기능인 솥걸이의 이용에 대해 살펴보았다.

그 결과 솥걸이 하나에 취사용기를 1개만 거치하는 것이 아니라 2개 이상도 거치하는 것을 알 수 있었다. 또한 솥걸이가 잔존하거나 취사용기가 거치된 채 출토된 사례를 대상으로 취사방식을 검토한 결과, 용기의 배치형태에 따라 옆으로 나란한 취사와 앞뒤로 나란한 취사의 두가지 형태로 구분되었다. 이를 통해 이미 삼국시대부터 현재와 같이 취사용기를 옆으로 나란하게 설치하는 거치형태가 보편적으로 나타나지만, 앞뒤로 나란하게 거치한 형태는 비교적 소수에 불과하였음을 알 수 있었다.

우리나라에서 앞뒤로 나란한 솥걸이 유형이 중국이나 일본에 비해 절대적으로 부족한 원인으로 쪽구들에 부가된 아궁이 형태를 살펴보았다. 따라서 쪽구들의 아궁이에는 횡적인 개념 즉, 옆으로 나란한 취사방식이 훨씬 유효하기 때문에 앞뒤로 나란한 취사방식이 채용된 쪽구들이 구조적으로 축조되기 어려운 것을 알 수 있다.

삼국시대까지는 앞뒤로 솥걸이가 설치된 부뚜막이 일부 확인되지만 통일신라시대 이래로 이러한 형태는 더이상 나타나지 않는데 이는 점차 반구들 내지 온구들로의 전환에 따른 결과로 판단된다.

한편 취사용기의 거치방식도 삼국시대까지는 용기를 솥걸이에서 수시로 걸었다 떼어낼 수 있는 교체식 보다는 장기간 고정된 상태로 쓸 수 있는 고정식을 이용하였을 가능성이 높은 것을 알 수 있다. 이러한 양상은 전달린 솥이 장란형토기를 대체하는 5세기 후반에 와서야 현재와 같은 결합 형태로 전환되는 것을 알 수 있다.

이에 따라 솥받침이 점차 사라지게 되며 그 대신 솥의 가장자리에 돌려진 전을 통해 모든 무게가 지탱된다. 또한 전을 통해 전달되는 솥의 무게를 받치기 위해서는 솥걸이 부분을 더욱 안정적인 구조로 축조하게 된다. 따라서 점토와 돌을 주재료로 이용하던 부뚜막은 점차 견고한 板石構造로, 부뚜막과 쪽구들 구조에서 점차 온구들 구조로 전환되어 가는 것으로 판단된다.

참고문헌

경남문화재연구원, 2006, 『진주 평거동유적 발굴조사 지도위원회의 자료집』.
權度希·宋滿榮, 2003, 「파주 주월리 96-7호 주거지 출토 아궁이장식」, 『경기도박물관연보』7, 경기도박물관.
高麗大學校 埋藏文化財硏究所, 2004, 『牙山 葛梅里遺跡 發掘調査 略報告』.
구의동보고서 간행위원회, 1997, 『한강유역의 고구려요새-구의동유적 발굴조사 종합보고서』.
국립문화재연구소, 2001, 『풍납토성』Ⅰ.
기전문화재연구원, 2005, 『龍仁 寶亭里 소실遺跡』.
김건수, 1998, 「주거지출토 토기의 기능에 관한 시론」, 『호남고고학보』제5집.
김건수·이영철·이은정, 2004, 『光州 香嶝遺跡』, 湖南文化財硏究院.
김광언, 1997, 『한국의 부엌』, 대원사.
김규동, 2002, 「백제 토제연통 시론」, 『과기고고연구』제8호, 아주대학교 박물관.
김남응, 2004, 『문헌과 유적으로 본 구들이야기 온돌이야기』, 단국대학교출판부.
김동훈, 2005, 「한국 터널식 노시설에 관한 시론 -철기시대와 삼국시대를 중심으로-」, 성균관대학교대학원.
김병모·배기동·이한용·신영호, 1995, 『영송리 선사유적 발굴조사 보고서』, 한양대학교박물관.
김왕직, 2002, 『그림으로 보는 한국 건축용어』, 발언.
김용민, 2002, 「백제 煙家에 대여」, 『문화재』35, 국립문화재연구소.
김준봉·리신호, 2006, 『온돌 그 찬란한 구들문화』, 청홍.
남도문화재연구원, 2006, 『순천 코아루 럭스 아파트부지 내 문화유적 발굴조사』, 3차 지도위원회의자료.
內田眞澄, 2005, 「造り附けカマドの復元と使用 -製作使用實驗の結果より-」, 『群馬考古

참고문헌

學手帳』15, 群馬土器觀會.

東亞大學校博物館, 2005, 『泗川 勒島 C1』.

박강민, 2004, 『삼한시대 주거지내 부뚜막과 구들시설에 대한 연구』, 동아대학교대학원.

박준범·오승환·이성재, 2007, 『파주 갈현리 산 22-11번지 공장신축부지 문화유적 발굴조사 보고서』, 상명대학교박물관.

송기호, 2006, 『한국 고대의 온돌 -북옥저·고구려·발해-』, 서울대학교출판부.

송만영·이헌재·이소희·권순진, 2004, 『抱川 自作里遺蹟』Ⅰ, 京畿道博物館.

신영훈, 1997, 『우리문화 이웃문화』, 문학수첩.

예맥문화재연구원, 2006, 『춘천 율문리 75-2번지 창고신축부지내 유적』, 현장설명회 자료.

오승환, 2006, 「14. 취사도구와 시설」, 『수혈건물지 조사방법론』, 춘추각.

유기정·유창선·박대순·양미옥·전일용, 2005, 『扶餘 井洞里 遺蹟』, 忠淸文化財硏究院.

尹世英·李弘鍾, 1994, 『渼沙里』5, 渼沙里先史遺蹟發掘調査團.

外山政子, 1990, 「(5)長根羽田倉遺跡の煮沸具の觀察から」, 『長根羽田倉遺跡(本文) -編關越自動車道(上越線)地域埋藏文化財發掘調査報告書 第3集-)』, (財)群馬縣考古資料普及會.

外山政子, 1992, 「(爐)から(カマド)へ -高墳時代の新しい食文化- 新來の食文化の實態とその受用における東西日本の比較」, 『助成硏究の報告』2, (財)味の素食の文化センター.

원광대학교 마한·백제문화연구소, 2005, 『군장산업단지 진입로 건설구간(대전-군산)내 문화유적 발굴조사』지도위원회의 자료.

尹貞玉, 1981, 『한국의 전통적 주방공간에 관한 연구』, 고려대학교대학원.

李南奭·李賢淑·尹英燮, 2005, 『舒川 芝山里遺蹟』, 공주대학교박물관.

李民錫, 2003, 『韓國 上古時代의 爐施設 硏究 -湖南地域을 中心으로』, 全北大學校大學院.

참고문헌

이영덕, 2004,「호남지방 3~5세기 주거지 구조 복원 시론 -익산 사덕유적의 부뚜막을 중심으로-(Ⅰ)」,『연구 논문집』제4호, (재)호남문화재연구원.
이인숙・김규상, 1999,『坡州 舟月里 遺蹟』, 京畿道博物館.
이현숙, 2006,「炊事形態의 考古學的 硏究」,『韓國考古學 全國大會 자유패널 발표』1, 발표자료집, 韓國考古學會.
이형주, 2001,『한국 고대 부뚜막시설 연구』, 충남대학교대학원.
이홍종, 1993,「부뚜막시설의 등장과 지역성」,『영남고고학』12, 영남고고학회.
庄田愼矢, 2006,「炊事形態의 考古學的 硏究」,『韓國考古學 全國大會 자유패널 발표』1, 발표 자료집, 韓國考古學會.
정상석, 2003,「화성 발안리 마을 유적」,『제 27회 한국고고학전국대회 발표요지문』.
鄭鍾兌, 2003,「湖西地域 長卵形土器의 變遷樣相」,『湖西考古學』第9輯, 湖西考古學會.
＿＿＿, 2005,「三國~高麗時代 솥(釜)의 展開樣相」,『錦江考古』2, 忠淸文化財硏究院.
＿＿＿, 2006,『百濟 炊事容器의 類型과 展開樣相 -中西部地方 出土資料를 中心으로』, 忠南大學校大學院.
정찬영, 1966,「우리나라 구들의 유래와 발전」,『고고민속』4호, 사회과학원 고고학 및 민속학연구소.
하승철・박상언, 2005,「함양 화산리유적」,『원삼국시대 문화의 지역성과 변동』제29회 한국고고학전국대회, 한국고고학회.
한지선, 2006,「炊事形態의 考古學的 硏究」,『韓國考古學 全國大會 자유패널 발표』1, 발표자료집, 韓國考古學會.
湖南文化財硏究院, 2002,『高敞 校雲里 遺蹟 -金提 莊山里 遺蹟-』.

식 문 화 탐 구 회 학 술 총 서 1 집 취 사 의 고 고 학

중서부지방 고대
취락 내 주거·취사공간 분석

이현숙 _ 공주대학교박물관 학예연구사

I. 머리말

    인류가 거주하는 곳이면 지표 공간의 어디를 막론하고 재료와 형태의 차이는 있을지언정 거처가 마련되고 있는 것이 공통된 사실로 받아들여지고 있다. 따라서 취락은 기본적으로 집합의 의미와 인간 활동에 의하여 창조된 생활공간이라는 것으로 크게 정의될 수 있다(오홍석 1989: 11~13). 즉 생활공간의 주체자로서의 인간은 토지를 차지하여 지리적 환경에 적응하면서 생활을 영위하고 있으며, 생활의 근거지는 주로 주거지로 정리될 수 있다. 따라서 주거지는 취락을 구성하는 주요 단위로, 취락의 개념에 있어서 기본개념이 되고 있다.

    주거지와 취락은 인간의 일상생활이 이루어지던 가장 기초적인 공간이다(권오영 1997: 17~26). 더불어 취락유적은 과거의 인간행위를 총체적으로 반영하고 있는 고고자료이기 때문에 취락에 대한 연구는 당시 구성원들의 일상적인 생활내용을 파악할 수 있다는 점에서 고대사 복원에 매우 유용하다.(추연식 1994: 47). 그러나 취락이라는 동일한 대상을 연구과제로 삼는다고 할지라도 주안점의 차이에 따라서 접근방법은 달라질 수도

있다.

　　즉 기록이 제한적으로 남아있는 고대사회의 취락에 관한 문제에 있어서 일반적인 취락의 연구는 일부 문헌기록과 고고학적 자료에 제한될 수밖에 없는 실정이다. 그러나 문헌기록은 매우 제한적일 뿐만 아니라 기술된 내용에 있어서 구체성을 담보할 수 없다는 한계가 있다. 반면에 고고학적 자료는 토지의 성격이나 생활양식 그리고 역사적 환경에 대한 검토가 일부 가능하지만, 가치관이나 의식구조에 대한 접근은 사실상 불가능하다는 한계가 있다. 따라서 선사와 고대사회의 취락에 대한 접근은 일부 문헌에 대한 참고와 더불어, 주로 고고학적 자료에 대한 분석을 바탕으로 한 접근이 가능한 상태이다.

　　특히 최근 곳곳에서 많은 유적이 발굴조사 됨으로 인해서 그간 조사가 많이 이루어지지 못하였던 취락에 관한 자료가 증가하게 되면서, 주거지의 변천과 편년에 대한 연구와 더불어 주변의 지형환경에 대한 검토는 물론, 경관고고학의 범위까지 확대하고자하는 노력이 많이 이루어지고 있는 실정이다(한국고고학회 1994, 고려대학교 고고환경연구소 2005). 구체적으로 주거지의 구조, 내부 시설의 특징, 출토 유물의 분석 등 세부적인 접근을 통한 연구와, 주거지 및 토지이용에 대한 경제적 접근이나 주거지를 포함한 유적 패턴의 연구, 그리고 경관 자체에 대한 주제별 연구내용 등이 소개된 바 있다(추연식 1997: 47~68).

　　그러나 이러한 적극적인 노력에도 불구하고 전체 유적을 대상으로 하는 취락의 범위나 구조에 대한 분석을 통한 취락의 성격에 대한 접근, 혹은 동일한 주거지 내부에서 주거공간의 분화과정에 대한 연구는 사실상 많이 이루어지지 못하고 있는 실정이다. 이는 대규모의 단위유적으로 조사되는 예가 많지 않았던 조사환경으로 인하여, 전체적인 주거구조나 취락의 분석을 위한 전제로 개별적인 구조나 시설에 대한 기초적 접근을 시도할 수밖에 없었던 현실에도 원인이 있다.

요컨대 취락 내 주거지를 포함한 개별 유적의 현황에 대한 연구는 어느 정도 가능하겠지만(이홍종·권오영 1997), 지역 환경의 복원과 경관에 대한 연구는 현실적으로 많은 어려움을 안고 있다. 즉 구제발굴 조사를 통한 유적의 존재 확인 및 조사가 주를 이루고 있는 한국의 고고학적 환경에서는 조사 대상지역 이외의 유적현황에 대한 접근에 한계가 있을 뿐만 아니라 해석에 있어서도 많은 어려움이 있다. 더욱이 일반적으로 분묘유적에 비해 주거유적은 각종 인간행위에 의한 파괴정도가 심각할 뿐만 아니라, 발굴된 자료도 후대의 인위적 훼손이 이루어지는 등 주거지 조성당시의 공간 이용방식이나 전체 취락의 구조를 파악할 수 있는 자료는 많지 않다. 그러나 이러한 한계가 있음에도 불구하고 주거지는 인간의 삶의 터전으로서 그들의 생활방식, 가족구성, 사회적 계층관계 등을 엿볼 수 있는 일등급자료라는 점을 감안 할 때(권오영 2004), 취락연구에 있어서 여러 가지 가설적 접근을 통한 연구라도 지속적으로 이루어져야 될 것으로 판단된다.

따라서 본고에서는 3~5세기 대 충남지방에서 조사된 유적을 대상으로 하되, 사회 복합도가 낮은 고대 사회에서는 지형과 그에 바탕 한 지리적인 요인이 지역단위의 근간을 이루고 있다(李熙濬 1998)는 점을 감안하여, 일부 유적환경이 잘 남아있다고 판단되는 대표 자료를 연구의 대상으로 하였다. 즉 어느정도 규모를 파악할 수 있는 취락유적을 중심으로 주거공간의 분포 특징을 살핌으로서 취락집단의 성격을 추론해보고자 하였다. 그리고 기존에 보고된 유적 가운데 주거지 내부시설로 취사와 관련된 흔적이나 공간 활용의 예가 확인되는 유적을 중심으로 하여, 주거지 내부의 취사공간을 비롯한 기능적 공간의 분화상 등에 대한 접근을 시도해보고자 한다. 물론 각각의 유적별로 입지한 환경에 따라서 취락의 구조나 규모에 차이가 있을 것이라는 점을 감안하여, 분석 대상유적은 그동안 조사된 자료 가운데 주변의 생계환경에 대한 검토와 더불어 취락의 규모를 어느 정도 추론할 수 있는 유적을 중심으로 살펴보고자 하였다.

II. 취락유적의 검토

본장에서는 문헌에서 확인된 취락 내 주거지의 개략적인 현황을 살펴보고, 더 나아가 주거지와 부속건물의 존재가 확인된 유적을 중심으로 취락 내 주거공간 분화에 대하여 살펴보고자 한다. 최근 충남지역 일대에서 조사된 3~5세기 대 주거유적 가운데 주거지와 더불어 구덩이가 함께 조사되어 취락의 현황을 파악할 수 있는 유적을 비교·검토하여 주거공간의 분포 특징을 살핌으로서 취락집단의 성격을 추론하고, 주거지 내부 공간의 조사자료를 기초로 취사공간을 비롯한 기능적 공간의 분화상 등에 대하여 살펴보고자 한다. 이러한 분석을 기초로 유적을 구성한 집단의 사회·경제적 성향에 대한 추정이 가능할 뿐만 아니라, 나아가 당시 취락의 공간 활용과 관련하여 주거공간과 저장공간의 분화 등에 대해서 추정할 수 있을 것이다.

1. 문헌검토

기존에 조사된 유적 자료 가운데 광범위한 취락에 대한 검토나 주변 환경에 대한 복원을 시도하기에는 노출된 자료에 있어서 많은 한계가 있다. 따라서 상당부분의 취락고고학 연구는 전통적인 연구방식 속에서, 개별주거의 형식분류와 편년적 위치, 그리고 한반도 내 지리적 분포파악에 주로 한정되고 있다. 물론 최근에는 유적의 입지분석을 통하여 생업적 측면을 이해하기 위한 연구와 취락의 발생과 전개양상에 대한 연구, 그리고 자연환경과 유적의 입지에 관한 연구 등 다양한 연구방법이 시도되고 있기도 하다(권오영 1997: 최헌섭 1998: 이영철 2001, 2002, 2003: 김승옥 2004, 2007: 한국고대사학회 2007).

그러나 고고학 자료가 곧바로 사회 구조를 그대로 말해 주는 것은 아니며 일정한 모델을 통해 해석해야 하는 대상인 이상, 문헌적 연구 성과에 대한 이해는 당시의 생활상연구에 필수불가결한 점이다. 때문에 최근에는 문헌을 통한 당시의 생활문화상 복원에 대한 연구를 통하여 개략적인 식문화, 농경 등에 대한 연구내용이 있는데(권태원 1995: 김기섭 2004), 취락에 대한 구체적인 접근은 상당히 제한되어 있는 상태이다.

농경·정착생활이 이루어지고 국가라는 큰 단위의 사회체제가 형성됨과 더불어 집에 대한 요구나 기능이 변화하거나 추가되며, 이에 따라 집의 형태도 달라져온 것으로 확인된다. 그러나 문헌을 통하여 우리나라 고대 집의 구조를 구체적으로 알 수 있는 자료는 거의 희박한 상태이다. 일부 신라지역의 토기에서 집모양의 일부를 확인할 수 있는 것을 제외하고는 대부분 고고학적 자료와 일부 중국측 기록을 통해서 알 수밖에 없다.

우선 주거형태와 관련하여 살필 수 있는 기록은 주로 중국측 사서를 통하여 확인할 수 있는데, 그 내용을 살펴보면 다음과 같다. [三國志] 魏志 東夷傳 挹婁條에는 "處山林之間 常穴居 大家深九梯 以多爲好"로 '산림에 거처하면서 항상 땅을 파고 그 안에서 사는데, 큰 집은 사다리 아홉 개 정도의 깊이이고 깊을수록 좋은 것이다.' 라고 하였고 馬韓條에도 "居處作草屋土室 形如冢 其戶在上"이라는 기록으로, 거처는 지붕을 풀로 덮은 토실에서 사는데, 가옥의 형태는 무덤과 같고, 출입문이 지상쪽으로 자리한 수혈식움집의 형태와 비슷한 기록이 나와 있어 움집이 계속되었다는 것을 알 수 있다. 또한 [後漢書] 韓條에는 "無城郭 作土室 形如冢 開戶在上" 즉 '움집을 짓고 사는데 그 모양은 무덤처럼 생겼고 출입구는 위쪽에 있다'

라고 기록되어 있다. 그러나 弁辰條에는 "其國作屋 橫累木爲之有似牢獄 也"라고 되어 있는데, 이것은 가옥을 조성하는데 감옥과 같이 횡으로 나무를 쌓아 만들었다는 뜻이다. 이 기록을 바탕으로 집의 벽을 조성하는 데 있어서 벽체가 있었다는 것을 알 수 있다.

그러나 [晋書] 肅愼條에는 "居深山窮谷 其路險阻 車馬不通 夏則巢居 冬則穴居"라고 하여 깊은 산골에 사람이 살았는데, 그 길이 너무 험난하여 차마가 불통이며, 여름철에는 巢居생활을 하다가 겨울에는 穴居 생활을 한다'라는 기록이 있다. 여기에서 소거라는 표현은 대부분의 학자들이 고상주거(원두막처럼 기둥을 세워 집의 바닥을 지표에서 들어올려 지은 집)로 해석하고 있다. 즉 땅을 파고 지은 움집이 아니라 원두막처럼 땅 위에 세운 집이라는 뜻을 가지는 것이다.

앞에서 살펴본 기록에 의하면 [後漢書] 韓條의 기록과 [晋書]의 肅愼條 기록을 제외하고는 주변의 환경을 구체적으로 파악할 수 있는 기록은 거의 없다. 즉 주거지의 형태에 대한 기록은 있으나 주변의 부속시설에 대한 기록이나 취락의 구조를 알 수 있는 내용이 전혀 없다는 점이 주목된다. 다만 주거지의 구조를 파악하는 내용 중에 주목되는 것은 수직으로 된 벽체가 만들어지고 고상가옥이 출현한다는 내용이다. 즉 땅을 파고 집을 짓는 움집형태의 주거지 이외에도 땅 위에 집을 짓는 지상주거의 존재를 확인할 수 있는 것으로, 시간의 흐름에 따른 주거형태의 발전을 추정할 수 있는 자료로 판단된다. 이는 고고학적 자료에서 선사시대에는 수혈주거지가 대부분 확인되나 삼국시대에 이르러서는 많은 지상가옥의 존재가 확인되는 점과도 비교 가능한 것이다.

당시의 생활환경에 대한 접근은 사실상 구체적인 자료가 많지는 않으나, [三國志] 魏志 東夷傳 韓條의 기록에 보면 "散在山海間"이라는 기록에 알 수 있듯이 산과 바다에 흩어져 살고 있었다는 것으로 미루어 볼 때, 유적의 입지가 비교적 넓은 범위에 다양하게 분포하고 있었음을 알 수 있게 한다. 생업형태와 관련된 내용도 "基民土著 種植知蠶桑 作綿布"의 기록에서와 같이 곡식을 심으며 누에치기와 뽕나무를 가꿀 줄 알고 면포를 만들었다고 하는 것으로 보아 곡물농경의 존재도 확인할 수 있다.

(2) 유적의 사례 검토

최근 충남지역을 포함한 중서부지방 일원에서 3~5세기 대 유적이 곳곳에서 조사되는 양상으로 확인되는데, 지역별로 주거지의 구조에서도 차이를 보이기 때문에 획일화된 구분 자체가 어려운 실정이다. 본고에서 대상으로 삼고 있는 충남지역 일원을 포함하는 중서부지방 내에서도 다양한 모습으로 확인된다. 기존에 조사된 유적으로는 천안 두정동 유적, 장산리 유적(이강승·박순발·성정용 1996), 용원리 유적(오규진·이강열·이혜경 1999), 아산 갈매리 유적,[1] 아산 갈산리 유적,[2] 공주 안영리(이남석·이현숙 2002)·장선리(충남역사문화원 2003)·화정리유적(나건주 2003), 논산 원북리(중앙문화재연구원 2001)·정지리 유적,[3] 연기 응암리 유적,[4] 서천 지산리(이남석·이현숙·윤영섭 2005)·송내리 유적(정종태 2001) 등이 있다. 이들 유적의 개별적인 검토를 위해서는 유구에 대한 분석과 더

---

[1] 2004년에 조사된 유적으로 공주대학교박물관, 고려대학교 매장문화재연구소, 충남발전연구원 역사문화센터에서 공동조사 하였다.
[2] 충청남도역사문화원, 2004, 『아산 갈산리 유적』. 모두 8기의 4주식 주거지가 조사되었으며, 유적의 년대는 A.D. 200~250년으로 비정한다. 내부시설은 주공, 구시설, 부뚜막시설이 확인된다. 유적은 곡교천과 매곡천이 만나는 지점에 위치하는데, 주변은 장산리유적과 같이 산림지역으로 이루어져 있다.
[3] 정지리 유적에 관한 사항은 추후 보고서를 기초로 세부적인 검토가 필요한 실정이다.
[4] 공주대학교박물관, 2004, 「연기 응암리유적 발굴조사 약보고서」. 모두 10여기의 4주식 주거지가 조사되었으며, 내부시설은 주공, 구시설, 터널형 부뚜막시설이 확인된다. 주변에 산림지역이 잘 발달되어 있으며, 사이의 곡간부가 경작지로 개간되어 있다.

불어 주변지역의 자연환경에 대한 검토가 별도로 이루어져야 할 것이지만, 이에 대해서는 추후에 언급하고자 한다. 따라서 이 장에서는 조사된 결과를 바탕으로 하여 어느 정도 취락의 형태를 파악할 수 있을 것으로 추정되는 유적을 중심으로 살펴보고자 한다.

① 천안 두정동유적

두정동유적은 천안시의 북쪽에 위치한 곳으로, 해발 72~75m의 남-북으로 뻗은 완만한 구릉 정상부가 동-서로 연결되고 그 사이에 넓은 골이 져있다. 남쪽에서 북쪽으로 향하는 작은 골을 따라 발달한 저평한 구릉지를 이루고 있다. 주변에 큰 하천은 없으나, 주요 수계는 천안시 북부에서 남으로 흐르는 천안천의 최상류에 해당하는 곳이다.

원삼국·백제시대 주거지는 모두 12기가 조사되었다. 평면형태는 반원형과 말각방형, 방형의 세 가지 유형으로 구분되는데, 대부분의 주거지 내부에 화덕형노지와 부뚜막형 노지가 시설되어 있다. 즉 주거지의 평면형태나 노지 축조방식, 기둥배치 등이 정형성을 찾아보기 어려울 정도로 다양하다는 특징이 있다. 유적의 조성연대는 3세기 중반에서 4세기 전반에 해당하는 것으로 편년된다.

주목되는 것은 B지구로 분류된 두정동 유적에서 원삼국·백제시대 주거지 2기와 원형 저장구덩이 형태의 구덩이가 5기 조사되었다. 이 구덩이의 용도와 관련해서는 B지구에서 조사된 주거지가 특수성을 보이는 백제시대 대형의 장방형 주거지이고, 이와 관련된 기능을 갖춘 구덩이로 이해할 수도 있다. 그러나 두정동 유적 주변이 저평한 구릉지대를 이루고 있고, 주변으로 작은 곡간지대와 저습지가 펼쳐져 있어 생업경제와 관련된 경작지의 존재가능성을 추정할 수 있는 곳이라는 점을 주목할 경우, 순수 저장시설로서의 용도도 배제할 수 없을 것이다.

② 천안 장산리유적

　　천안 장산리유적은 금강지류인 미호천으로 합류되는 升川川에서 연결되는 작은 谷間川의 최상류부인 구릉사면에 위치한다. 유적은 북편에 동서로 형성되어 있는 해발 150m 내외의 산록이 남쪽으로 급경사를 이루고 내려오다가 저지대와 만나는 부분에서 경사도가 완만해지는 해발 80~100m 내외의 산록 사면 하단부 구릉에 자리하고 있다. 유적 주변은 계곡 지형의 특성상 계속되는 자연침식에 의한 훼손이 많이 이루어져 있으며, 유적 주변의 좁은 곡간평야 내에는 경작지가 형성되어 있다.

　　주거지는 총 8기로 평면형태는 모두 말각장방형으로 보고되어 있으며, 면적은 30m²를 넘지 않는 것이 대부분이다. 노지는 아무시설이 없는 무시설식이 많고, 벽구는 벽면으로 일부 돌아가는 것으로 시설되어 있다. 출토 유물은 경질무문토기가 주류를 이루고, 일부 주거지에서 연질타날문토기가 출토되고 있다. 보고자는 한강유역 및 중서부지역의 원삼국시대 토기 편년안과 방사성탄소연대 측정 결과를 통해 장산리 7호는 A.D. 0~200, 2호는 A.D. 200~250년으로 설정하고 있어 장산리유적의 조성 연대를 기원후 1~3세기로 편년되고 있다.

　　장산리 유적의 경우 전체 범위에서 모두 8기의 주거지만 확인된 점과 유적 주변으로 지표조사와 트렌치 조사 등을 통하여 전체 조사범위를 확대해 보았지만 구체적인 유구의 존재를 확인할 수 없었다는 점에 근거하여 소규모의 단위취락으로 이해하였다. 나아가 유적이 입지한 곳의 자연환경 차이를 기초로 지속적이고 집약적인 농경방식인 논농사 중심지대인 중서부지방의 특징을 유추하여 핵가족 집단의 가족구성이 성행되었을 것으로 추정하였다. 물론 이러한 추론은 현재 조사된 장산리유적 주변으로 조사가 확대되어 유적이 확인될 경우 별도의 수정이 요구되겠지만, 현재로서는 주거지의 수량과 주변의 계곡을 포함한 산림지형에 기초할 때 가능성을 배제할 수 없을 것으로 판단된다.

③ 천안 용원리유적

천안 용원리유적은 천안시 성남면에 위치하는데, 남쪽은 승천천이 북에서 동남방향으로 흐르고, 북동쪽에는 산방천이 북서에서 남동방향으로 흘러 병천천에 합류한 후 다시 미호천에 합류한다. 용원리유적의 남동쪽으로 일정한 거리를 이룬 지역은 수계가 잘 발달되어 있으며, 하천을 중심으로 주변에 낮은 구릉성 산지와 넓은 곡창지대가 형성되어 있다. 그러나 용원리유적은 북쪽에서부터 연결된 차령산맥의 줄기에 포함되는 산림지역에 해당한다.

주거지는 모두 118기가 조사되었으며, 이밖에 수혈유구 2기, 요지 3기, 굴립주 건물지 2동이 조사되었다. 평면형태는 방형과 凸자형으로 확인되며, 4주식과 무주식으로 이루어져 있다. 주거지는 대부분 해발 150~210m 범위에 분포하는데, 지형의 경사가 심해 주거지의 하단부가 유실된 예가 많으며, 주거지간의 중복도 심한 편이다. 규모는 대형(74.7~84.6m^2) 중형(45~74.7m^2), 소형(45m^{2}미만)으로 구분하는데, 凸자형 주거지가 주로 중대형에 속하고, 4주식의 방형주거지는 대부분 중형에 해당하며, 무주식의 방형주거지는 소형에 해당하는 경우가 많은 것으로 확인되었다. 따라서 주거지의 고유 기능이나 목적, 집단내의 위계에 의한 차이가 있었을 것으로 보고자는 보고 있다. 유적의 중심연대는 4세기를 전후한 시기로 보고 있다.

유적의 성격에 대한 구체적인 논의는 없으나, 유적의 입지환경을 기초로 살펴볼 경우 주변의 장산리유적과 유사한 환경조건을 갖추고 있음을 알 수 있다.[5] 즉 주변에 좁은 곡간지대가 형성되어 있고, 전체적으로 산림

---

[5] 물론 주거집단의 규모면에서는 장산리와 비교할 수 없을 정도로 밀집분포하고 있는 점은 배제할 수 없다.

지역에 연결되어 있는 지형조건을 갖추고 있는 점, 그리고 별도의 저장시설과 같은 부대시설 없이 방형의 주거구조만으로 이루어져 있는 점 등이 그것이다. 특히 용원리유적의 경우 능선의 하단부에는 고분군이 대단위로 조성되어 있으며, 그 전방에 경작지대가 형성되어 있으나 산림지역 사이에 해당하므로 그다지 넓은 범위는 아닌 상태이다.

④ 아산 갈매리유적

갈매리유적은 아산시의 동쪽 외곽지대에 위치하는데, 행정구역상 천안시와 경계를 이루는 곳이다. 주변의 지형은 봉강천과 용천이 합류하여 곡교천을 이루어 북서쪽의 아산만으로 흘러들어가는 지점에 해당하는데, 유적의 동쪽은 봉강천과 접하고 서쪽은 용천과 접해있는 구릉하단부의 저평한 지대이다. 따라서 양쪽 하천의 제방 사이에 형성된 저지대로, 지형상으로는 배후습지에 해당한다. 조사지역의 남쪽으로는 해발 60~85m미만의 나지막한 저산성 구릉지대가 넓게 형성되어 있으며, 현재 유적의 주변은 평평한 저지대의 논으로 경작이 이루어지고 있는 상태이다.

조사결과 凸자형주거지 1기와 굴립주 건물지 다수가 확인되었다. 굴립주 건물지의 규모는 280×300cm에서 520×780cm에 이르기까지 다양하다. 유적의 성격에 대한 견해가 일치되어 있지는 않으나, 굴립주 건물지의 분포상으로 미루어 볼때 지상화된 가옥의 형태로 판단하는데 별다른 문제가 없을 것으로 판단된다. 더욱이 출토된 유물의 상당부분도 A.D. 5세기대를 전후한 것으로, 백제시대 주거문화의 변천상을 파악할 수 있는 중요한 자료로 판단된다.

⑤ 공주 안영리유적

공주 안영리유적은 행정구역상 공주시 탄천면 안영리 일대에 해당하는데, 장선리 토실유적과는 동일한 능선에 해당한다. 유적은 남쪽에 넓게 발달된 논강평야 주변에 해당하는 곳으로 '우교천'과 '석성천'에 연결되는 '금강'변의 나지막한 구릉지대를 이루고 있다. 인근 지역에 공주 화정리유적과 논산 원북리·정지리유적이 안영리유적과 마찬가지로 석성천변의 구릉지대에 입지한 유적으로, 중앙의 '논강평야'를 중심으로 주변에 넓게 형성된 생활유적에 해당한다.

안영리유적에서 조사된 유구는 청동기시대와 원삼국·백제시대로 크게 구분된다. 청동기시대유적은 주거지 10기와 저장용 구덩이 15기가 일정한 간격을 이루어 배치되는 형상으로 확인되었다. 즉 청동기시대 중기의 송국리형 문화단계의 주거공간과 저장공간이 구분된 양상을 보여주는 유적이다. 더불어 원삼국·백제시대의 유적은 주거지 7기와 저장용 구덩이 49기, 아궁이시설 1기, 분묘 14기가 조사되었다. 안영리에서 조사된 저장용 구덩이 형태 중 일부는 장선리유적에서 토실로 인지된 유구와 동일한 형태이지만, 본고에서는 안영리에서 조사된 주거지의 존재를 바탕으로 당시의 주거형태를 전통적인 반수혈의 움집형태로 판단하였다. 따라서 조사된 구덩이는 보고서에서와 마찬가지로 저장용 구덩이의 용도로 판단하였다.

주거지와 구덩이는 수량에 있어서 구덩이가 매우 밀집된 형태를 보이고 있을 뿐만 아니라, 배치상에 있어서도 구덩이가 유적 중앙의 평탄지대에 밀집되어 있고, 그 외곽에 주거지가 분포되어 있다. 따라서 유적의 중심은 주거지보다 구덩이에 있을 것으로 판단된다. 이러한 유구의 분포는 조사지역의 서쪽 상단부에 해당하는 공주 장선리유적에서도 확인되는 내용으로, 장선리유적에서는 중앙 선상부의 평탄지대에 토실과 저장구덩이로 해석된 유구가 밀집되어 있고 주변에 동시기의 수혈주거지가 분포하는 배치를 보인다.

이와 같이 구덩이가 매우 밀집된 형상은 주변의 비교가능한 시기에 조성된 유구에서도 확인되는 내용이다. 구체적인 용도를 파악하는데 많은 어려움이 있겠지만, 안영리유적은 인근의 공주 화정리유적, 논산 원북리유적과 마찬가지로, 주변에 넓게 발달된 경작지를 중심으로 형성된 저장기능이 매우 강화된 집단의 흔적으로 미루어 추정할 수 있을 것으로 판단된다.

⑥ 공주 장선리유적

장선리유적은 안영리유적과 동일한 능선에 연접해 있는 유적으로, 행정구역상의 구분을 제외하면 동일한 유적에 해당한다.[6] 조사를 통하여 확인된 유구는 토실유구 39기, 수혈주거지 6기, 저장공 25기로 보고되어 있다. 토실유구와 수혈주거지가 함께 병존해 있으며, 저장공이 주로 토실유구에 인접해 분포하는 특징을 보인다. 주거지 내부에는 벽구시설과 아궁이 시설이 구체적으로 확인되는데, 아궁이 시설의 경우 주로 취사용으로 보고하였다.

⑦ 공주 화정리유적

공주 화정리 유적은 행정구역상 공주시 탄천면 화정리 28-1임 일원에 해당하는데, 공주의 최남단부에 해당하는 곳으로 논산시와 접해 있는 곳이다. 주변에 잘 발달된 하천을 중심으로 유적의 남쪽으로는 비옥한 평야가 발달되어 있다. 화정리유적에서는 원삼국·백제시대로 편년되는 86기의 구덩이 유구가 조사되었다. 부분적으로 유구간의 중복관계가 확인되지만 대부분 동일한 성격을 지닌 것으로 판단하고 있다. 조사지역이 매우

---

[6] 충남발전연구원에서 조사한 장선리유적은 공주대박물관 조사지역과 연결되는 곳이다. 유적의 양상도 동일한 것으로 확인되나, 유구의 성격에 대한 해석에 있어서 『삼국지』위지 동이전 기록에 기초하여 지하식의 土室로 인지하고 있다. 따라서 여기에서는 보고자의 내용대로만 기록하였다.

제한된 범위이므로 별도의 주거공간은 확인하지 못하였다. 그러나 현 조사지역에서 서쪽으로 연결되는 능선 상부가 평탄면을 이루고 있는 것으로 미루어 볼 때 관련주거지가 주변에 분포할 가능성을 배제할 수 없다. 따라서 공주 화정리유적도 주변의 안영리나 논산 원북리유적과 마찬가지로 주변의 발달된 경작지대를 중심으로 형성된 저장기능이 강화된 집단의 흔적일 가능성을 추정할 수 있다.

⑧ 논산 원북리유적

논산 원북리유적은 행정구역상 논산시 성동면 원북리·원남리·정지리 일대에 인접해 있는 유적으로, 지형상으로는 금강변의 저평한 구릉지대에 해당한다. 지형상으로는 서쪽으로 길게 흘러내린 해발 40m내외의 구릉지대로 이루어져 있으며, 선상부와 남향사면을 중심으로 청동기시대부터 조선시대에 이르기까지 다양한 유구가 매우 밀집된 형태로 분포되어 있다.

청동기시대 유구는 송국리형의 주거지 7기와 구덩이 15기, 소성유구 3기, 석관묘 6기가 조사되었다. 생활유구와 분묘유구는 능선을 달리하여 분포하는 일반적인 특징을 보이는 반면에, 생활유구에 해당하는 주거지와 구덩이, 소성유구는 일정한 구역내에 분포되어 있는 것으로 확인된다. 초기철기시대 유구는 적석목관묘 1기와 토광묘 8기가 한쪽 지역에 분포하는데, 관련 주거지는 확인되지 않는다.

백제시대유구는 주거지 40기와 구덩이 175기가 조사되었다. 각각 '나' 지구와 '다' 지구로 구분된 조사지역 내에 주거지와 구덩이가 밀집된 분포를 보이는데, 주로 주거지가 선상부의 평탄지대에 위치하고 주거지가 주변의 사면부에 배치되어 있는 특징을 보인다. 주거지에 비하여 저장용 구덩이의 수량이나 밀집도가 매우 높다는 점과 주거지 내에서 특별한 위계를 가늠할 수 있는 유물이나 흔적이 전혀 확인되지 않은 점 등으로 미루어 볼 때, 원북리유적 구성원의 역할에 대한 검토가 필요할 것으로 판단된다. 즉 주변의 넓은 농경지를 바탕으로 형성된 유적으로 취락 내 생활공간과 저장공간이 분화되어 있다는 점은 일반적으로 인지될 수 있는 내용이지만, 저장용 구덩이가 대단위로 밀집되어 있는 것은 주변의 지형·지리적 환경을 바탕으로 한 생업경제와 유적 구성집단의 성격을 고찰하는 데 매우 의미있는 자료가 될 것으로 판단된다.

⑨ 서천 지산리유적

지산리유적은 해발 80m미만의 나지막한 구릉의 남서향사면에 위치한다. 유적의 남쪽으로는 금강에 유입되는 '석마천' '길산천' 과 같은 소하천을 중심으로 하여 주변에 넓은 평야지가 형성되어 있어 생활환경으로는 매우 양호한 입지조건을 갖추고 있다.

조사된 유구는 Ⅰ지구에서 주거지 5기, 구덩이 2기, 그리고 Ⅱ지구에서 주거지 70기, 구덩이 11기, 그리고 자연수로 형태의 물길이 확인되었다. 지형상으로 일정한 거리를 두고 있어 Ⅰ·Ⅱ지구로 구분되었으나, 유적의 성격에 있어서 상호 인지할 수 있을 정도의 인접한 거리에 동시기에 조성된 것으로 보는 데는 별다른 문제가 없을 것으로 판단된다. 다만 조사범위가 도로부지에 해당하는 곳이기 때문에 조사를 통하여 지산리 취락유적의 전체 범위를 파악할 수 없었다는 한계가 있다.

주거지의 평면형태는 방형과 장방형으로 확인되는데, 방형계통이 주를 이루고 있다. 개별 주거지간의 중복관계가 일부 확인되는데, 중복된 유구 사이에 있어서 내부 구조나 출토유물의 차이가 거의 확인되지 않는다. 내부시설로는 터널형의 구들을 갖춘 부뚜막시설과 바닥시설, 그리고 벽체시설이 있다. 부뚜막시설은 22기의 주거지에서 확인되는데, 이는 전체 주거지 가운데 약30%를 차지하며 이 주거지의 화재율은 50%이상에 달한다. 특히 주거지의 중복관계 분석결과 비교적 늦은 시기에 화재 폐기율이 높게 나타나는 것으로보아, 지산리 취락의 기능폐기에 있어서 물리적인 외부 환경의 요인이 매우 강하게 작용하였을 것으로 추정이 가능하다.

유적의 입지상에서 주목되는 내용으로는 주변이 완만한 산림지역으로 원을 이루듯이 돌려져 있고, 그 안에 주거지가 형성되어 있는 지형인데, 주거지의 하단부에는 자연수로로 추정되는 물길의 흔적도 확인된다는 점이다. 이는 현재 조사된 유구의 분포 범위보다 넓은 범위에 걸쳐서 취락이 형성되어 있음을 알 수 있는 구체적인 자료이다. 더불어 유적의 남서쪽 전방으로는 곡간과 소하천을 따라서 넓은 충적지대가 형성되어 있고, 북서쪽으로는 산림지역이 잘 발달되어 있는 점 등으로 미루어 볼 때, 취락의 입지환경으로는 매우 양호한 조건을 갖추고 있는 지역으로 판단된다.

⑩ 서천 송내리유적

송내리유적은 남쪽의 왕개산(99.9m)에서 북쪽으로 흘러내린 능선의 서향사면 말단부에 위치한다. 따라서 유적의 북쪽 전방으로는 송내들이 넓게 형성되어 있고, 남쪽으로는 왕개산을 비롯한 산림지역이 넓게 형성되어 있다. 특히 이 남쪽으로 약 4km의 거리에는 충청남도와 전라북도를 구분짓는 금강에 동에서 서로 흐르고 있어 풍부한 수원과 넓은 충적지대를 모두 갖춘 입지에 해당한다.

유적에 대한 조사결과 원삼국시대 주거지 28기, 수혈유구 9기, 밭으로 추정되는 경작지가 상·하층으로 구분되어 확인됨으로서 당시 취락의 일면을 나타내주는 중요한 자료로 판단된다. 유적의 연대는 3세기 후반에서 4세기 전반대로 편년된다. 주거지의 평면은 방형과 장방형으로 이루어져 있는데, 대부분 파손되어 정확한 양상은 알 수 없으나 장방형이 주를 이룬다. 내부시설은 벽체시설과 'ㅡ'자 혹은 'ㄱ'자의 터널형의 구들을 갖춘 점토 부뚜막시설이 확인되었다.

수혈유구는 주로 주거군 사이에 위치하는데, 주거지와는 다른 용도로 파악하였는데, 저장공과 같은 용도로의 추정이 가능할 것으로 판단된다. 더불어 확인된 경작유구는 상·하층으로 이루어져 중복된 형상을 보이는데, 주거지가 존속하고 있을 때 이용된 경작유구로 보는데 별다른 문제가 없다. 더불어 주거지군의 바로 아래쪽에 위치한 저습지를 이용한 논농사를 병행한 생업경제를 영위했을 가능성도 추정된다. 조사범위가 능선의 서향사면 일부에 한정된 관계로 유적 전체보다는 단면만을 확인할 수밖에 없었다는 아쉬움이 남지만, 보고된 자료를 기초로 송내리 취락의 구성원이 논농사와 밭농사가 복합된 복합생업경제를 영위하였을 가능성을 추정할 수 있게 된 자료로서 주목된다.

III. 취락 내 주거공간의 분석

지리학에서 취락은 좁은 의미로는 주거지가 집합된 촌내에 한정시키는 것이 일반적이지만, 넓은 의미로는 주거지를 주축으로 하여 그 주변에 배치되고 있는 부속건물·경지·도로·수로·공휴지·울타리 등 거주형태 전반을 포함하는 것으로 인지 된다(오홍석 1982: 홍경희 1986). 따라서 취락은 인간이 오랜 세월에 걸쳐 지리적 환경에 적응하면서 구성원의 연구와 노력으로 창조되고, 시간경과와 더불어 지표에 누적된 것이라고 볼 수 있다. 그래서 그것은 토지의 성격, 생활양식, 역사적 환경, 주민의 가치관과 의식구조에 따라 장소의 차이를 보이게 된다. 즉 취락은 지역성격을 잘 표현하는 상징적 지표가 되는 동시에, 인간이 토지를 점거하고 있는 상태 가운데서 가장 중심적인 인문현상이 되고 있다(오홍석 1989: 11~13).

따라서 취락 내 주거의 건물과 공간은 단일건물의 단일공간으로부터 새로운 기능이 추가되거나, 기존의 기능이 분화됨으로써 여러 건물이나 여러 공간으로 분리되었다는 것을 알 수 있다. 이는 나아가 주거 건물과 공간은 시대성이나 계층성, 지역성 등을 반영하게 된다. 즉 사회집단의 규모와 조직을 복원하고 사회변동을 설명할 수 있어야 한다. 따라서 이 장에서는 하나의 주거지나 유적을 주목하기 보다는 유적 안에 주거지들과 일정지역 내의 지형조건을 함께 검토하여 분석하고자 한다.

취락의 공간분석에 대한 연구는 유적자료·해석 등에 있어 사실상 많은 한계가 있어 적극적인 작업이 어려운 것이 사실이다. 강봉원(1995)은 공간분석의 개념을 소개하면서, "공간분석이라 함은 한 유적지 내에서의 유물분포의 양상을 파악하여 보다 정확하게 도구들의 성격과 특정한 행위들이 이루어졌던 장소들을 규명하거나, 혹은 광범위한 지역에서 발견된 많은 유적지들의 분포양상을 조사하여 이들이 어떻게 자연환경 내지는 다른 사회 조직체들과 관련되어 있는지를 알아보고 혹시 특정한 모양을 갖추고 있는지, 만약 어떠한 양상이 있다면 왜 그러한 모양이 초래되었는지를 조사하는 것이다" 라고 하였다.

반면에 권학수(1999)는 공간분석 방법을 고고학적 연구에 적용하는데 있어서 그 활용방법과 문제점을 지적하면서, 공간분석 방법이 항상 고고학적으로 유익한 정보만을 제시하지는 않는다고 지적하였다. 특히 기본적인 자료의 처리에 있어서는 범주화를 미리 설정하기보다는 주어진 공간적 정보를 최대한 활용해야 한다는 점을 지적하고 있다. 그리고 가야의 취락분포를 설명하는데 있어서 수지형 모델[7]을 적용시켰는데, 이 모델의 핵심은 최상위 중심지의 중요성 때문에 하위지역의 물자가 중간등급 중심지의 매개 없이 최상위 중심지에 직접 도달한다고 하였다. 물론 중위취락

---

[7] 이 모델은 지형여건에서 볼 때 우리나라 고대의 취락연구에 매우 유익한 정보를 제공해줄 수 있다고 하였다.(권학수, 1999, 앞의 논문.)

지의 역할이 상대적으로 미약하게 나타난다는 점과 취락구성이 상하로만 양분되어 있었는가 등에 대한 구체적인 설명이 결여되어 있으나, 취락연구에 있어서 계층성을 찾아보고자 하는 적극적인 노력으로서 매우 중요한 논점을 제시하고 있다. 따라서 본고에서도 인접 지역 내 동일한 형식을 갖춘 취락의 경우에도 상호 규모나 입지를 비롯한 환경을 기초로 계층성의 파악이 가능할 것으로 판단하였다.

　물론 주거지 개별적으로 획일적인 형식분류를 통해 유형들을 설정하고 그것을 비교하여 당시 사회상을 설명하는 것은 사실상 많은 한계가 있을 수밖에 없고, 최근에 제시된 고고학적 자료가 아무리 좋다고 해도 그러한 접근이 불가능한 경우가 많은 것은 어쩔 수 없는 한계인 듯 하다. 따라서 각 지역에서 조사된 주거지를 비롯한 생활 유적 조사를 통한 자연촌의 성장과정을 개별적으로 입증해 내는 일, 그리고 기존에 제시되는 자료들을 중심으로 개별적 자료의 생산과 분배, 경관과의 상호작용 등에 대한 분석을 기초로, 각각의 지역적 특성을 도출하는 접근법 등의 연구가 필요할 것이다.

　선사시대 취락의 입지에 있어서 건조지반과 일조량을 확보하려는 노력과 더불어 배후지로 채집대상, 전면으로 용수원에 접근하려는 의도를 배제할 수 없다. 그러나 이후 고대사회에 들어서면서는 건축기술의 발달과 더불어 농경의 활성화에 따라 주거공간 내 저장시설의 존재가 매우 주목되게 된다(이현숙 2005). 즉 주거공간의 기능분화가 무엇보다도 두드러지게 나타나고 있음을 알 수 있는데, 이는 더 나아가 취락을 형성하고 있는 집단의 생업기반과 생활조건, 그리고 집단의 성격에 대한 검토까지도 가능하게 될 것이다.

　물론 이러한 분석의 경우 단위유적에서 조사된 주거지와 부속유구의 관계를 고찰하기 위해서는 주거지와의 동시기성에 대한 고찰이 전제되어야 한다. 그러나 개별유적의 특징에서 살펴본 바와 같이 중복관계가 뚜렷하게 확인되지 않거나, 밀집되어 있으나 구체적인 선후관계를 파악하기에 어려움이 있는 경우가 대부분이다. 이러한 내용은 단위 유적을 대상으로 보다 세분화된 개별 주거지의 분류·분석을 통하여 파악할 수 있으므로, 본고에서 다루기에는 매우 정치한 부분이다. 따라서 개별유적 상호간에 시기적 연속성을 인정할 수 있는 유적이라는 넓은 의미의 인식에서 동시기성을 인정할 수 있는 유적을 대상으로 분석하고자 한다.

　이는 취락고고학이 개별 주거나 유적을 넘어 일정 경관을 대상으로 하기 때문에 집중적인 발굴만으로는 필요한 자료를 얻어내기 어렵다는 인식(이성주 2007)에 기초한 것이다. 물론 삼한시대의 취락 분포정형에 대해 권오영은 개체 → 세대 → 세대복합체 → 취락 → 읍락 → 국으로 단계화하여 제시한 바 있고(권오영 1996), 이희준 역시 이를 기반으로 小村 → 村 → 大村(읍락 중심촌) → 大村(국읍 중심촌) 등 4등급으로 위계화한 바 있다(이희준 2000). 이와 같은 견해는 취락간의 분화와 위계가 촉진되는 과정에 대한 인식에 기초한 것으로 판단된다. 즉 동일한 지역권에 분포하는 취락의 경우도 입지와 규모 등을 기초로 각각의 취락집단의 성격과 위계를 파악할 수 있을 것이며, 이는 더 나아가 지역 내 취락간의 사회적 관계를 구명하는데 중요한 기초가 될 수 있을 것이다.

　앞에서 살펴본 자료를 기초로 할 때, 3~5세기 대의 유적은 입지한 지역과 주거지의 제작 전통에 따라서 각각의 차별성이 인지된다. 우선 유구의 구조와 유적의 입지를 기초로 한 분석에 따라서 4유형으로 구분할 수 있다. Ⅰ유형으로는 산림지역의 구릉상에 취락이 형성되어 있으면서 별도 형식의 저장시설 없이, 500~800cm내외 너비의 대규모 유구가 존재하는 예이다. Ⅱ유형은 주변에 넓은 평야가 발달된 지역을 중심으로 나지막한 저산성구릉지대에 입지하면서 소수의 주거지와 다수의 저장용 구덩이가 일정한 공간에 입지하는 예이다. Ⅲ유형은 많은 예가 확인되지는 않았으나 저지대의 범람원에 입지하면서 지상가옥(혹은 고상가옥) 형태로 조성된 예이다. IV유형은 저지대와 구릉을 포함하여 주거지가 밀집된 형태로 분포하는 경우인데, 이러한 경우 주거지 내부 구조의 세부적인 용도를 기초로 생활공간과 이외의 목적으로 사용된 공간에 대한 적극적인 분류·분석이 요구된다.

Ⅰ유형으로는 천안 장산리, 용원리, 아산 갈산리 유적에서와 같이 주거지가 산림지역의 구릉상에 입지하면서 별도의 저장시설 없이 너비 500-800cm내외의 대규모 유구가 존재하는 예이다. 이들 유적은 주거지가 매우 대형화 되어 있는 4주식 방형주거지가 주종을 이루며, 3~4세기 대에 조성된 마한계 주거지로 분류되기도 한다. 내부시설이 구체적으로 확인된 예는 많지 않으나, 용원리와 갈산리 유적에서 일부 부뚜막시설이 확인되었다.[8] 그러나 내부 시설로 부뚜막이 확인된 주거지의 경우 전체 유적군에서 늦은 시기로 편년되는 것이 일반적이다.

다만 이들 Ⅰ유형의 주거지는 입지상에서 비교적 높은 산림지대에 위치할 뿐만 아니라 주변은 계곡 지형의 특성을 갖춘 좁은 곡간평야를 이루고 있는 것이 일반적이다. 천안 장산리와 아산 갈산리 유적의 경우 조사 현황으로 미루어 볼 때, 소규모의 단위취락으로 이해가 가능한 점을 기초로, 지속적이고 집약적인 농경방식인 논농사 중심지대인 중서부지방의 특징을 갖춘 핵가족 집단의 가족구성을 이루었을 것이라는 견해도 제시되고 있다.

반면에 천안 용원리 유적의 경우 일정 범위에 118기에 달하는 많은 수의 주거지가 밀집되어 있다. 개별 주거지간의 선후관계가 있을 수 있겠지만 주거지의 형식에 있어서는 천안 장산리, 아산 갈산리와 같은 4주식

---

[8] 천안 용원리유적의 경우 석재로 조성한 부뚜막시설인 반면에 아산 갈산리유적은 토제로 조성된 것으로 확인되어, 두 유적간의 공통성은 확인되지 않는다.

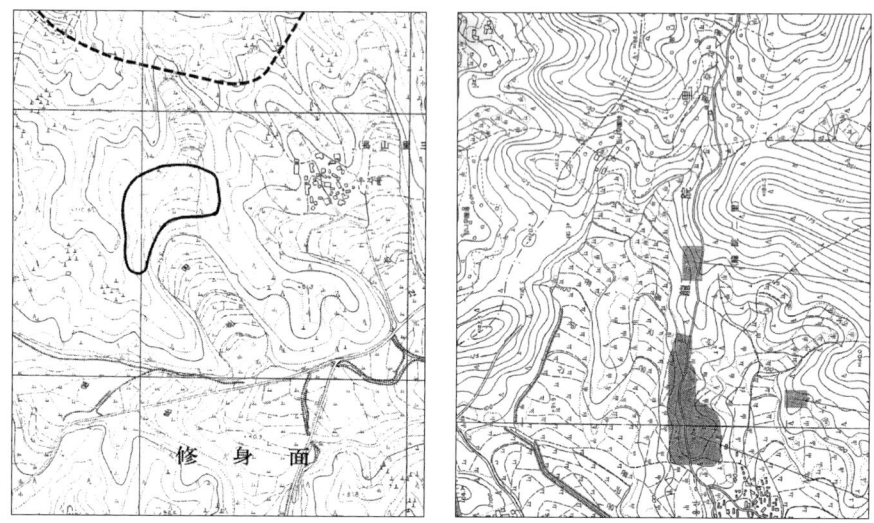

Ⅰ유형(① 천안 장산리 유적, ② 천안 용원리 유적)

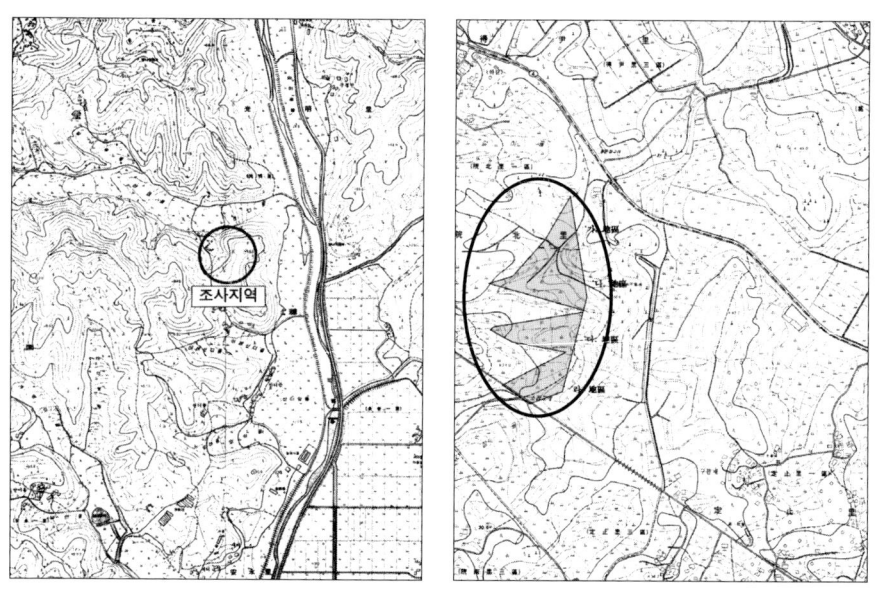

Ⅱ유형(③ 공주 안영리·장선리 유적, ④ 논산 원북리·정지리 유적)

도면 1 Ⅰ·Ⅱ유형 유적의 지형도

방형주거지가 주종을 이루는 반면, 유적의 단위는 물론 개별유구의 면적에 있어서는 매우 대규모에 속한다는 점이 특징이다. 보고자는 주거지의 고유 기능이나 목적, 집단내의 위계에 의한 차이가 있었을 것으로 보고 있다. 그러나 전체 취락 내에서 별도의 저장시설과 같은 부대시설 없이 방형의 주거구조만으로 이루어져 있는 점과, 일부 지역에서 확인된 굴립주 건물을 중심으로 동심원상으로 주거지들이 배치되어 있는 것(오규진·이강열·이혜경 1999: 366)은 매우 주목되는 사안이다. 물론 개별 주거지의 세부적인 형태를 기준으로 분류할 경우, 단계적 위계나 축조의 시간성, 더 나아가 공간의 용도에 따른 내부구조의 차별성 등을 파악할 수 있을 것이다. 그러나 이러한 분류대상이 되는 용원리 유적의 경우 대부분 화재폐기보다는 자연폐기 후의 후퇴적과정이 지속적으로 이루어졌다거나, 출토유물의 경우도 대부분 편으로 이루어지는 등 당시의 생활상을 추론할 수 있는 적극적인 자료가 거의 확인되지 않는다는 한계가 있다.

따라서 이들 Ⅰ유형의 취락 형상을 살펴보면, 우선 주거지가 비교적 접근이 어려운 산림지대에 입지하고, 주변에 생업경제와 관련된 넓은 경작지대가 형성되어 있지 않다는 특징을 보인다. 취락 내에서도 주거와 저장공간의 구체적인 분리현상이 확인되지 않는다는 점과 일부 능선에는 주변을 조망할 수 있는 지역에 굴립주건물이 있고, 그 주위로 주거지가 동심원상으로 배치되어 있는 점을 주목할 수 있다. 더불어 용원리 고분군과 같이 취락 인근에 위치한 대단위의 고분군에서는 농경과 관련된 철기나 관련유물이 주종을 이루기보다는 칼이나 창과 같은 철제무기, 마구류, 단야구 등이 출토된다는 점을 주목할 수 있다.

따라서 이들 Ⅰ유형의 유적은 주생활공간과 저장공간이 별도로 구분되지 않은 대형의 주거지를 사용하였던 것으로 정리될 수 있다. 유적의 입지는 경제적 기반을 갖출 수 있는 넓은 경작지대가 형성되기 어렵고, 취락으로의 접근도 쉽지 않은 산림지대에 입지하면서도 대규모의 취락집단이 형성되어 있는 점을 기초로 할 때, 유적의 구성 집단은 경작지와 취락 내 별도 저장공간의 필요성이 다른 지역에 비하여 낮았을 가능성도 미루어 추정할 수 있다. 이는 주생활공간과 더불어 저장공간이 구비되지 않아도 대규모 주거지를 지속적으로 유지할 수 있는 사회·문화적 기반과 주변 생업경제의 기반제공 환경이 갖추어져 있는 경우를 상정할 수 있다.

즉 취락의 입지와 유구 분포의 특징 그리고 주변 고분군의 출토유물 등으로 미루어 볼 때 이 집단의 성격이 단순 생업경제를 영위한 취락이라기보다는 무사적 성격의 집단으로서의 사회·정치적 입지를 갖추고 있었을 가능성이 매우 높을 것으로 추정된다.

II유형은 공주 안영리 유적, 공주 화정리 유적, 논산 원북리 유적[9]과 같이 주변에 넓은 평야가 발달된 지역을 중심으로 나지막한 저산성 구릉지대에 입지하면서 소수의 주거지와 다수의 저장용 구덩이가 일정한 공간에 입지하는 예이다.

이들 유적은 금강변의 나지막한 구릉지대에 해당하는 곳으로, 주변에는 금강변의 충적지대를 이용한 경작지가 잘 발달되어 있을 뿐만 아니라 토질도 매우 양호한 조건을 갖추고 있다. 유적이 위치한 곳은 행정구역상 공주시와 논산시로 구분되지만 실질적인 지형조건을 살펴보면 금강변의 충적지대에 인접해 있는 구릉성산지에 입지한다는 지형조건은 모두 동일한 상태이다. 즉 이들 유적이 입지한 곳은 남쪽에 넓게 발달된 논강평야 주변에 해당하는 지역으로 '우교천'과 '석성천'에 연결되는 '금강'변의 나지막한 구릉지대를 이루고 있다.

따라서 금강변의 충적지대를 중심으로 주변에 형성된 이들 유적의

---

[9] 논산 원북리유적은 충남대학교 박물관에서 조사한 논 정지리유적과 연결된 지형에서 조사된 유적이다. 그러나 논산 정지리유적이 아직 보고되지 않은 관계로 정식보고된 원북리유적을 중심으로 검토하였다.

입지는 잘 발달된 수계와 주변의 나지막한 구릉지대를 중심으로 주생활공간을 활용하면서, 주변에 금강변의 넓은 충적지대를 경작지로 활용할 수 있을 정도의 경제적 기반을 갖춘 곳에 해당하는 것이다.

공주 안영리유적의 경우 주거지 7기에 저장용 구덩이 49기, 화정리유적은 저장용 구덩이 86기, 논산 원북리유적은 주거지 40기와 구덩이 175기가 확인되었다. 이미 수량에서도 확인되는 바와 같이 주거지의 수량에 비하여 저장용 구덩이의 수량이 압도적으로 많은 양을 차지하고 있는 것을 알 수 있다. 더불어 이들 유적은 금강의 지류변에 서로 인접한 상태로 분포되어 있는 유적으로, 일부 단계적인 시기 차이는 있을 수 있지만 획기적인 차이는 없을 것으로 판단되는 유적이다.

유구의 분포는 청동기시대 중기 유적에서 확인된 예와 유사한 양상을 보인다. 즉 중앙의 선상부가 평탄한 구릉지대에 유구가 조성되는데, 주로 중앙부의 평탄지에 저장용 구덩이가 밀집되고 그 외곽으로 수혈주거지가 분포하는 양상이다. 다만 일부 차이를 보이는 것은 청동기시대 유적의 경우 주거지 대비 저장용 구덩이의 수량이 적고 소규모인 점에 비해서, 원삼국·백제시대 유적의 경우 주거지의 수량에 비하여 저장용 구덩이의 수량이 월등히 많은 양을 차지하고 있을 뿐만 아니라 규모도 크다는 점이다.

이는 단순히 취락 구성원의 생활을 영위하기 위한 용도의 저장용 구덩이라기보다는, 구성집단의 성격을 차별화 시킬 수 있을 정도의 밀집된 구성을 보이는 것으로 판단된다. 더불어 확인된 주거지의 규모나 내부 시설로 미루어 볼 때, 시설이나 출토 유물에 있어서 매우 빈약한 양상을 보인다. 이는 다량의 저장용 구덩이에 비하여 너무도 취약한 시설로서, 이 유적을 구성하던 집단의 성격이 일반적인 단순 취락만을 영위하지 않았을 가능성을 배제할 수 없다.

참고로 이들 지역이 대단위 곡창지대로서 매우 풍족한 환경을 갖추고 있었음에 대해서는 조선시대의 『輿地圖書』와 『新增東國輿地勝覽』과 같은 후대의 기록을 통해서도 유추할 수 있다. 안영리·화정리지역은 공주군 曲火川面에 해당하는 곳이고, 논산 원북리·정지리지역은 부여의 石城郡에 해당하는 곳에서 변화된 것으로 확인된다. 따라서 행정구역상 공주시와 논산시, 부여군의 경계를 이루는 지역이기는 하지만 지형상으로는 매우 유사한 지형조건을 갖추고 있는 곳이다. 기록에 의하면 이 지역은 일찍부터 매우 큰 마을을 이루고 있었으므로, 인구비율이나 조세수입 등에 있어서 다른 지역에 비하여 매우 높았음을 알 수 있다.

물론 조선시대와 고대사회의 직접적인 비교에 문제가 있을 수 있지만, 주변의 지형·지리적 환경에 비추어 볼 경우 하천변의 넓은 충적지대와 구릉지대를 중심으로 한 곡창지대라는 입지에는 변화가 없는 것으로 확인된다. 더불어 인근의 부여 송국리유적과 같은 대규모의 청동기시대 유적에서도 알 수 있듯이 선사시대 이래로 주변의 넓은 곡창지대와 풍부한 수자원을 중심으로 매우 양호한 인문적 환경을 형성하고 있었던 지역임은 부인할 수 없는 현실이다. 따라서 공주 안영리·화정리유적과 논산 원북리·정지리유적과 같이 대단위의 저장기능이 강화된 유적이 조성될 수 있었던 것도 이러한 환경에 기인한 것으로 볼 수 있을 것이다.

즉 주거지에 비하여 저장용 구덩이의 수량이나 밀집도가 매우 높다는 점과 주거지 내에서 특별한 위계를 가늠할 수 있는 유물이나 흔적이 전혀 확인되지 않은 점 등으로 미루어 볼 때, 이들 유적 구성원의 역할에 대한 검토가 필요할 것으로 판단된다. 뿐만 아니라 하천변의 넓은 충적지대와 구릉지대를 중심으로 한 곡창지대라는 입지상의 특징과 이를 바탕으로 형성된 유적으로 취락 내 생활공간과 저장 공간이 분화되어 있다는 점은 일반적으로 인지될 수 있는 내용이지만, 저장용 구덩이가 대단위로 밀집되어 있는 것은 주변의 지형·지리적 환경을 바탕으로 한 생업경제와 유적 구성 집단의 성격을 고찰하는 데 매우 의미 있는 자료가 될 것으로 판단된다. 더불어 이러한 요건은 이 유적을 구성하던 집단의 성격이 일반적인 단순 취락만을 영위하지 않았을 가능성을 배제할 수 없다. 따라서 집단과 집단과의 특성화 및 기능이 분화되면서, 풍부한 수계와 넓은 하천 변의 곡창지대에 입지하는 이들 유적은 주변의 넓은 경제적 기반을 기초로 물자 생산 및 저장과 같은 역할을 담당함으로써 당시의 사회적 입지와 역할을 확보하였을 가능성을 추정해 볼 수 있다.

Ⅲ유형은 많은 예가 확인되지는 않았으나, 아산 갈매리유적[10]에서와 같이 저지대의 범람원에 입지하면서 지상가옥(혹은 고상가옥) 형태로 조성된 예이다. Ⅲ유형의 경우 평면 유구 조사를 통하여 구체적인 존재를 확인할 수 없다는 한계가 있으나, 일부 수로에서 확인된 목재 건축부재의 존재를(조은지 2005) 통하여 건물의 존재를 추정할 수 있다. 이 경우 지표면에서 확인된 구덩이의 존재를 바탕으로 건물의 규모를 추정하는데, 공주대박물관 조사에서 확인된 건물의 형태는 1칸×1칸, 혹은 2칸×1칸, 2칸×3칸의 방형 혹은 장방형으로 확인되며 규모는 280×300cm에서 520×780cm에 이르기까지 다양하다.

이러한 Ⅲ유형의 유적에 대해서는 그다지 많은 예가 조사되지는 않았으나, 연기 월산리(박유정 2004)나 청원 원평유적(이경식 2005) 등에서도 관련 예를 찾을 수 있고 일부 교역관련 유구로 이해하기도 한다. 대부분의 유적이 저지대에 인접하여 자연수로나 하천에 맞닿아 입지하는 특징을 보이는데, 현재 조사된 자료는 대부분 지상가옥의 형태로 확인되므로, 주거공간과 저장공간의 구체적인 구분은 어렵다. 다만 굴립주건물의 주변에 다량의 저장공이 분포되어 있는 점 등으로 미루어 볼 때 주생활공간의 지상화와 저장공간의 분화를 추정할 수 있을 것으로 판단된다. 더불어

---

[10] 2004년에 조사된 유적으로 공주대학교박물관, 고려대학교매장문화재연구소, 충남발전연구원 역사문화센터에서 공동조사 하였다.

이러한 취락 입지의 변화상은 주거지 입지변화와 더불어 주변의 농업 생산과 관련된 가경지의 확대 등을 추론할 수 있는 자료로써 취락 집단의 경제적 성향을 추정할 수 있으나, 구체적인 성격은 자료의 증가와 지속적인 검토가 이루어져야 될 것으로 판단된다.

Ⅳ유형은 서천 지산리·송내리 유적, 연기 응암리 유적, 천안 두정동 유적에서와 같이 주거지가 밀집된 형태로 분포하는 경우인데, 대부분의 유구조사가 제한된 범위에서만 이루어진 상태이므로 취락 전체의 모습을 알 수 없다는 한계가 있다. 다만 이들 유적의 경우 주로 나지막한 산림지역의 상단부에서 하단부의 저지대에 이르는 범위까지 능선의 사면 전체에 넓게 유구가 분포한다는 특징과 더불어, 유적 내에 자연수로와 같이 주변의 자연지형을 생활공간의 범위에 포함시킨다는 특징이 있다.

취락 내 주거지의 특징으로는 내부에서 다양한 부속시설이 확인되지만 개별 유구에 있어서 주거전용 시설과 부속 시설의 구체적인 구분이 이루어지지 않는다는 점이다. 따라서 유구의 분포상을 통하여 취락 내 공간 배치나 특수 시설의 존재여부 등을 확인하는 것은 사실상 어려운 경우가 대부분이다. 이러한 경우에는 개별 유구를 중심으로 내부시설을 살펴서 기능적 공간구분을 할 수 밖에 없다는 한계가 있다. 즉 유구의 분포상에서 특별한 차이를 보이지 않는 점이나 특정한 기능적 구획이 확인되지 않는 점 등은 Ⅰ유형으로 분류한 4주식 방형주거지형태를 갖춘 취락에서도 확인되는 내용과 유사하다. 다만 주거지 내부에서 확인되는 시설을 통하여 개별유구의 기능적 분류가 가능하다는 점은, Ⅳ유형으로 분류된 취락의 특징이라고 할 수 있다.

Ⅳ유형의 유적에서는 기본적인 취락 내 생활공간과 더불어 생산·생업경제와 관련된 흔적이 확인된다. 서천 지산리 유적에서는 단야 송풍관과 생산관련 시설로 추정되는 유구와 제철관련 흔적으로 추정되는 슬래그가 출토되는 수혈유구 등이 주거지와 함께 분포되어 있는 것을 확인할 수

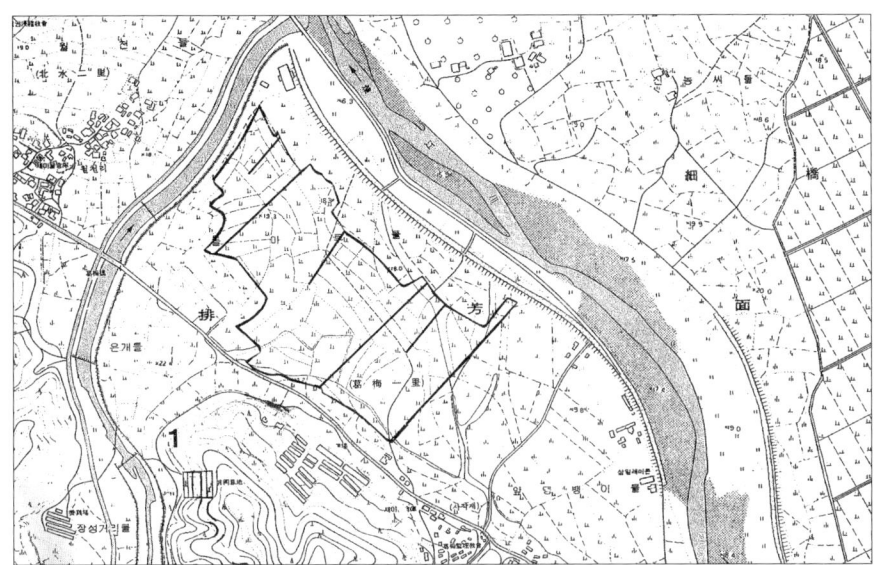

Ⅲ유형(아산 갈매리 유적)

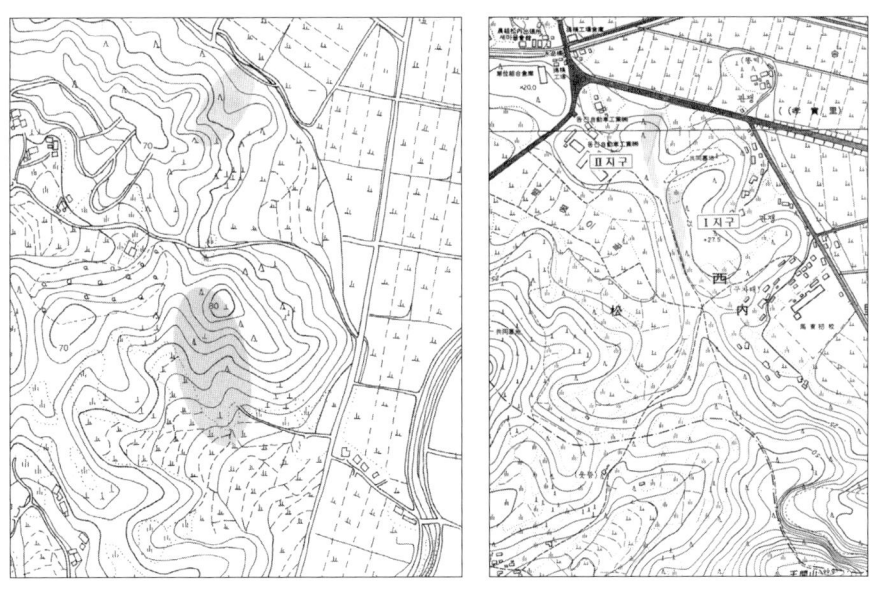

Ⅳ유형(서천 지산리, 송내리 유적)

도면 2 Ⅲ·Ⅳ유형 유적의 지형도

중서부지방 고대 취락 내 주거·취사공간 분석

있다. 그리고 생업경제와 관련된 흔적으로는 주거지 주변의 산림지역과 더불어, 저지대에 형성되어 있는 넓은 경작지의 존재가 주목된다. 특히 서천 송내리 유적에서는 주거지에 인접하여 경작유구가 상·하층으로 중복 조성되어 있는 것이 확인되었다. 더불어 주거지군의 바로 아래쪽에 위치한 저습지의 존재로 미루어 논농사와 밭농사를 병행한 복합 생업경제를 영위했을 가능성을 추정할 수있게 된 자료로서 주목된다.

즉 IV유형의 유적군은 생활공간과 생업경제 관련 공간이 구체적으로 확인되는 주거유형으로 특징지을 수 있다. 물론 취락 내 주거공간과 저장공간, 혹은 특수공간의 구분은 유구의 분포상에서 명확하게 분류하기 어렵다는 한계가 있다. 즉 청동기시대나, 생산·저장기능이 강화되어 있는 II유형과 같이 취락 내 공간분화가 명확하게 이루어지지 않을 뿐만 아니라, I유형에서와 같이 취락 내 유구의 분포에 있어서도 일정한 차이를 보이지 않는다는 점이다.

이러한 특징은 취락 내 유구의 규모나 분포상에서의 차별화에 의한 기능분화 보다는 동일 집단 내의 내부 시설과 용도에 의한 역할분담의 가능성을 상정하게 한다. 더 나아가 취락 구성집단의 성격이 II유형과 같이 저장기능이 강조된 집단이라기보다는, 이외의 기능 즉 서천 지산리유적에서와 같이 단야송풍관 관련 제철시설이나 토기의 제작과 관련된 생산의 역할에 중점을 두었던 집단일 가능성 또한 추정해볼 수 있을 것이다.

이와 같이 취락 내 주거공간의 분석을 위한 유적의 입지환경과 유구의 분포현황을 기초로 관련 취락 집단의 경제적 성향이나 성격의 파악이 어느 정도 가능할 수 있음을 살펴보았다. 즉 개별 단위 유적의 특성과 유구분포상에 대한 검토를 기초로 이들이 어떻게 주변환경과 연관성을 갖는지, 나아가 다른 주변의 취락 조직체들과 사회적 관계를 갖고 있는지에 대한 분석의 기초자료로 활용할 수 있을 것이다. 따라서 위의 내용을 정리하면 다음의 표와 같다.

표1 취락의 입지특징과 유형분류

유형	입지	주변환경	특징	대상유적
I 유형	산림지대	곡간경작지 산림지역 발달	• 저장공간 취약. • 취락의 방어적 입지환경. • 대규모 주거와 주변의 유물환경으로 볼 때 거점취락과 주변취락이 함께 분포하는 것으로 추정됨.	천안 장산리, 용원리 아산 갈산리유적
II유형	평야지대에 맞닿은 구릉지대	주변 평야지대 나지막한 구릉	• 저장공간 발달. • 주거공간이 상대적으로 취약함. • 주변 자연환경에 가경지 발달. • 농경생산과 저장의 기능이 강화된 취락.	공주 안영리, 장선리 공주 화정리유적 논산 원북리·정지리 유적
III유형	저지대	하천변의 저지대 충적대지	• 저지대 입지와 지상가옥화. • 저장공간과 생활공간 분화. • 자연수로를 이용한 우마의 활용 및 이동의 가능성. • 주변 가경지의 적극적인 활용 가능성이 높음. 자료 취약.	아산 갈매리, 연기 월산리, 오창 원평리유적
IV유형	평야지대에 인접한 산림지대	주변 평야지대 산림지역 포함	• 저장공간 취약. • 취락 내 생산관련 시설이 주거지와 결합되어 분포하는 특징. • 제철관련시설 확인. • 집단의 수공업적 성격 추정.	서천 지산리, 송내리유적, 연기 응암리, 천안 두정동 유적 등

물론 이러한 분석이 단위 취락을 모두 조사하지 않은 상태에서의 접근이라는데 많은 한계가 있다. 그러나 취락 혹은 취락유형의 분석이 당시 집단간의 사회적 관계와 취락 구조의 변화과정을 살피기 위한 하나의 방법이나 절차로 활용될 수 있다는 전제로 살펴볼 경우, 이는 앞으로 자료의 증가를 기초로 지속적인 수정·보완을 통한 보정이 가능할 것이다. 따라서 위와 같이 각 지역에서 조사된 주거지를 비롯한 생활 유적 조사를 통한 자연촌의 성장과정을 개별적으로 입증해 내는 일, 그리고 기존에 제시되는 자료들을 중심으로 개별적 자료의 생산과 분배, 경관과의 상호작용 등에 대한 분석을 기초로, 각각의 지역적 특성을 도출하는 접근법 등의 연구가 필요하다는 판단을 배제할 수 없다.

IV. 주거지 내부 취사공간의 분석

앞장에서는 취락 내 주거공간의 분석을 통하여 취락의 성격에 대한 접근을 유형별로 시도해 보았다. 그러나 이러한 분석적 접근에 있어서 취락 내 주거공간과 별도의 부속공간이 명확하게 구분되는 II·III유형의 경우는 공간분석이 비교적 용이하지만, I·IV유형의 경우는 유구의 분포상만으로는 구체적인 취락 내 공간구성에 대한 이해가 쉽지 않다는 점을 배제할 수 없다. 따라서 이러한 유적의 경우 주변 환경에 대한 분석과 더불어 취락 내 주거지의 개별적 분석내용을 기초로 세부적인 성격을 이해하고자하는 노력이 불가피하게 될 것이다.

취락의 구성요소에 있어서 가장 중요한 부분을 차지하는 것이 주거지라는 점은 일반적으로 인정되는 부분일 것이다. 즉 동일한 유형의 주거지에 있어서도 내부시설 혹은 분포 지역에 따른 개별적 차이가 존재하고 있음을 알 수 있을 뿐만 아니라, 동일한 취락 내에 존재하는 주거지의 경우에도 내부시설의 차이에 따라 공간의 위계와 역할이 달랐을 것이라는 추정은 어렵지 않다. 따라서 I·IV유형과 같이 유구의 분포상에서 취락 내 공간구성에 대한 이해가 어려운 경우, 취락 내 구체적인 내부시설이 남아있는 개별 유구에 대한 분석을 기초로 하여 유구 각각의 기능적 차이를 구별해 내는 일이 무엇보다 필요하다고 할 수 있다.

이미 앞에서 살펴본 바와 같이 I유형의 주거지는 내부 시설이 거의 확인되지 않는 상태에서 주거지간의 규모 차이만 일부 확인된다는 한계가 있다. 따라서 아쉽게도 I유형과 같은 주거지에서는 주거지 내부 공간분석을 통한 성격의 추론이나 이해가 어렵다. 반면에 IV유형의 주거지는 내부 시설이 매우 구체적으로 남아있으므로, 개별 유구에 대한 내부 공간 분석을 기초로 취락 내에서 개별 유구가 차지하는 역할에 대한 접근이 가능하다. 따라서 본 장에서는 주거지 내부 취사공간의 존재와 이를 기초로 IV

유형의 대표유적인 서천 지산리 유적의 공간 활용에 대한 접근을 시도해 보고자 한다.

　이와같은 개별적 유구에 대한 분석을 시도할 경우 생활공간과 생산 혹은 별도의 목적성 공간의 구분을 가능할 수 있는 가장 중요한 자료로서 취사공간을 들 수 있다. 즉 유사한 입지환경과 규모를 갖춘 유구를 분석함에 있어, 취사공간이 존재하는 유구는 명백한 생활공간으로 분류가 가능하겠지만, 반대로 취사와 관련된 시설이 확인되지 않을 때는 생활공간으로서의 가능성과 더불어 별도의 기능에 대한 문제제기가 가능할 것이다.

　취사공간으로서의 부뚜막시설은 주거지 내부에서 매우 큰 비중을 차지하는 곳일 뿐만 아니라, 가장 다목적으로 쓰이는 공간이다. 즉 취사공간을 중심으로 조리와 난방이 이루어질 뿐만 아니라 조왕신을 모시는 종교적 공간이 되기도 하고 작업공간으로 사용되기도 한다. 따라서 최근의 연구에서는 취사도구와 시설에 대한 연구 등이 활발하게 이루어지고 있을 뿐만 아니라, 지방산분석이나 사용흔분석 등을 통한 보다 적극적인 분석·연구를 시도하고 있는 상태이다. 그러나 이와 같은 연구의 상당부분은 주거지가 폐기된 후의 퇴적 과정에서 당시의 사용과 관련된 구체적인 흔적이 훼손되어 남아있지 않거나, 화재 등으로 인한 2차적 변형이 이루어졌을 경우 접근이 어렵다는 한계가 있다. 따라서 취사도구와 시설 등에 대한 개별연구와 더불어 전체 주거지 내부구조에 있어서 취사공간의 존재를 파악하여 접근하는 방법도 매우 필요한 연구방법중의 하나로 판단된다.

　여기에서는 食·寢을 기본으로 하는 주거지의 기능에서 점차 문화적 생활기능의 변화를 바탕으로 한 기능 공간의 분리과정을 파악할 수 있는 서천 지산리 주거지를 중심으로 내부 취사공간에 대하여 살펴보고자 한다. 이러한 분석을 바탕으로 당시 주거구조 내에서 취사공간의 배치와 주거지 내부의 기능 분화상을 파악할 수 있는 중요한 인식의 계기가 될 수 있을 뿐만 아니라, 주 생활공간으로서의 주거지 분류와 부속 시설을 구분함으로서 주거지 내 공간의 분화에 관한 경향성을 파악하는 기초적 자료로 접근할 수 있을 것으로 판단된다.

서천 지산리유적은 이미 앞 장에서 살펴본 바와 같이 원삼국·백제시대의 주거지 75기와 구덩이 13기가 조사된 대단위의 취락유적이다.[11] 주거지의 평면은 방형계통이며, 대부분 지형경사의 아래쪽에 해당하는 장벽면이 훼손된 상태로 조사되었다. 주거지 내부에는 부뚜막시설과 바닥시설, 그리고 벽체시설이 있는데, 특히 부뚜막시설의 축조방법과 원형을 복원하는데 중요한 자료가 많이 확인되었다.

취사공간을 분할 할 수 있는 중요한 자료인 부뚜막시설이 확인된 주거지는 모두 22기로 전체 주거지의 약 30%정도를 차지하며, 부뚜막시설이 있는 주거지의 화재비율은 약 50%이상에 달한다. 부뚜막시설의 구체적인 구조는 2종류가 확인되는데, 벽면을 따라서 'ㄱ'자상이나 'ㄷ'자상으로 아궁이 - 구들(연도) - 연통이 모두 시설되는 것과 한쪽 벽면의 중앙부에 아궁이와 연통만 시설되는 보조 부뚜막시설이 있다. 특히 주목되는 내용은 지산리유적의 경우 화재로 인하여 기존의 생활상이 고스란히 남아있는 상태에서 폐기된 주거지가 많이 확인되었으므로, 주거지 내부의 시설구조물과 출토유물이 정치된 상태를 통하여 당시의 생활 공간분화상을 파악하는데 중요한 자료를 제공하고 있다. 지산리유적의 부뚜막시설의 존재를 기준으로 분류할 수 있는 내용은 다음과 같다.

① 동일 주거지 내부에 부뚜막시설을 중심으로 취사공간과 생활공간이 구분된 주거지

---

[11] Ⅰ지구에서 주거지 5기, 구덩이 2기, 그리고 Ⅱ지구에서 주거지 70기, 구덩이 11기, 그리고 자연수로 형태의 물길이 확인되었다. 지형상으로 일정한 거리를 두고 있어 Ⅰ·Ⅱ지구로 구분되었으나, 유적의 성격에 있어서 상호 인지할 수 있을 정도의 인접한 거리에 동시기에 조성된 것으로 보는 데는 별다른 문제가 없을 것으로 판단된다.

② 취사공간이 확인되지 않는 주거지
③ 부뚜막시설과 더불어 생산관련 흔적이 확인되는 주거지

첫째, 동일 주거지 내부에 부뚜막시설을 중심으로 취사공간과 생활공간이 뚜렷하게 구분되는 주거지를 확인할 수 있다. 부뚜막시설은 주로 북서·북동쪽에서 확인되는데,[12] 우선 부뚜막시설 주변에 다량의 토기가 정치되어 있는 점(II-6·7·11·50·57·58·59호 주거지)과 부뚜막시설의 아궁이 주변에 40~100cm미만의 불규칙한 형상으로 단단하게 소결된 바닥면의 존재(II-7·11·57·58호 주거지), 그리고 부뚜막시설에 인접하여 놓여져 있는 점토의 존재(II-50·59호 주거지)이다.

부뚜막시설 주변에 존재하는 토기의 경우 자비용으로 판단되는 장란형토기와 시루, 심발형토기의 출토위치가 주목되는데, 장란형토기와 시루는 주로 아궁이 내부나 측면에 기대어 노출되는 경우가 일반적이고,[13] 심발형토기는 구들 상면이나 아궁이 내부에서 주로 출토되었다. 반면에 배식기형태의 소형 완이나 자배기와 같은 기종은 아궁이에서 일정부분 떨어진 위치에 여러 기가 밀집된 상태로 출토되는 모습을 보인다.^{사진 1}

부뚜막시설 주변의 소결된 바닥면^{사진 3}의 경우 아궁이시설과는 별개로 의도적으로 단단한 바닥면을 시설하고자 한 것으로 보이는데, 아궁이 인접지역의 좁은 범위에 시설되어 있는 것으로 미루어 볼 때 조리를 위한

---

12) 『三國志』弁辰傳에는 부엌이 대체로 서쪽에 있다(…施竈皆在戶西)는 기록이 남아있으며, 1776년에 제작된 조선시대의 유중림이 낸『증보산림경제지』에서는 "부엌을 서남쪽에 두면 좋지만 서북쪽에 두면 나쁘다"라고 되어 있다. 더불어 민속학적으로는 서쪽은 여성공간, 동쪽은 남성공간으로 알려져 왔는데, 이러한 풍속은 비교적 오늘날에도 지켜지고 있는 실정이다. 특히 부엌을 서쪽에 두는 또 하나의 중요한 이유로는 음양 오행사상을 들 수 있는데, 음과 양을 잣대로 삼으면 양은 동의 방향이고 음은 서의 방향이라고 한다.

13) 이러한 현상은 주변의 서천 송내리, 공주 안영리, 논산 정지리, 연기 응암리유적 등지에서도 확인되는 내용이다.

사진 1 서천 지산리 59호 주거지   사진 2 부뚜막시설 주변 점토

기초적인 행위를 위하여 의도적으로 일정범위에 한하여 조성한 것으로 추정된다.[14]

　부뚜막시설에 인접해 있는 니질의 점토는 의도적으로 아궁이 옆에[15] 쌓아놓은 형상을 보이며, 내부에 파손된 토기가 들어있는 것으로 보아 이를 이용하여 덜어서 사용한 것으로 추정된다. 이 점토의 용도를 구체적으로 알 수는 없으나 부뚜막시설의 보강·보수 및 취사용기의 고정 등에 사용한 점토재일 가능성을 추정해볼 수 있다. 사진 2

　이와 같이 확인된 시설들은 별개의 형태로 확인되기 보다는 부뚜막시설의 아궁이를 중심으로 밀집되어 있는 모습으로 확인되는 반면에 연통부에 인접한 구들시설 부분에는 취사와 관련된 시설이 전혀 확인되지 않고 있다. 즉 서천 지산리유적의 경우 공간을 구획할 수 있을 정도의 구조를 파악할 수 있는 시설로서 구체적인 칸막이 시설은 확인되지 않았다. 그

---

[14] 서천 송내리 Ⅰ-6호 주거지에서도 이와 같은 시설이 있는데, 조사자는 이를 부뚜막시설로 파악하고 있다. 따라서 이 소결면의 존재는 추후 자료의 증가를 기다려 면밀한 검토가 요구된다.

[15] 아궁이에 고래시설이 있는 경우는 고래시설이 없는 반대편의 아궁이 벽체에 인접한 벽면에 존재함.

사진 3 부뚜막시설 주변 소결된 바닥면(1 지산리 2 송내리)

러나 취사관련 유물의 분포가 부뚜막시설에 집중되어 있다거나, 구들시설에 인접한 주거지 바닥에서는 짚풀을 깔았던 듯한 탄재시설이 확인되는 등의 기초 자료로 미루어 볼 때, 공간을 구분하여 활용하고자하는 적극적인 의지가 존재하였을 것이라는 추정이 가능하다.

　주거 공간을 구분하여 사용했을 것이라는 고고학적 자료는 일부 유적에서 제시되고 있다. 전주 송촌동 A지구의 3호·4호(도면 3)·11호(이상균 외 2004), 송촌동 B지구의 10·15·16·17·19·30·35·37·38·39호 주거지(김승옥·김은정 2004)에서 칸막이 시설로 추정되는 시설이 주거공간을 양분하는 형상으로 확인되었다. 이 경우 화덕시설이 있는 북측은 여성전용, 남측은 남성 전용의 공간으로 추론하고 있다(이상균 외 2004). 이러한 시설은 전북 고창 교운리(호남문화재연구원 2002), 김제 대목리유적(윤덕향·장지현 2003) 등지와 전남지역에서는 함평 소명유적, 영광 마전유적, 광주 쌍촌동유적, 장흥 지천리유적, 담양 대치리 유적 등지에서도 조사된 바 있다. 그리고 장수 침곡리유적[16] 【도면 4】에서는 2호 주거지와 그 옆에 별도의 공간에 축조된 장방형의 취사공간이 확인된 예

---

[16] 해발 422m의 산지 구릉에 위치하는 취락으로써 2기의 방형계 주거지가 조사되었다.

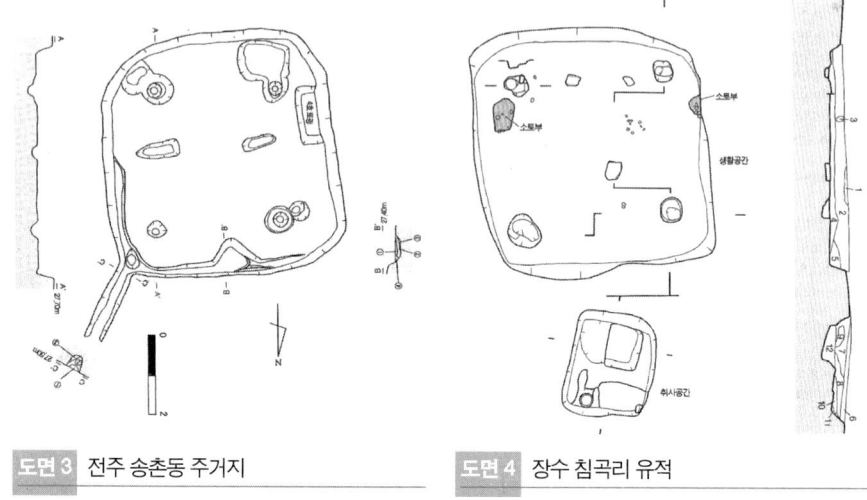

도면 3 전주 송촌동 주거지   **도면 4** 장수 침곡리 유적

가 있다. 주거지가 입지한 산지 구릉의 지형으로 미루어 제의와 관련된 특수 기능을 하던 주거지와 부속유구로 이해하는 견해도 있는데(김승옥 2004), 취사공간의 분리라는 측면에서 볼 때 현대적 의미의 공간구획은 아니지만 주거지 내부 기능에 의한 공간 분할의 적극적인 의지를 확인할 수 있는 자료이기도 하다.

요컨대 부뚜막시설을 중심으로 한 주거지 내부 취사공간의 존재는 그 이전 시기와 비교할 때 주거 공간분할에 의한 획기적인 생활문화의 변화상을 추론할 수 있는 자료가 된다. 즉 주거지 내에서 칸(間)으로 구분된 분리된 공간을 형성하여 부엌으로서의 구체적인 시설이 나타나기 以前의 원삼국·백제시대에도 주거지 내 동일공간에 대한 기능별 공간이용의 개념에 의하여 잠재적 분화·활용이 이루어졌을 것으로 판단될 뿐만 아니라, 이러한 현상은 주거지 내부에 부뚜막시설이 구체적으로 자리 잡게 되면서 더욱 구체화 되었을 것으로 추정된다.

둘째, 취사공간이 확인되지 않는 주거지로는 부뚜막시설 없이 많은 양의 토기가 출토된 주거지이다(II-20·60호 주거지). II-20호는 화재로 폐기된 반면에 II-60호는 자연폐기로 추정되는데, 2기의 주거지 모두 내부에서 아무런 시설도 확인되지 않는다.$^{사진\ 4}$ 주거지의 규모는 소규모에 해당하는데, II-20호 주거지의 경우 내부에서 출토된 토기의 양은 시루, 장란형토기 4점, 심발형토기 1점, 발형토기 1점, 반 3점, 호 5점, 직구소호 1점 등 완형 16점과 토기편 다수이다. 따라서 이와 같이 소규모의 공간 내에 별도의 취사시설 없이 다량의 토기가 소장되어 있는 이 주거지의 용도는 단순 주거보다는 저장기능이 있는 공간으로 분류가 가능할 것으로 판단된다.

셋째, 부뚜막시설과 더불어 생산관련 흔적이 확인되는 주거지군으로 구분이 가능하다(II-23·24·39·65호 주거지).[17] II-23호는 주거지 내부에 소성과정에서 심하게 일그러진 상태로 폐기된 토기편이 매우 밀집된 형상으로 확인되었다.

II-24호$^{사진\ 5}$의 경우 유구 중앙에 '∩'자상의 소성유구와 함께 남동쪽 모서리부분에 회백색 점토구덩이가 시설되어 있고, 출토유물은 내박자와 점토구덩이 내에서 출토된 단야송풍관 2점이 있다. II-39호$^{사진\ 6}$는 주거지의 중앙을 중심으로 북쪽의 취사공간과 남동쪽의 회백색 점토 퇴적시설로 구분되어 있다. 부뚜막시설은 아궁이-구들-연통이 모두 있는 것으로, 평면 'ㄷ'자상을 이룬다. 점토 퇴적시설은 앞에 지름 30cm 미만의 소형구덩이가 있는데, 구덩이 바닥면에도 점토가 퇴적되어 있다.[18] 이밖에 II-65호의 경우도 유구의 중앙을 중심으로 북서쪽의 부뚜막시설과 남동쪽의 점토 퇴적시설이 있다. 앞에서 살펴본 바와 같이 주거지 내부에 단순 작업공

---

[17] 이밖에 II-21·25·38·44·58·69호 주거지에서 요도구인 내박자와 장고형 이기재 등이 출토되어 생산관련 공정이 일부 주거공간 내에서 이루어졌을 가능성이 매우 높다.
[18] 이와 같은 시설로는 나주 당가가마유적에서 회전판 구덩이로 추정된 구덩이시설이 있다.

사진 4 취락 내 저장시설(지산리 II-20호)

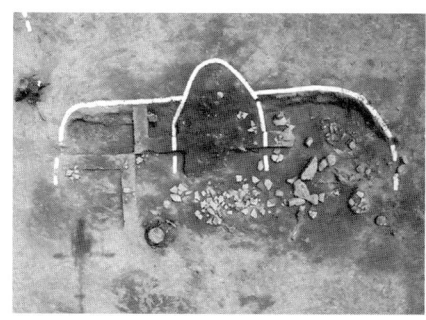 

사진 5 취락 내 생산관련 시설①(지산리 II-24호)

 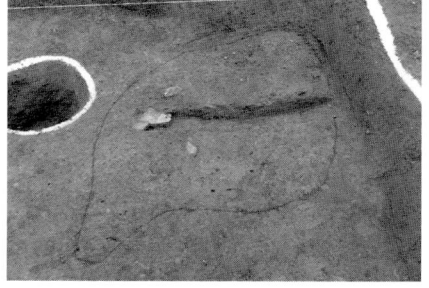

사진 6 취락 내 생산관련 시설②(지산리 II-39호)

간과 II-39호 · 65호와 같이 주거지 내부에 취사공간으로 추정되는 부뚜막시설과 작업공간이 명확하게 구분되어 있는 예도 함께 확인되고 있다.

서천 지산리유적을 중심으로 주거지 내부 공간의 세부적 차이를 살펴본 결과 부뚜막시설을 중심으로 취사공간의 구분이 가능한 주거지와 저장기능의 주거지, 그리고 생산공정과 관련된 주거지로 구분이 가능하였다. 이 가운데 부뚜막시설이 되어있는 취사공간의 경우 저장공간과는 결합되지 않으나 일부 작업공간과는 함께 공반되어 시설되는 모습을 살필 수 있다. 이러한 분류 및 분석을 통하여 주거지의 사용주체에 의해 의도적이고 구체적인 공간분할이 이루어졌음을 확인할 수 있는데, 특히 부뚜막시설을 중심으로 주거지 내에서 취사와 관련된 공간이 매우 중요한 입지를 차지하고 있음을 확인할 수 있다. 더불어 서천 지산리 유적 전체 취락에 있어서 부뚜막시설이 존재하는 주거지가 비교적 대형에 속하며 부뚜막시설을 중심으로 한 취사공간이 주로 주거지의 북서 · 북동쪽에, 그리고 생활 · 작업공간은 남동 · 동남쪽에 배치되어 있는 특징을 보인다. 이는 의도적으로 공간을 분할 배치한 것으로, 각 세대분화를 바탕으로 한 생산과 소비단위의 구분이 이루어졌음을 살필 수 있는 구체적인 자료로 인지된다.

즉 선사시대의 경우 주거공간에 대한 뚜렷한 구분의 근거를 알 수 없는 상태에서,[19] 취락 내 공동취사공간의 존재 추정과 더불어 주거공간 내 노지의 경우도 복합적 기능을 동반한 부수적인 취사공간으로 이해하였다. 그러나 원삼국 · 백제시대 부뚜막시설의 등장을 바탕으로 주거 내부 공간의 구체적인 분할과정을 파악할 수 있게 되었을 뿐만 아니라, 취사방

---

[19] 물론 신석기 · 청동기시대 관련주거지의 생활공간도 계획적이든 계획적이지 않던 간에 생활하는 도중에 저절로 구분된 기능에 따라 분화되었을 것으로 추정된다.

식에 있어서 실내 개별취사의 형태로 생활상의 변화가 이루어졌음을 추정할 수 있다. 즉 동일한 주거 공간 내 食寢의 공간구분이 이루어진 점, 내부시설의 차이를 기초로 주거 구성원의 역할분담에 의한 공간분화의 가능성을 추정할 수 있는 점, 그리고 더 나아가 취사공간의 존재 유무를 기초로 동일 취락 내 주거공간의 기능에 의한 분화과정을 파악할 수 있는 단초를 제공하게 되었다.

V. 맺음말

본고에서는 3~5세기 대 충남지방에서 조사된 유적 가운데 비교적 규모를 파악할 수 있는 취락유적을 중심으로 입지와 환경, 그리고 취락 내 유구분포상의 특징을 살핌으로서 취락집단의 사회·경제적 성격을 추론하고자 하였다. 더 나아가 주거지 내부시설로 취사와 관련된 흔적이나 공간 활용의 예가 확인되는 유적을 중심으로 하여 주거지 내부의 취사공간을 비롯한 기능적 공간의 분화상 등에 대한 접근을 시도해보았다. 이를 정리하면 다음과 같다.

취락 내 주거공간의 분석에 있어서는 유구의 구조와 유적의 입지를 기초로 한 분석에 따라서 4유형으로 구분하였다. Ⅰ유형은 천안 용원리·장산리유적과 같이 산림지역의 구릉상에 취락이 형성되어 있으면서 별도 형식의 저장시설 없이 너비 500~800cm내외 너비의 대규모 유구가 존재하는 예이다. 접근이 어려운 취락의 입지와 유구 분포의 특징 그리고 주변 고분군의 출토유물 등으로 미루어 볼 때, 이 집단의 성격이 단순 생업경제를 영위한 취락이라기보다는 무사적 성격의 집단으로서의 사회·정치적 입지를 갖추고 있었을 가능성이 매우 높을 것으로 추정하였다.

Ⅱ유형은 공주 안영리·화정리, 논산 원북리·정지리 유적과 같이 주변에 넓은 평야가 발달된 지역을 중심으로 나지막한 저산성구릉지대에 입지하면서 소수의 주거지와 다수의 저장용 구덩이가 일정한 공간에 입지하는 예이다. 이들 유적은 주변의 넓은 곡창지대라는 경제적 기반을 기초로 물자 생산 및 저장과 같은 역할을 담당함으로써 당시의 사회적 입지와 역할을 확보하였을 가능성을 추정해 볼 수 있다.

Ⅲ유형은 많은 예가 확인되지는 않았으나 아산 갈매리, 연기 월산리 유적과 같이 저지대의 범람원에 입지하면서 지상가옥(혹은 고상가옥) 형태로 조성된 예이다. 굴립주건물을 중심으로 한 주생활공간의 지상화와 저장공간의 분화를 추정할 수 있다. 취락 입지가 저지대화 되면서 주변의 농업 생산과 관련된 가경지의 확대 등을 통하여 취락 집단의 경제적 성향을 추정할 수 있다.

Ⅳ유형은 서천 지산리·송내리 유적과 같이 저지대와 구릉을 포함하여 주거지가 밀집된 형태로 분포하는 예인데, 이러한 경우 주거지 내부 구조의 세부적인 용도를 기초로 생활공간과 이외의 생산 목적으로 사용된 공간으로 구분된다. 즉 단야송풍관 관련 제철시설이나 토기의 제작과 관련된 생산의 역할에 중점을 두었던 집단일 가능성 또한 추정해볼 수 있을 것이다.

주거지 내부 취사공간의 분석은 Ⅰ·Ⅳ유형과 같이 유구의 분포상만으로는 구체적인 취락 내 공간구성에 대한 이해가 어려울 경우, 취락 내 구체적인 내부시설이 남아있는 개별 유구에 대한 분석을 기초로 하여 유구 각각의 기능적 차이를 구별해 내는 일이 무엇보다 필요하다는 전제에서 이루어졌다. 이러한 접근은 내부 시설이 확인되는 경우에만 구체적인 분석이 가능하기 때문에, Ⅳ유형의 대표유적인 서천 지산리 유적을 중심으로 취사공간의 존재와 이를 중심으로 한 공간 활용에 대한 접근을 시도해보았다.

　내부 시설을 중심으로 분석한 결과 ① 동일 주거지 내부에 부뚜막시설을 중심으로 취사공간과 생활공간이 구분된 주거지군, ② 취사공간이 확인되지 않는 주거지군, ③ 부뚜막시설과 더불어 생산관련 흔적이 확인되는 주거지군으로 구분하였다.

　이는 부뚜막시설을 중심으로 취사공간의 구분이 가능한 주거지와 저장기능의 주거지, 그리고 생산공정과 관련된 주거지로 구분이 가능하다. 이 가운데 부뚜막시설이 되어있는 취사공간의 경우 저장공간과는 결합되지 않으나 일부 작업공간과는 함께 공반되어 시설되는 모습을 살필 수 있다. 이러한 분류 및 분석을 통하여 주거지의 사용주체에 의해 의도적이고 구체적인 공간분할이 이루어졌음을 확인할 수 있다. 특히 부뚜막시설을 중심으로 주거지 내에서 취사와 관련된 공간이 매우 중요한 입지를 차지하고 있음을 확인할 수 있는데, 이는 의도적으로 공간을 분할 배치한 것으로, 각 세대분화를 바탕으로 한 생산과 소비단위의 구분이 이루어졌음을 살필 수 있는 구체적인 자료로 인지된다.

　요컨대 취락의 연구에 있어서 전체적인 유적의 입지와 유구의 분포상은 취락구성 집단의 사회적 성격과 입지를 파악할 수 있는 중요한 자료로 인지될 수 있다. 더불어 취락 내 개별 주거지의 공간분석을 통하여 동일한 취락내에서도 구성원의 역할분담에 의한 공간분화의 가능성과 동일 취락 내 주거공간의 기능에 의한 분화과정을 파악할 수 있을 것으로 판단된다.

참고문헌

강봉원, 1995, 「고고학에 있어서 공간분석의 일례 : 방안식방법(quadr at method)을 중심으로」, 『한국상고사학보』제19집, 231~255쪽, 한국상고사학회.
고려대학교 고고환경연구소, 2005, 『경관의 고고학』.
권오영, 1996, 「중서부지방의 초기철기문화와 '衆國'의 대두」, 『釜山史學』32.
＿＿＿, 1997, 「한국 고대의 취락과 주거」, 『한국고대사연구』12, 한국고대사학회.
＿＿＿, 2004, 「백제의 주거지」, 『백제문화의 원형』, 서경.
權兌遠, 1995, 「백제의 사회구조와 생활문화계통」, 『백제연구』26, 충남대백제연구소.
권학수, 1999, 「공간분석방법의 고고학적 활용과 문제점」, 『한국고고학보』40, 1~21쪽, 한국고고학회.
김기섭, 2004, 「백제인의 식생활 시론」, 『백제연구』37, 충남대백제연구소.
김승옥, 2004, 「전남지역 1~7세기 취락의 분포와 성격」, 『한국상고사학보』제44호, 한국상고사학회.
＿＿＿, 2007, 「錦江流域 原三國~三國時代 聚落의 展開過程 硏究」, 『韓日 聚落硏究의 現況과 課題(Ⅲ)』, 韓日聚落硏究會, 81~107쪽.
김승옥·김은정, 2004, 『전주 송천동 유적-B지구』, 전북대학교박물관.
나건주, 2003, 『공주 화정리유적』, (재)충청매장문화재연구원.
박유정, 2004, 「연기 월산리유적」, 『호서지역의 최근 발굴사례』, 호서고고학회.
오규진·이강열·이혜경, 1999, 『천안 용원리유적』, (재)충청매장문화재연구원.
오홍석, 1982, 『취락지리학』, 교학사.
오홍석, 1989, 『취락지리학』, 교학사.
윤덕향·장지현, 2003, 『金堤 大木里·長山里·莊山里 遺蹟』, 전북대학교박물관.
이강승·박순발·성정용, 1996, 『천안 장산리유적』, 충남대학교박물관.
이경식, 2005, 「청원 오송생명과학단지 조성부지(A지구)문화유적 1차 발굴조사 개보」,

참고문헌

　　　『호서지역 문화유적 발굴성과』, 호서고고학회.
이남석·이현숙, 2002, 『안영리유적』, 공주대학교박물관.
이남석·이현숙·윤영섭, 2005, 『서천 지산리유적』, 공주대학교박물관.
이상균·박현수·윤성준·김선영, 2004, 『전주 송천동 유적-A지구』, 전주대학교박물관.
이성주, 2007, 「청동기시대의 취락」, 『한국 고대사 연구의 새동향』, 365~366쪽, 한국고대
　　　사학회.
이영철, 2001, 「기원후 3~5세기대 호남지방 취락별 편년 검토(Ⅰ)」, 『연구논문집』제1호,
　　　호남문화재연구원.
　　　, 2002, 「기원후 3~5세기대 호남지방 취락별 편년 검토(Ⅱ)」, 『연구논문집』제2호,
　　　호남문화재연구원.
　　　, 2003, 「기원후 3~5세기대 호남지방 취락별 편년 검토(Ⅲ)」, 『연구논문집』제3호,
　　　호남문화재연구원.
이현숙, 2005, 「한국 선사·고대의 취락 내 공간분화에 대한 연구 -구덩이 확인 유구를
　　　중심으로-」, 『역사와 역사교육』제12호, 웅진사학회.
이홍종, 1997, 「한국 고대의 생업과 식생활」, 『한국고대사연구』12, 한국고대사학회.
李熙濬, 1998, 『4~5세기 新羅의 考古學的 硏究』, 서울大學校大學院 文學博士學位論文.
　　　, 2000, 「삼한 소국 형성 과정에 대한 고고학적 접근의 틀 -취락의 분포 정형을 중
　　　심으로-」, 『한국고고학보』43, 한국고고학회.
조은지, 2005, 「아산 갈매리유적」, 『호서지역 문화유적 발굴성과』, 호서고고학회,
　　　277~293쪽.
정종태, 2001, 『서천 송내리 유적』, (재)충청매장문화재연구원.
중앙문화재연구원, 2002, 『논산 원북리유적』.
충남역사문화원, 2003, 『공주 장선리 토실유적』.

참고문헌

최헌섭, 1998, 『한반도 중·남부 지역 선사취락의 입지유형』, 경남대학교대학원 석사학위논문.
추연식, 1994, 「취락고고학의 세계적 연구경향-한국 취락고고학연구의 전망에 대신하여-」, 『마을의 고고학』, 제18회 한국고고학 전국대회 발표요지, 한국고고학회, 47쪽.
_____, 1997, 『고고학 이론과 방법론』, 학연문화사, 47~68쪽.
한국고고학회, 1994, 『마을의 고고학』.
한국고대사학회, 2007, 『한국 고대의 지방통치와 촌락』, 제9회 한국고대사학회 하계세미나 자료집.
한국문화재보호재단, 2006, 「청원 오송생명과학산업단지 조성부지 내 문화유적발굴조사」현장설명회자료.
호남문화재연구원, 2002, 『高敞 校雲里 遺蹟』
홍경희, 1986, 『촌락지리학』, 법문사.

식문화탐구회 학술총서 1집

【炊事의 考古學】

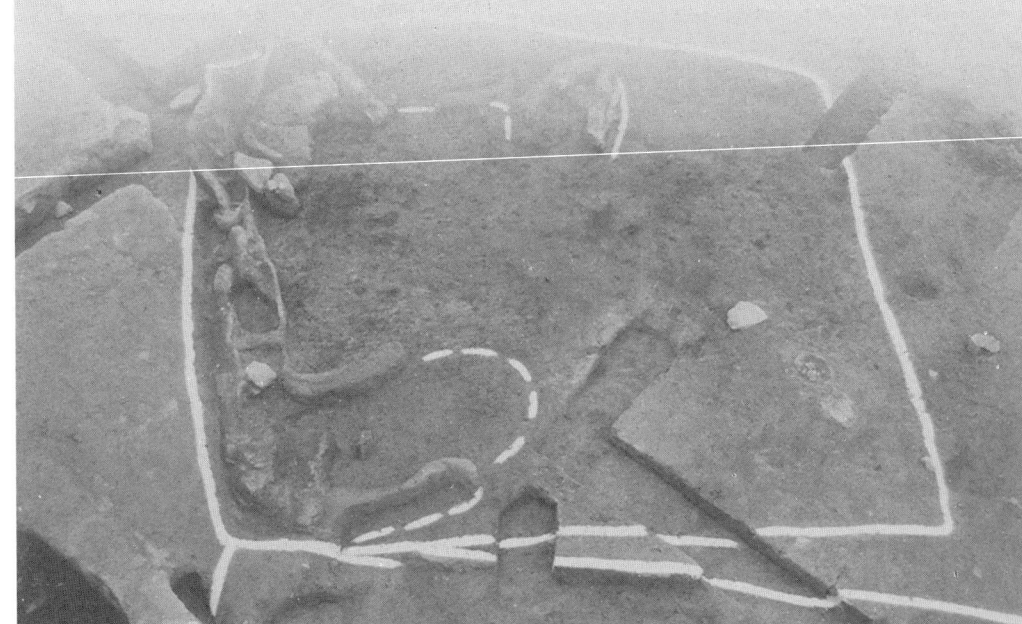

식 문 화 탐 구 회 학 술 총 서 1 집 취 사 의 고 고 학

動物考古學을 통해 본 日本 中世의 食生活

도이즈미다게지 _ 早稻田大學 敎育學部
쇼다신야 _ 번역

Ⅰ. 머리말

일본 중세의 식생활에 대해서는 고고학적으로 調理具나 食器 등 여러 가지 측면에서 검토되어 왔지만, 이 글에서는 특히 중세 전기[1] 유적에서 출토된 음식물의 쓰레기 가운데 동물유체에 주목하였다.

【표 1】에는 동물유체가 출토된 중세 전기의 都市遺蹟(鎌倉·京都·草戶千軒町·博多)과 非都市·村落遺蹟 중 주된 유적들에 대해서 貝類·魚類·鳥獸家畜의 출토 상황을 정리하였다. 이 글에서는 이들 식재에 대한 검토를 통하여 도시와 촌락의 차이, 중세 鎌倉(가마쿠라)에서 도시공간과 사회계층의 관련이라는 관점에서 이 시대 식생활의 다양성을 살펴보고자 한다.

---

[1] 일반적으로 중세 전기는 13세기부터 15세기 전반을 가리키지만, 이 글에서는 12~16세기 자료에 대해 언급하였다.

II. 食材의 概要, 地域性 및 都市·村落의 比較

1. 貝類

　가마쿠라와 博多(하카타)에서는 전복, 소라, 피뿔고둥, 대합류가 많이 출토되었다. 피뿔고둥과 대합이 많은 점은 京都(교토)와 草戶千軒町(구사토센겐초)도 마찬가지이다. 이들이 중세 도시에서 식용 패류의 기본 조합이며, 특히 소라와 피뿔고둥 등의 대형 고둥류를 주로 이용한다는 점이 특징이다. 이에 반하여 도시 이외 지역에서는 전반적으로 대합류, 비단고둥류, 모시조개, 굴, 가막조개 등 내만이나 하구에서 주로 채집되는 종이 많으면서(내륙에서는 우렁이도 많이 보임) 유적 주변 환경조건에 대응하여 유적마다 주요 출토종의 종류가 다양한 점이 특징이다. 또한, 도시에서는 일반적으로 패각의 출토량이 그리 많지는 않다. 그러나 東京灣, 浜名湖, 伊勢·三河灣, 瀨戶內海, 有明海 연안과 出雲平野西部 등의 漁村유적에서는 흔히 패총이 형성되며, 島根縣 上長浜貝塚처럼 상당히 대규모 유적도 확인된다. 따라서 이들 패류가 단순히 자가 소비용이 아니라 乾物로 가공되었을 가능성이 높다.

　패류의 漁場이나 산지라는 점에 주목하여 어촌과 도시를 비교하면 어촌유적에서는 패류의 대부분이 인근수역에서 漁獲되었다고 추정하는 것에 반해 도시 유적에서는 입지조건에 상관없이 특정 종류 조개를 광범위하게 반입한 경향이 뚜렷하다. 예를 들면, 가마쿠라에서는 피뿔고둥과 대합이 東京灣 방면에서, 전복과 소라는 三浦半島 등의 岩礁域에서 운반된 것으로 추정된다. 또한, 가마쿠라에서는 주된 종류의 개체 크기가 균일하다는 경향이 나타나기 때문에 이들은 일정한 규격에 따라 선택된 조개들이 반입된 것으로 생각된다(河野眞知郎 1983; 1988; 1989; 金子浩昌

표1 중세 전기 유적에서 주요 패류의 산출상황

유적명	소재지	암초성소형고둥	전복류	소라	피뿔고둥	수랑	*Glossaulax didyma*류	새고막	떡조개 (*Umbonium moniliferum*류)	민무늬백합	대합	모시조개	꼬막	왕굴	가막조개류	우렁이류	연대 (숫자는 세기)
鶴岡八幡宮	神奈川	□	□	○					○			□	□				13중-15초
鎌倉 北條時房·顯時邸跡	神奈川	+	△	+	△	+	+	+	◎	●	△	+		+			13중-14
鎌倉 千葉地東	神奈川	□	○	□	○	□		□	□		□	□		□			13후-15전
鎌倉 若宮大路周邊85地点	神奈川	+	△	△	+	+		+	△	△	+			+			13말-14전
鎌倉 下馬周邊*	神奈川	+	+	+	△	△			(●)	△	○	△					13말-15전
鎌倉 長谷小路周邊(1)*	神奈川	+	+	△	△			◎	◎	△	△	+					13중-14전
鎌倉 長谷小路周邊(2)*	神奈川		△	◎	△	△		△	◎	○		+					13후-14중
鎌倉 由比ヶ浜南*	神奈川	+	(△)	◎	(◎)	●	△	+	△	+		+					13중-14중
참고: 蓼原東	神奈川	△	+	+	+				◎						+		15중-16초
森元(第1貝層)	靜岡							□					◆	□			13-15
森元(第3貝層)	靜岡					□			□		□	◆					13-15
市杵島神社	愛知					+				●			◎				12
神明社	愛知	●	+	+								△	+				12-16
京都(左京六條三坊七町)	京都					●				◎							13-16
大坂城下町跡	大阪									○				○	□		鎌倉
金樂寺	兵庫	□	□	□	○			□				□	○	○			平安말-鎌倉
草戶千軒町	廣島		□	○					○			○	○				13후-14
上長浜	島根	□		□	□				□			○	◆				平安말-鎌倉초
博多	福岡	○	○	○					□	□	□						鎌倉-室町
高橋南	熊本	+		+		+				△	◎	◎					12말-13

정량적 기재: ★ 90%~, ● 50~90%, ◎ 10~50%, △ 2~10%, + ~2%
비 정량적 기재: ◆ 압도적 다수, ○ 주요 종류, □ 있음
*鎌倉 下馬 주변의 *Umbonium moniliferum*는 유구 바닥면에서 집중적으로 출토되었는데, 다른 지역에서는 양이 적다.
*長谷小路周邊(1): 由比ヶ浜三丁目228·229番外地点, 同(2): 由比ヶ浜三丁目258番1地点
*鎌倉由比ヶ浜南의 전복·소라는 '패각 집중유구'에서는 적지만, 포함층에서 많이 출토되었다.

1988). 한편, 가마쿠라에서 가까운 어촌인 蓼原東遺蹟에서는 가마쿠라에서 거의 서식하지 않는 비단고둥속(*Umbonium moniliferam*[2])과 모시조

---

[2] 譯註; 대응하는 한국명을 못 찾은 경우, 학명으로 표기하였다.

표2 중세 전기 유적에서 주요 어류의 산출상황(정량 데이터는 NISP에 의해 계산하였음)

유적명	소재지	정어리류	전갱이·고등어	상어	청새치	다랑어	가다랑어	참돔	감성돔	농어	Suggrundus	갯장어	복어	쏨방이류	바리과	잉어과	메기	연대(숫자는 세기)
鎌倉 鶴岡八幡宮	神奈川	□	□	□	□			○										13중-15초
北條時房·顯時邸跡	神奈川		△		△			●							◎			13중-14
千葉地東	神奈川		◎		◎	◎		△										13-14
若宮大路周邊85地点	神奈川		◎	△	◎	△	◎	△	+		△		+	+	+			13후-15전
下馬周邊	神奈川		◎	△	◎	◎	△	△	+		△		+	+				13말-14전
長谷小路周邊(1)	神奈川		◎	◎			+	◎										13중-14전
長谷小路周邊(2)	神奈川	●						+										13중-후
由比ヶ浜南	神奈川		◎	◎	●			△										13중-14중
參考: 蓼原東(水洗)	神奈川	◎	△			△		△				△						15중-16초
神明社(水洗)	愛知	●	△									+						12-16
草戸千軒町	廣島		△			●	+	◎	+	△		△	+	+	+			13후-14
上長浜	島根	+	△			△	◎	(◎)			◎		+	+	△	△		平安말-鎌倉초
博多	福岡	□	□	○		□	□	○	□	○		○	□	○				鎌倉-室町
高橋南	熊本					◎		◎	◎									12말-13

*水洗: 수세 선별에 의해 채집된 자료(그 이외는 현지에서 채집). 기호는 표1과 동일.

개가 많다. 그리고 대합과 소라는 가마쿠라에서 출토된 것보다 훨씬 작기 때문에 대형 패류는 외부로 반출되었을 가능성이 지적되었다(中三川昇 外 1995). 가마쿠라에서는 이러한 주변 어촌에서 특정 종류 및 크기의 조개가 상품으로 선택적 반입이 되어 어촌에서는 이러한 규격에 맞지 않는 패류가 자가 소비용 혹은 가공용으로 이용되었을 것으로 생각된다.

2. 魚類·海獸類

도시에서는 전체적으로 참돔이 선호되었다. 기타 가마쿠라에서는 상어류·다랑어·청새치·가다랑어 등의 외양성 대형어류나 돌고래류와

표3 중세 전기 유적에서 주요 조수류 및 가축의 산출상황

유적명	소재지	돌고래·고래류	자라	오리류	기러기류	백조	꿩	닭	사슴*	멧돼지	산토끼	너구리	개	고양이	말	소	연대 (숫자는 세기)	산정방법
鎌倉 鶴岡八幡宮	神奈川	△		+	◎	△	△	△	△	△		+	◎	△	△		13중-15초	MNI
鎌倉 北條時房·顯時邸跡	神奈川	△			◎		△						◎	◎	△		13중-14	MNI
鎌倉 藏屋敷	神奈川	◎		+	△	△	+	◎	△				◎	△	△		13-14	MNI
鎌倉 千葉地東	神奈川	◎		+	△		△	◎					◎	◎	△		13후-15전	MNI
鎌倉 若宮大路周邊85地点	神奈川	◎		△	△		△	△	△				◎	◎			13말-14전	MNI
鎌倉 長谷小路周邊(1)	神奈川	●		+	+		△	◎	△				◎	△	△		13중-14전	MNI
鎌倉 由比ヶ浜南	神奈川				+		+	△	+				◎	+	△		13중-14중	MNI
參考:蓼原東	神奈川	◎					△		◎				◎	◎			15중-16초	NISP
森ノ宮*	大阪	(◎)	△			△			◎				◎	◎			13-16	MNI
草戸千軒町	廣島	(+)	△	(+)		+	△	(+)	△		●		△	△	△		13후-14	MNI
上長浜	島根			◎			●	◎	△	△							平安말-鎌倉초	NISP
博多	福岡	○				□	○	□	□	□			□	□		□	鎌倉-室町	
高橋南	熊本	◎	△				△	◎	△	△			◎				12말-13	NISP

산정방법 : MNI 최소개체수, NISP 동정표본수, 기호는 표 1과 동일.
*NISP는 사슴 뿔 파편을 포함하지 않는다.
*森ノ宮의 거북류는 자연사 유체일 가능성이 높음.
*(+)는 종명표에만 보이는 것.

소형 고래류도 많이 관찰된다. 상어와 돌고래·고래류의 조합은 하카타·高橋南에서도 확인되는데 그 밖의 유적에서는 드문 편이다. 식재 가운데 고급으로 인식되어 있는 잉어 등 담수어는 도시에서도 거의 보이지 않는다. 따라서 식품의 貴賤과 소비량은 직접적으로 연관되지 않는다고 생각된다. 메기와 자라는 西日本에서만 관찰되며, 명확한 동서의 지역성을 나타낸다(關東地方에서 이것을 식용으로 하기 시작한 것은 근세 이후의 일이다). 갯장어도 瀨戶內海 연안에 분포하는 유적에서만 특징적으로 확인된다. 가마쿠라에서는 정어리나 전갱이 등 작은 물고기가 적지만, 유적 토양에 대한 水洗選別에 의해 대량의 정어리 뼈가 확인된 사례(長谷小路 주변)도 있기 때문에 실제로는 많이 먹고 있었다고 볼 수 있다. 도시와

촌락 차이에 대해서는 자료 부족 때문에 패류처럼 뚜렷하지는 않지만, 감성돔은 도시지역에서는 기피하는 경향이 보인다.

蓼原東과 가마쿠라를 비교하면 전자에서 참돔이 적은 것을 알 수 있지만, 바리류 등 암초성 어류가 많은 것으로 보아 실제로는 많이 어획되었을 가능성이 높다. 아마도 대부분의 참돔은 통째로 出荷된 반면에 바리류 등은 자가 소비용으로 이용된 것으로 추정된다. 상어가 많은 점은 가마쿠라와 공통되는데, 자가 소비용 이외에 고기를 楚割譯註; 생선을 가늘게 잘라서 말린 건어물 등으로 가공해서 출하했을 가능성도 있다. 가마쿠라에서 소비된 주요 생선 종류는 이처럼 어촌에서 시장을 경유하여 生魚 혹은 가공품으로 반입된 것으로 추정된다. 또한, 구사토센겐초에서는 동해 쪽에서 가져온 것으로 생각되는 연어 뼈도 확인되어 도시를 둘러싼 보다 광역적인 유통망의 존재가 입증되었다(松井章 1994). 가마쿠라에서도 연어 가공식품 등을 식용으로 이용하였던 것으로 짐작해볼 수 있다.

3. 鳥獸類·家畜

鳥獸骨이 출토된 유적은 많아 중세에도 육식이 활발하게 이루어진 것을 말해준다. 狩獵獸로는 전국적으로, 그리고 도시인지 촌락인지에 상관없이 사슴·멧돼지·산토끼가 많으며, 멧돼지는 西日本에 많다. 조류는 전반적으로 많지 않으나 가마쿠라에서는 기러기 등의 뼈가 대량으로 출토된 유적이 있어, 특이한 양상을 보인다.

가축은 전체적으로 출토량이 많은데 특히 개, 말, 소가 자주 확인된다. 하지만 이들이 식용으로 이용되었는지는 판정하기 어려운 경우가 많다. 구사토센겐초에서는 개가 특히 많으며, 뼈에 解體痕도 관찰되기 때문에 식용이었다고 생각된다(松井章 1994). 가마쿠라에서도 상황이 이와 유사하다. 소와 말에 관해서도 해체흔이 자주 확인되며, 이 동물들이 죽은 뒤에 해체된 것이 많았음을 알 수 있다. 가축을 해체한 목적에 대해서는 소·말은 제품을 만들기 위한 재료인 가죽이나 뼈를 얻기 위해, 개에 관해서는 鷹狩을 위한 먹이로 사용되었을 가능성이 지적되었다(金子浩昌 1975). 하지만 이들 동물의 고기가 식용으로 이용되었을 가능성도 배제할 수 없다. 한편, 해체흔이 전혀 확인되지 않는 유적이나 가축 뼈 자체가 전무한 유적도 존재하기 때문에 가축에 대한 처리 문제는 더 복잡하다. 가마쿠라에서는 고양이도 흔히 보이지만, 다른 가축에 비해서 해체흔적이 보이는 개체가 많지 않아 식용으로는 많이 이용하지 않았을 것으로 생각된다.

4. 植物

식물유체(종자와 과실)도 많은 유적에서 출토되었다. 자료 수집이 충분하지 못하였으나, 지금까지 집성된 자료(樋泉岳二 2001)를 참고하면 곡류로는 유적에서 벼가 가장 많이 확인되어, 쌀을 주식으로 이용하였음을 알 수 있다. 다만, 보리, 피, 조 등의 잡곡류도 벼에 필적한 출토량을 보이는 것이 보통이다. 특히 간토(關東)지방에서는 麥類가 다량 출토된 유적이 상당수 관찰된다. 이에 반해 콩류는 적다. 견과류로는 호두·밤·칠엽수, 과실로는 복숭아·매실·참외가 일반적이며, 다량 출토된 경우도 많다. 들깨·차조기류도 많은 유적에서 확인되었다. 산머루·산딸기 등의 식용 야생식물도 다량으로 출토된 경우가 있다. 구사토센겐초에서는 가지·호박·수박·감 등도 관찰되며, 식용 과실류의 다양성을 보여 주고 있다.

III. 社會階層과 食 －鎌倉의 事例

　　중세 가마쿠라의 식생활에 대한 고고학적 연구는 河野眞知郎(1983; 1988; 1989)에 의해 동물자원 이용에 관한 고찰, 金子浩昌(1975)에 의한 千葉地東遺蹟 등의 동물유체분석으로부터 시작되었다. 최근에는 도시공간의 다양성(中核部·武家屋敷·町屋·海岸部 등)과 식생활 관련에 대해서 馬淵和雄(1997)이 식기 조성을 통하여, 또한 宗臺秀明(1999)이 패류의 조성을 통해 논의하였다. 이 글에서는 가마쿠라 시내 각 지역에서 출토된 조개·물고기·조수가축 유체를 비교하여 도시공간과 유체 내용의 관련성을 통해서 중세 가마쿠라의 식생활을 살펴보고자 한다.

　　【표 1】에 표시한 가마쿠라의 각 유적은 중핵부인 시가 북부의 鶴岡八幡宮, 北條時房·顯時邸蹟에서 町屋을 지나 남부의 창고·묘지 밀집지 혹은 직능집단의 거주역인 해안부까지, 북쪽에서 남쪽으로 배치되어 있다. 각 유적 위치에 관해서는 【도면 1, 2】에 표시하였다. 연대는 13세기 중엽부터 15세기 전반까지 시기 폭이 나타나며, 이 사이에 도시구조의 변화가 있었던 사실이 알려져 있지만, 연대별 검토는 앞으로의 과제로 삼고 싶다.

1. 貝類

　　대합과 민무늬백합은 유적마다 출토량의 차이가 크다. 다만, 전체적으로 보면 下馬주변 북쪽이 보다 많고 반대로 피뿔고둥은 長谷小路 주변의 남쪽에서 많이 관찰된다. 이처럼 패류는 공간적으로 뚜렷한 불균일성을 보이고 있다. 여기서 패각의 출토 지점을 바로 소비지로 가정한다면 대합류는 상류 계급에 속한 사람들이 선호하는 고급품이었으며, 피뿔고둥·소라·수랑은 보다 대중적인 식재료였음을 알 수 있다. 이 점에 대해서 宗

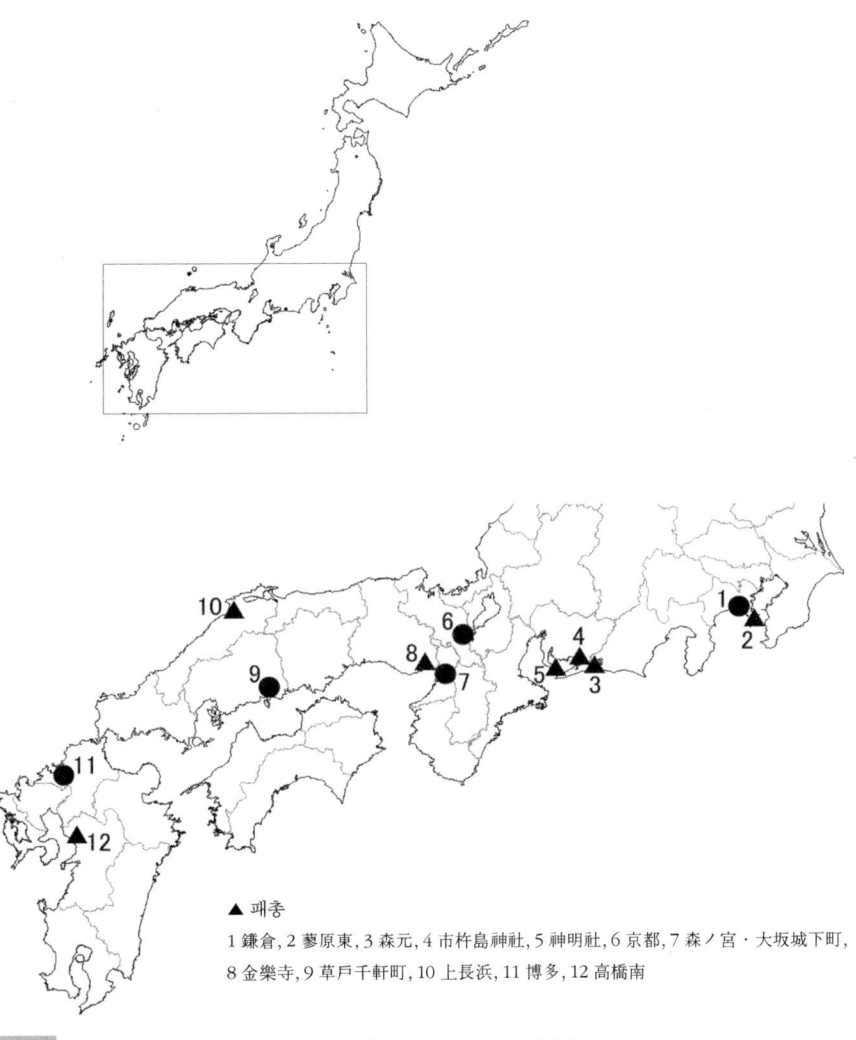

▲ 패총
1 鎌倉, 2 蔘原東, 3 森元, 4 市杵島神社, 5 神明社, 6 京都, 7 森ノ宮・大坂城下町, 8 金樂寺, 9 草戸千軒町, 10 上長浜, 11 博多, 12 高橋南

도면 1 본 논문 관련 유적 위치(가마쿠라에 대한 자세한 내용은 도면 2)

臺秀明(1999)은 北條時房・顯時邸蹟에서 출토된 민무늬백합과 長谷小路 부근에서 출토된 피뿔고둥의 비교 관찰을 기초로 전자는 국물이 있는 탕류로 饗宴에 이용되었으며 후자는 구이로 이용되었을 것으로 추정하였

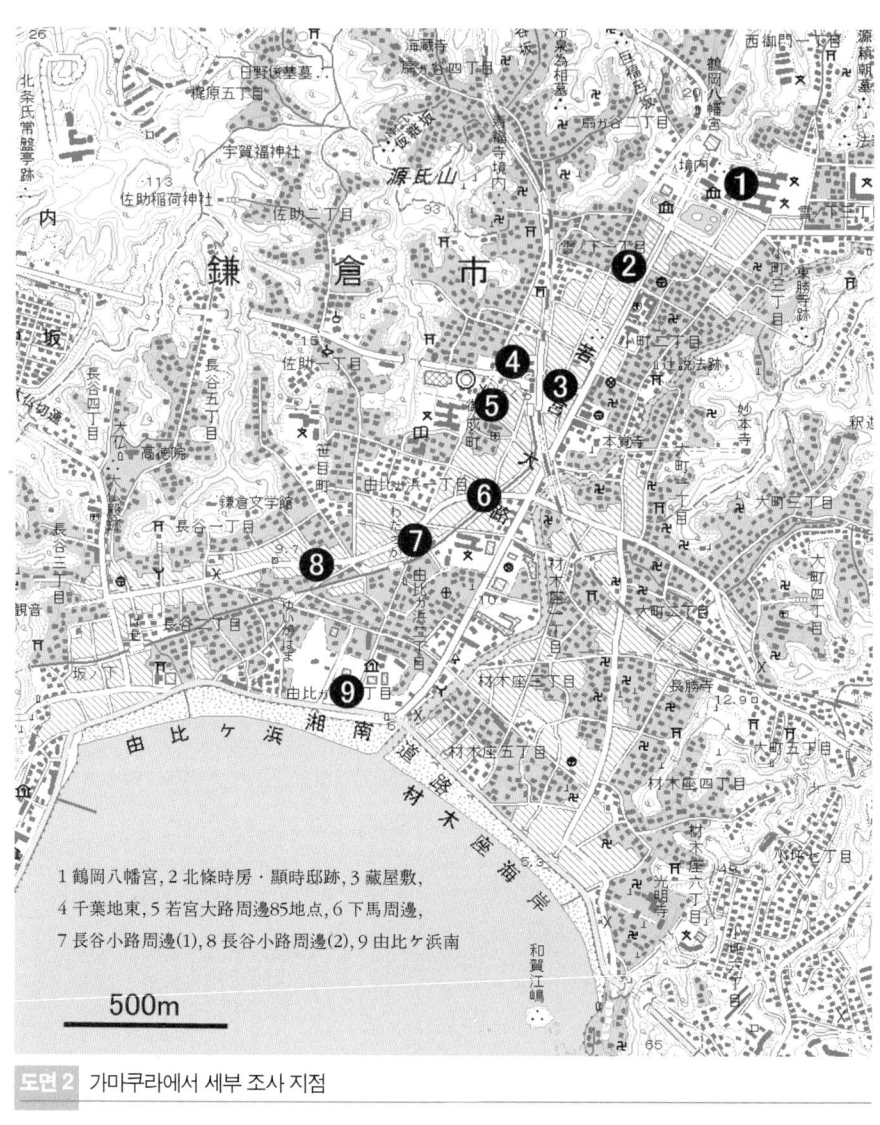

도면 2 가마쿠라에서 세부 조사 지점

다. 즉 조리법과 사회계층을 관련시켜 논한 것이다. 이 결론 자체에 대해서는 조리법 추정이나 사회계층과의 관련성에 대해서 아직 검토 여지가 있는데, 예를 들면 낮은 급에 해당하는 피뿔고둥이 신분이 높은 鶴岡八幡

宮에서 출토되었다는 점이 문제이다. 하지만 식재와 조리법, 그리고 계층성을 파악하고자 하는 시점은 중요하다.

의외라고도 할 수 있는 점은 고급 식재로 생각되는 전복과 소라가 중핵부에 집중되지 않는다는 점이다. 특히 소라는 오히려 해안부에서 많이 출토되었다. 따라서 이들 조개는 실제로는 일반서민들도 많이 먹었을지도 모른다. 다만, 由比ヶ浜南과 若宮大路周邊(85지점)의 소라 계측치를 비교하면 전자는 아주 크기가 작으며 상술한 蓼原東에 가까운 상황이기 때문에 동일한 종류 안에서도 크기에 따라 격이 달랐을 가능성이 있다. 또한, 由比ヶ浜南에서 확인된 수량의 조개 집중출토 유구에 대해서는 조갯살을 꺼내는 작업이 이루어진 시설이었을 가능성도 지적되었다(小島奈々子 2002). 따라서 전복과 소라에 대해서도 조갯살을 꺼내는 작업을 거쳐 운반되었을 가능성을 고려해야 할지도 모른다. 패각 출토 지역과 소비자나 소비형태의 관계에 대해서는 향후 패각 출토상태와 보존상태 등 보다 자세한 분석이 필요하다.

2. 魚類·海獸類

잉어科는 北條時房·顯時邸蹟에서만 일정량이 출토되었다. 잉어는 室町時代(譯註; 무로마치시대, 1336~1573)의 『四條流庖丁書』나 『家中竹馬記』에서는 최고의 물고기라고 되어있으며(樋口淸之 1987; 渡邊實 1964), 『徒然草』에서도 아주 소중한 물고기라는 기술이 있다. 北條時房·顯時邸蹟에서 출토된 잉어科 유체가 잉어인지 확인되지는 않았지만, 만약에 그렇다면 상술한 내용과 일치하는 것이다. 도시의 대표적인 식용어종인 참돔은 북부에서 많이 보인다. 특히 鶴岡八幡宮이나 北條時房·顯時邸蹟에서 대부분을 차지하며, 중남부에서도 결코 적지 않게 보인다. 고급

어종이지만 잉어보다 약간 대중적이며 소비량도 많았을지 모른다. 이와 대조적으로 가마쿠라의 특징적인 수산식재료인 상어·다랑어·청새치·돌고래·고래류는 남부에 많으며, 일반서민이 많이 먹은 것으로 추정된다. 다만 『四條流庖丁書』에서는 '잉어보다 좋은 생선은 없다' 하지만 고래를 '잉어보다 먼저 내도 괜찮다' 라고 하며 고래를 잉어와 같은 급으로 보고 있다(樋口淸之 1987; 渡邊實 1964). 따라서 市中이나 해안에서 해체가 이루어지며, 고기만 상류계급으로 공급되었을 가능성이 있다. 『徒然草』에서 '가마쿠라의 노인들이 말하기를 자기들이 젊었을 때에는 이 생선은 높은 사람에게 올린 적이 없었다' 라고 알려진 가다랑어는 藏屋敷·千葉地東·若宮大路周邊 제85지점 등 중간 지역에 많이 나타난다. 역시 고급어종이 아니었음을 알 수 있다. 그리고 長谷小路 주변의 수혈유구18에서는 정어리 184마리 이상, 참돔 1마리, 탄화미·박과 종자 및 많은 토기 발이 집중적으로 발견되었다(宗臺秀明·宗臺富貴子 1994). 이들이 연회 쓰레기인지 매납의례 등과 관련되는 것인지는 모르겠지만, 일반 서민층의 비일상적 장면에서 식재 이용의 일단을 보여주고 있어 흥미롭다. 여하튼 서민들은 적어도 정어리류와 같은 작은 생선들도 많이 먹었음을 알 수 있다. 하지만 이러한 작은 생선들이 가마쿠라에서 어떠한 분포 상황을 보여주는지는 음식의 계층성을 생각할 때 향후 중요한 과제라 할 수 있다.

3. 鳥獸類·家畜

기러기·백조·꿩 등 조류는 명확하게 鶴岡八幡宮과 北條時房·顯時邸跡에서 많고 남부에서 적다. 室町時代의 『海人藻介』에 의하면 궁 안에서는 '큰 새로는 백조, 기러기, 꿩, 오리를 御膳에 올리며, 그 밖의 것을 올리면 안 된다' 라고 되어 있으며(樋口淸之 1964), 이는 가마쿠라 무사들

사이에서도 동일하게 인식되어 있었음을 알 수 있다. 사슴·멧돼지·산토끼 등 야생동물은 由比ヶ浜南를 제외하면 어디서나 일정량이 출토되었으며, 계층과 상관없이 넓게 식용으로 이용된 것으로 보인다.

　가축에 대해서는 개·말은 어디서나 많이 출토되는데, 소는 뚜렷하게 남부에서 많고 중핵부에서 안 보인다. 이는 식료의 차이라기보다 말이 兵馬로, 또한 개가 飼犬이나 野良犬으로 중핵부까지 들어가 있었던 것에 반하여 소는 荷駄用으로 주로 남부지역 창고군과 관련한 것과 소 뼈가 각종 제품의 소재로 長谷小路周邊 등의 직능집단에 의해 이용되었기 때문이라고 생각된다. 다만 藏屋敷·千葉地東보다 남쪽 지역에서는 각 종류마다 해체흔을 보이는 뼈가 흔하기 때문에 해체된 것은 확실하며, 식용되었을 가능성이 높다. 이에 반하여 鶴岡八幡宮에서는 해체흔이 명확하지 않아 축산물을 다루는 방식의 차이일 수 있다.

IV. 맺음말

　이상에서 기술한 내용을 개략하여 【표 4】에 모식화해서 표시하였다. 이는 상상을 포함하여 억지로 정리한 것이지만 큰 틀에서 보면 대체적으로 맞다고 생각한다. 도시와 촌락 사이에서는 어패류나 조류에서 명확한 격차를 보이는 점이 주목된다. 특히 가마쿠라에서는 전복·소라·대합·참돔·잉어, 기러기·꿩 등 문헌기록에서도 자주 볼 수 있는 고급 식재가 많이 보이며, 平安時代 귀족 사회에 원류를 두는 식물에 대한 貴賤觀이 중세 가마쿠라에서도 강하게 의식되어 있었음을 알 수 있다. 대부분 어패류는 주변 어촌에서 운반되었으며, 어촌에서는 여기에 해당하지 않는 것들을 자가소비용 혹은 가공용으로 이용하였을 것으로 추정할 수 있다.

표4 중세 가마쿠라를 모델로 한 식재이용의 계층성 모식도. ( )는 검토 여지가 있는 것.

		패류		어류·해수류		조류	육수	가축
도시	상층	대합	(전복)	잉어, 참돔		기러기, 꿩, 백조	닭	사슴, 멧돼지, 토끼	(말) (개)
	하층	수랑, (피뿔고둥), (소라)		청새치, 다랑어, 가다랑어	상어, 돌고래·고래류, (정어리)				(말) (소)
촌락		모시조개, *Umbonium moniliferam*		바리				

    한편, 가마쿠라 내부에 관해서도 사회계층과 관련되는 것으로 보이는 식재의 다양성·불균일성이 인정된다. 표를 통해 이를 과감하게 상층·하층으로 정리하였는데, 이는 어디까지나 개념상의 도식이며, 실제 식생활에서는 양자의 차이는 상당히 애매하였을 것으로 생각된다. 이상과 같이 가마쿠라에서는 일반서민이라고 하여도 식재 패턴은 촌락과 차이를 보이는 도시형 패턴을 뚜렷하게 보여주고 있으며, 그 의미로 서민도 도시의 식문화 범주 안에 있었다고 판단할 수 있다.

    그리고 이 글에서는 다루지 못하였으나, 중세 식문화에 대해서는 일상과 비일상의 차이나 중세 속에서 시대변화 규명도 중요한 과제이다. 앞으로 보다 풍부한 자료를 축적함과 동시에 출토상황이나 해체흔 관찰, 조리구·조리법과의 관련성 등 다각적 분석을 통하여 중세 식생활의 다양한 모습이 더욱 자세히 밝혀질 수 있기를 기대해본다.

참고문헌

金子浩昌, 1975, 「葛西城址Ⅳ・Ⅴ區濠出土の動物遺體」, 『青戸・葛西城址調査報告』Ⅲ.
金子浩昌, 1988, 「中世遺跡における動物遺體 -鎌倉市內遺跡の調査例を中心として-」, 『考古學と關連科學』, 鎌木義昌先生古稀記念論文集刊行會.
久保和士, 1999, 『動物と人間の考古學』, 新陽社.
大三輪龍彦ほか, 1989, 『よみがえる中世3 - 武士の都鎌倉』, 平凡社.
渡邊實, 1964, 『日本食生活史』, 吉川弘文館.
馬淵和雄, 1997, 『食器からみた中世鎌倉の都市空間』, 國立歷史民俗博物館研究報告第71集.
小島奈々子, 2002, 「「貝溜り」遺構出土の貝類」, 『由比ケ浜南遺跡「第3分册・分析編」Ⅱ』, 由比ケ浜南遺跡發掘調査團.
松井章, 1994, 「草戸千軒町遺跡第36次調査出土の動物遺存體」, 『草戸千軒町遺跡發掘調査報告 -北部地域南半部の調査-』, 廣島縣教育委員會.
宗臺秀明, 1999, 「中世鎌倉の貝類採取と消費」, 『東國歷史考古學研究所紀要』第1集.
宗臺秀明・宗臺富貴子, 1994, 『長谷小路周邊遺跡由比ガ浜三丁目228・229番外(No.236) - 中世前期の地割を伴う工芸職人居住地の調査』, 長谷小路周邊遺跡發掘調査團.
中三川昇ほか, 1995, 『蔘原東貝塚』, 横須賀市教育委員會(貝類については野內秀明「貝塚について」).
樋泉岳二, 2001, 「食物」, 『圖說・日本の中世遺跡』, 東京大學出版會.
樋口淸之, 1987, 『新版日本食物史』, 柴田書店.
河野眞知郎, 1983, 「鎌倉中世遺跡に見られる貝について」, 『鎌倉考古』17.
_____, 1988, 「中世鎌倉動物誌」, 歷史と民俗3; 1989, 同「鎌倉びとの食生活」, 『よみがえる中世3 - 武士の都鎌倉』, 平凡社.

※ 이 외에도 다수의 유적 발굴조사 보고서를 참조하였으나 한정된 지면으로 인해 생략하였다.

식문화탐구회 학술총서 1집

【炊事의 考古學】

용어해설

■ **구들**[クドゥル, Gudeul-underfloor heating system]

　아궁이에서 굴뚝사이에 한줄 또는 여러 줄의 고래를 설치하여, 아궁이에서 발생한 뜨거운 연기가 고래를 지나가면서 상면에 덮여있는 구들장을 뜨겁게 데워 난방하도록 만든 시설. 구들은 난방효과를 염두에 두고 제작한 시설이기 때문에 형태와 기능면에서 부뚜막과 구분된다.

　구들은 고래 수와 주거내의 설치범위에 따라 그 명칭을 쪽구들, 반구들, 온구들로 구분된다.

　쪽구들은 주거공간 내부의 일부 바닥면에 고래를 1~2줄만 설치하는 부분난방이다. 아궁이와 고래의 진행방향이 일치하지 않기 때문에 'ㄱ'자형, 'ㄷ'자형, 'T'자형, 등 다양한 형태가 나타난다.

　반구들은 주거공간 내부의 바닥면에 고래를 3~4줄 가량 설치하여 방의 절반 또는 상당 부분에 설치되는 부분난방 형태이며, 온구들은 주거바닥 전면에 고래를 설치하는 난방형태이다. _ 오승환

■ **고래**[煙道, gorae-hot air tube-]

　구들이나 부뚜막의 아궁이에서 지펴진 불길과 연기가 굴뚝으로 전달되는 통로이다. 연기가 이 부분을 지나가면서 상면의 구들장을 데워서 난방을 하게된다. 아궁이에서 굴뚝까지 연기가 지나가는 길이란 의미로 인해 고고학계에서는 흔히 "煙道"라고 부르기도 하지만 건축학적으로는 개자리에서 굴뚝 사이에 해당하는 공간의 명칭이다. 따라서 연도는 개념과 범위가 불명확하기 때문에 적합한 용어가 아니며 오히려

이전부터 부르던 고래가 올바른 표현이다.

구들에서는 반드시 명확한 고래형태가 나타나지만 부뚜막에서는 형태나 범위가 불분명하거나 아예 없는 경우도 많다. 대체로 규모가 크고 긴 경기도 지역의 부뚜막에서 확인되고 있다. _ 오승환

고정식취사와 교체식취사[固定式炊事と交替式炊事, the way of removable cooking ware]

부뚜막에 끼워서 사용하는 토기를 고정시켜서 사용하거나 혹은 고정시키지 않고 뺐다 끼웠다할 수 있게하여 이동이 용이하도록 해서 사용하는 방식이다. 주로 부뚜막에 바로 끼워서 사용했던 장란형토기에서 그 흔적을 확인할 수 있다. 바로 동체외면에 남아 있는 점토의 흔적이다. 동체외면에 남아 있는 점토는 부뚜막에 고정시키기 위한 흔적이다.

한편 교체식취사의 경우 부뚜막에 끼웠던 장란형토기의 동최대경 상부까지 형성된 그을음을 통해 구분할 수 있다. 물론 고정식이라도 점토를 제대로 바르지 않아서 그 틈새로 그을음이 형성될 수도 있지만 그 형태가 고르지 못하고 일부분에만 남아 있는 경우가 많다. _ 정수옥

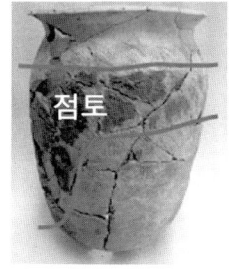
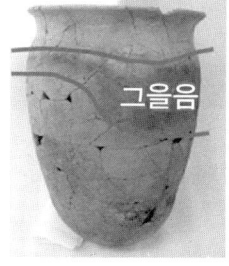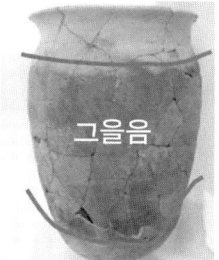

고정식 장란형토기의 점토부착흔(上)과 교체식 장란형토기의 그을음(下)(鄭修鈺 2007)

결합식 취사용기[結合式 炊事容器, Combine-Cookingware]

주거지에서 사용되는 취사용기 중 찌는 기능을 갖는 시루와 자비용 심발·장란형토기가 부뚜막에서 결합되어 사용됨을 지칭하는 용어이다. 호남지역의 경우 이 같은 결합식 취사용기는 3~5세기동안 시공간적인 4개의 세트관계를 형

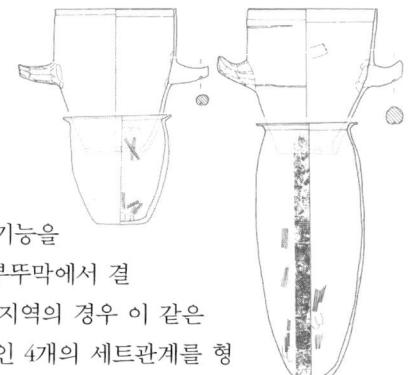

성하며 3단계의 발전과정을 가지는 것으로 확인되었다. _ 허진아

■ 그을음[スス, soot]
조리 시에 연료로 사용하는 나무 등에서 올라오는 연기가 조리용기 외면에 부착된 흑색 계통의 흔적을 말한다. 세척에 의해 떨어지기도 하지만 기벽에 흡착될 경우도 있다. 煉煤라고 부르기도 한다. _ 쇼다신야

■ 부뚜막[かまど, cooking stove]
부뚜막은 흙과 돌 등을 이용하여 벽체와 천정을 쌓아 올리고 앞과 천정에는 불을 지피는 구멍과 솥을 거는 구멍을 내어 아궁이를 만든 다음, 뒷쪽으로 고래와 굴뚝을 설치하여 연기가 빠져나가도록 만든 구조물이다. 부뚜막의 천정 상면과 벽체는 취사용기와 도구를 올려놓거나 거치할 수 있도록 편평하게 만든다.
부뚜막은 구들과 달리 난방보다는 취사기능을 염두에 두고 제작한 시설이다. 따라서 아궁이에서 굴뚝으로 이어지는 고래부분이 무척 짧은 편이다. 외형적인 특징은 쪽구들과 달리 아궁이에서 굴뚝까지 굴곡 없이 "一"字 방향을 이룬다. 고래내부의 바닥은 아궁이에서 굴뚝부분으로 가면서 점차 높아지도록 만들어 연기가 쉽게 배출되도록 한다. _ 오승환

■ 산화부[スス酸化部, oxidized part]
조리가 진행되면서 처음에는 자비용기 외면의 전면에 부착된 그을음이 강한 가열에 의해 酸化燒失된 부분. 피열 정도가 심하면 토기 기벽이 赤色化되기도 한다. _ 쇼다신야

■ 시루[甑, Steam Pot(Siru)]
초기철기시대에 처음 출현하여, 오늘날까지 사용되고 있다. 시루는 구연부형태, 증기공형태, 파수부형태에 따라 시·공간적 변화양상을 보이는데, 지역적으로 크게 중부형·호남형·영남형으로 나뉜다. 시간이 지날수록 구연부형태는 단면삼각점토대토기 → 직립구연 / 내만 → 외반구연, 증기공형태는 불규칙배치(직경 1cm미만) → 원형배치(직경 1cm이상) → 다각형, 파수부형태는 우각형 → 고리형으로 형태 변화를 가진다. _ 허진아

시대\기형		IA	IB	IC	ID	IE	IF	비고
1단계	이전~BC·1C	1	2					1 희령 오동 2 나진 초도 3 신창동 소택지 4 신평 A - 다호용관 5 군곡리 II 주거지 6 금령 SE 23그리드 7 정백동 8호분 8 대리리 2호 주거지 9 황성동1-4호 주거지 10 설봉산성 2 11 노남리 주거지 12 정백동 69호분 13 패려리 11호 용관 14 주월리-한양대 15 대아리 12호 주거지 16 청주명암동 II-1호 주거지 17 동래복천 F패토 18 지정동 봉토분 19 경주경명장부지 (C-1지구) 20 예산 대흥지방 21 북암리 1호분 22 아차산 4보루 23 냉수리고분 24 임당 영남대III-66호분 25 안압지 26 이성산성 2차저수지 27 칠곡 나-구 4호 28 성주사지 29 망이산성 2지역
		3	4					
2단계	AD·1C	5						
	2C	6	7	8	9			
	3C	10	11	12	13	14		
3단계	4C			16			17	
	5C	15	18	19	20			
	6C	21	22	23	24			
	7C			25				
	8C		26					
	9C							
4단계	10C							
	11C	27	28					
	이후		29					

시루편년표(오후배(2003) 표23 인용)

솥걸이[懸け口, hole of cooking stove]

장란형토기나 솥을 걸쳐 올려놓고 취사행위를 할 수 있도록 부뚜막 천정에 둥글게 구멍을 내어 만든 부분이다. 솥걸이에는 취사용기가 거치되므로 무게하중에 잘 견디도록 축조한다. 솥걸이의 축조에는 점토에 토기편을 겹쳐가며 쌓거나 판석을 이용하는 등 다양한 보강시설이 확인된다. _ 오승환

솥받침[支脚, caldron prop]

솥걸이의 하단에 위치하여 취사용기를 떠받치는 시설로 돌이나 토기 등을 이용하며 대체로 삼국시대까지 확인된다. 솥받침은 솥의 무게하중을 받쳐야 하므로 비교적 견고하게 설치된다. 또한 재료에 따라 頂部가 편평하고 긴 돌을 세워 고정하거나 鉢, 深鉢 등의 토기에 흙을 채우거나 돌을 세운 뒤 토기를 뒤집어 엎은 상태로 사용하기도 한다.

솥받침의 크기는 불길을 가로막지 않을 정도의 넓이와 크기를 가져야 하며 견고하게 고정하여 취사도중 넘어지지 않도록 설치한다. _ 오승환

심발형토기[深鉢形土器, deep bowls]

발형토기는 그 형태에 따라 다양하게 세분화되며, 그 중 발형으로 심도가 깊은 형태를 심발형토기로 본다. 하지만 원삼국시대 이후의 심발형토기는 외반된 짧은 구연부를 가지고, 심도가 그다지 깊지 않으며, 격자나 승문이 타날된 토기를 지칭하는 고유명사화 되었다. 주거, 분묘 유적 등에서 출토되고 있으며, 특히 주거유적에서 출토되는 경우에는 취사용기로 사용되었던 흔적이 남아 있는 사례가 많아 주로 취사용기로 사용되었음을 알 수 있다. _ 정수옥

아궁이 문틀[U字形板狀土製品, gate fraim of furnace]

외형이 'U'字 또는 'ㄷ'字 형태이며 아궁이 입구 외면에 마치 문틀과 같은 모양으로 설치되어 외관을 보호·장식하는 토·철제품이다.

2000년대에 와서야 학계에 보고되기 시작하여 아직 명칭이 통일되지 않아 '노지용 토제품' (국립 문화재연구소 2001), '아궁이틀' (서현주 2003), 아궁이 장식(권도희·송만영 2003) 등으로 불리우고 있다.

'노지용 토제품'은 부뚜막과 관련된 성격을 제대로 담아내지 못하며, '아궁이틀'은 아궁이의 구조상 골조로 이해되기 쉽고, "아궁이장식"은 기능보다 장식적 효과만 부각된다는 한계를 가진다.

"아궁이 문틀"은 아궁이 외곽의 입구에 문틀과 같은 형태로 부착하여 아궁이의 외관을 보호하므로 기능과 형태적인 성격을 잘 나타내준다.

우리나라에서는 아궁이 문틀의 분포범위가 삼국에서도 고구려와 백제영역에서만 한정적으로 나타난다. _ 오승환

■ 이동용 부뚜막[移動用 かまど・かまどがたどき, portable cooking stove]

토제나 금속제로 부뚜막형태를 축소·제작하여 무덤에 매납하거나 실용기로 사용한 것이다. '화로형 토기', '화덕형 토기', '(토제)풍로', '부뚜막형 명기' 등 다양한 명칭으로 불리는데, 일본에서 쓰이는 명칭을 그대로 번역한 "부뚜막형 토기·조형토기(かまど形 土器·竈形土器)", '이동식 부뚜막(移動式 かまど)'으로 부르기도 한다.

이처럼 명칭은 대부분 재질과 형태를 가지고 조합한 것으로 그 의미가 불분명하거나 적합한 의미를 내포하지 못한 경우가 많다. 이동용부뚜막과 일반 부뚜막시설의 가장 큰 차이는 무엇보다 고정된 시설과 이동 가능한 용기라는 점이다.

먼저 '移動式부뚜막'과 '移動形부뚜막'처럼 이동이 가능하다는 점을 전제로 한 造語를 살펴보면 움직인다는 뜻을 가지는 '移動'에 형식을 부여하는 것은 的確한 표현이라 하기 어렵다. 오히려 이동이 가능하게 제작된 기능성을 주시한다면 '移動用'이라는 표현이 알맞다고 생각된다.

그리고 일본과 같이 토제만 출토된다면 토제품도 검토할 수 있지만 우리나라처럼 금속제가 공존하는 현실에서는 적당한 용어가 될 수 없다.

이외에 현재 쓰이는 '토제 부뚜막'이나 '부뚜막형 토제품'은 주거 내에 설치된 부뚜막에도 일부 돌을 이용하는 토석혼축이 존재하지만 완전히 흙만을 이용하여 제작하는 사례도 많기 때문에 막연히 '토제'나 '토제품'으로 구분하기는 어렵다.

기존의 '화로형 토기'나 '화덕형 토기'는 선사시대의 '爐'역시 화로나 화덕으로 총칭하여 부르기 때문에 이러한 모호하고 막연한 용어를 쓰는 것 보다는 부뚜막이라는 명확한 용어를 사용하는 것이 정확한 표현이다. 또한 '토제풍로'또는 '풍로'로 쓰이는 경우도 있는데 풍로의 개념은 바람을 불어넣어 불을 피우는 화로시설이므로 이러한 부뚜막과는 사실상 거리가 멀다.

한편 무덤에 부장된 사례가 많아 '부뚜막형 명기'라는 표현도 쓰이지만 실용기로 사용된 예도 많기 때문에 이 역시 포괄적이고 보편적인 의미를 가지지 못한다. 따라서 移動性을 반영하는 한편 재질의 구애됨이 없이 부뚜막형태임을 지시할 수 있는 '이동용 부뚜막'으로 부르는 것이 적합하다. _ 오승환

■ 자비흔[煮沸痕, boiling trace]

　기본적으로는 취사흔과 동일한 의미이지만, 섬유 생산 등 음식물을 조리할 때 이외에도 물을 끓일 기회가 있다는 점을 감안하여 자비와 관련된 흔적들을 한정된 목적이 아니라 광범위하게 표현할 때에 사용하는 용어이다. _ 쇼다신야

■ 장란형토기[長卵形土器, eeg-shaped pottery(pot)]

　장란형토기는 삼국시대 부뚜막에 쓰이는 취사용기이다. 형태는 긴 동체부를 가진 원저로 물이나 수분이 많은 음식을 끓이는데 사용되었다. 대개 서울경기권에서 출토되는 장란형토기는 유경식으로 동체부에 승문을 타날하고 저부에 격자타날을 한 경우가 다수이며, 격자 혹은 승문만을 이용해 토기 전면을 시문한 경우도 있다. 한편 호서호남권에서는 무경식에 격자만을 단독 시문한 경우가 대부분이며, 영남권의 경우 평행선문 타날을 이용하는 등 지역마다의 특징을 가진다. 장란형토기는 철제 솥이 등장하기 이전까지 사용되었으며, 특히 철제솥으로의 과도기적인 형태로 전달린 장란형토기가 등장하기도 한다. 장란형토기는 제 기능을 상실한 이후에도 재활용되어 깨진편을 부뚜막의 바닥에 깔거나, 저부쪽만을 이용하여 부뚜막의 지각 역할을 한다. 또한 부뚜막의 입구부에 봇돌의 역할을 하는 경우도 있다. _ 한지선

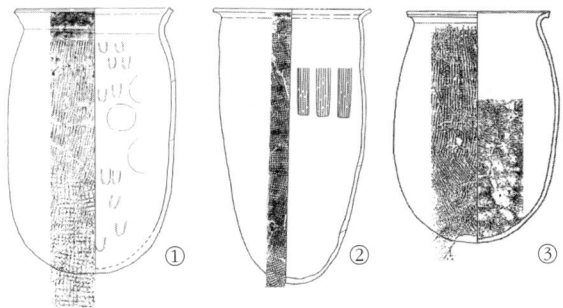

① 풍납토성 경당지구, ② 서천 지산리 유적, ③ 김해 예안리 유적 출토 장란형토기

■ 취사흔[炊事痕, cooking trace]

　취사용기에 나타난 취사와 관련된 흔적의 총칭. 구체적으로는 ① 주로 내면에 보이는 조리 대상물이 타서 흡착된 흔적인 탄착흔, ② 주로 외면에서 관찰되는 연료로부터 유래한 탄소가 흡착된 그을음, ③ 강한 被熱 때문에 그을음이 없어지거나 赤色化된 부분인 산화부, ④ 세로 방향으로 줄 모양을 나타내는 조리물이 흘러넘친 흔적 등이 있다. _ 쇼다신야

■■■ 탄착흔[コゲ, burnt deposit]

　가열에 의해 조리 대상물이 타서 조리용기 내면의 기벽에 흡착된 흔적. 흑색의 띠 모양으로만 나타나는 경우부터 곡물 형태까지 알 수 있는 등 여러 가지 상태로 확인된다. 이러한 자료는 年代測定이나 安定同位體 분석의 시료로도 활발하게 이용되고 있다. _ 쇼다신야

■■■ 흘러넘친 흔적[吹きこぼれ, over-boiled trace]

　주로 조리 대상물이 전분을 많이 포함하고 있을 때, 가열에 의해 내용물이 膨脹되어 수면이 올라가다가 밖으로 흘러넘친 흔적. 실제 토기에서는 세로 방향의 줄 모양을 나타내는데, 그 색조는 크게 흑색과 백색으로 나눠진다. _ 쇼다신야

찾아보기

ㆍㄱㆍ

결합식 취사용기(結合式 炊事容器) 101, 102, 103, 111, 119, 124, 125, 126, 127, 128, 130, 131, 132, 133
고래 141, 143, 144, 145, 146, 147, 148, 149, 150, 151, 155, 156, 157, 161, 163, 166, 169, 179, 251
고정식 취사(固定式 炊事) 160, 250
교체식 취사(交替式 炊事) 160, 250
굴뚝 141, 143, 144, 145, 147, 148, 149, 150, 155, 156, 157, 158, 159, 166, 179

ㆍㄴㆍ

노(爐) 31, 42, 139, 148, 149, 254

ㆍㅂㆍ

반구들 143, 179

봇돌 148, 150, 151, 155, 163, 172, 179

ㆍㅅㆍ

사용 횟수 17, 31
사용흔 분석(使用痕 分析) 48, 54, 102, 124
사치형 고정(斜置形 固定) 171
산화부(酸化) 20, 23, 26, 30, 32
솥걸이 55, 57, 59, 60, 61, 64, 67, 88, 89, 139, 148, 150, 151, 152, 153, 154, 155, 160, 161, 163, 164, 166, 167, 169, 170, 171, 172, 174, 175, 177, 178, 179, 180, 253
솥받침 54, 55, 59, 63, 69, 73, 89, 92, 111, 124, 148, 149, 152, 153, 154, 155, 156, 160, 161, 162, 163, 165, 166, 167, 169, 171, 172, 175, 176, 178, 180, 253
시루 43, 48, 63, 101, 103, 104, 106, 107, 108, 109, 110, 111, 114, 115, 119, 120, 121, 122, 123, 124, 125, 126,

127, 128, 130, 132

• ㅇ •

아궁이 141, 143, 144, 145, 146, 147, 148, 149, 150, 151, 152, 153, 154, 155, 156, 158, 159, 161, 163, 165, 166, 167, 172, 175, 177, 178, 179
아궁이 문틀 132, 148, 150, 151, 179, 253
온구들 143, 144, 179, 181
이동용 부뚜막 67, 168, 172, 175, 254
이맛돌 148, 150, 151, 163, 165, 179
잉걸불 86, 87, 90

• ㅈ •

자비(煮沸) 13, 22, 255
자비용기(煮沸容器) 113, 119, 124, 130, 131
조리흔(調理痕) 38, 55
직치형 고정(直置形 固定) 170, 171
쪽구들 141, 142, 143, 144, 145, 146, 147, 163, 164, 166, 167, 174, 179, 180, 181

• ㅊ •

천정받침 148, 156, 157, 160, 169, 179
측면가열흔(側面 加熱痕) 17

• ㅌ •

탄착흔(炭着痕) 17, 20, 22, 23, 24, 26, 31, 32, 41, 42, 54, 55, 57, 61, 63, 67, 79, 81, 82, 83, 85, 87, 88, 89, 90, 94, 95, 96, 97, 255, 256
탄화곡립흔(炭化穀粒痕) 17, 55

• ㅍ •

피열흔(被熱痕) 26, 41, 42, 54, 64, 67, 81, 84, 87, 88

• ㅎ •

火口 149, 150
흘러넘친 흔적 17, 26, 31, 41, 55, 85, 256

● 지은이

오승환 _ 吳昇桓

한강문화재연구원 조사연구부장
고려대학교 대학원 고고학 박사과정 수료
『수혈건물지조사방법론』(공저 2004)
「취사형태의 고고학적 연구」(공저 2006)
「원반형토제품 기능시론」(2007)

이현숙 _ 李賢淑

공주대학교박물관 학예연구사
고려대학교 대학원 고고학 박사과정 수료
「호서지역 先史·古代의 취락 내 공간분화에 대한 연구 - 구덩이 확인유구를 중심으로」(2005)
「서산해미 기지리분구묘」(공저 2006)
「취사형태의 고고학적 연구」(공저 2006)

한지선 _ 韓志仙

한신대학교박물관 조교
충남대학교 대학원 고고학과 박사과정
「취사형태의 고고학적 연구」(공저 2006)
『土器燒成의 考古學』(공저 2007)
「중도식 경질무문토기에서 보이는 조리방법의 검토」(2008)

쇼다신야 _ 庄田愼矢

日本 日本學術振興財團 特別研究員(PD)
東京大學大學院 新領域創成科學研究科 客員共同研究員

충남대학교 고고학과 문학박사
『土器燒成의 考古學』(공저, 2007)
『南韓 靑銅器時代의 生産活動과 社會』(2007)
「土器成形과 打捺板에 관한 民族誌考古學的 硏究」(2007)

정수옥 _ 鄭修鈺

국립가야문화재연구소 학예연구사
고려대학교 대학원 고고학 석사 졸업
『풍납토성 취사용토기 연구』(2006)
「풍납토성 취사용기의 조리흔과 사용방법」(2007)

허진아 _ 許眞雅

국립부여문화재연구소 학예연구원
경희대학교 대학원 사학과 박사과정
『韓國 西南部地域 시루의 變遷』(2006)
「湖南地域 시루의 型式分類와 變遷」(2007)
「무덤을 통한 '마한' 사회의 전개과정 작업가설」(공저 2008)

도이즈미다게지 _ 樋泉岳二

早稻田大學大學院博士課程修了
現在 早稻田大學非常勤講師
『考古學と動物學』(共著)
『食べ物の考古學』(共著)

식문화탐구회 학술총서 1집
취사의 고고학

초판인쇄일 2008년 5월 5일
초판발행일 2008년 5월 10일
지 은 이 식문화탐구회
발 행 인 김선경
발 행 처 도서출판 서경문화사
　　　　　　주소 : 서울 종로구 동숭동 199 - 15(105호)
　　　　　　전화 : 743 - 8203, 8205 / 팩스 : 743 - 8210
　　　　　　메일 : sk8203@chollian.net
인　　쇄 한성인쇄
제　　책 반도제책사
등 록 번 호 제 1 - 1664호

ISBN 978-89-6062-026-1　　93900

* 파본은 본사나 구입처에서 교환하여 드립니다.

정가 15,000원

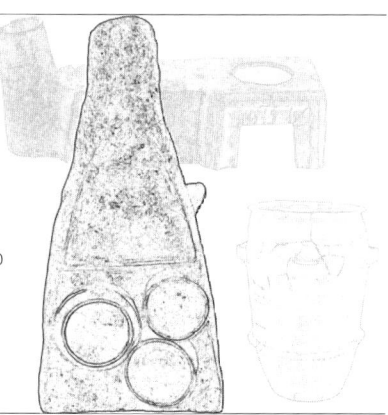